現象学と近代哲学

現象学と近代哲学

新田義弘著

岩波書店

目　次

第一部　パースペクティヴの理論としての現象学

1　パースペクティヴの理論としての現象学

今日、広く「人間の科学」または「人間学」という名称のもとで、人間を、従来の個別的実証科学による物象化や哲学による認識主観としての抽象化などから解放し、その生ける具体性のさまざまの象面にわたって考察しようとする傾向が目立ってきている。感性という概念からも伝統的認識論の色彩が次第に拭い去られつつある。とくに身体や感覚などに関してはもとよりのことであるが、科学、芸術、制度、言語等々、人間の営みに関するあらゆる事象は、感性的な側面からの考察なしにもはや取り扱えなくなってきている。しかしここでは、このような感性の人間学的考察をその全域にわたって追うことは到底できないことであるので、「感性と理性」という与えられたテーマにできるだけ近づくために、感性の役割がどれだけ今日の「知の構図」のなかに積極的に取り入れられるのか、ということをパースペクティヴ理論という視角から追ってみることにしたい。

まずその手掛りとして、フッサール（Edmund Husserl, 1859-1938）の晩年の著作『ヨーロッパ諸学の危機と超越論的現象学』（以下『危機』と略す。第2章注（2）参照）のなかで近代ヨーロッパの精神的文化の統一的理念といわれたもの、すなわち「哲学と科学と人間（生）」の統一的連関に注目してみることにする。フッサールにとって、この統一的連関は「知の全体的構図」を意味するものであり、今日のヨーロッパの精神的文化の危機というのはこの統一的理念の解体に由来するものであった。しかしこの三つの構成契機からなる統一体とは、具体的にはいったい何を意味しているのであろうか。まずフッサールは危機の歴史的発生の形態を、物理学的客観主義（科学）と超越論的主観主義（哲学）との癒しがたい分裂にみている。とともに、科学の理念化によってその基盤である生活世界（生）が蔽われてしまい、忘却されてしまったという面で危機の今日的形態を説いている。要するに科学と哲学との対立を解消し、科学による生の隠蔽を解消すること、このことが危機の克服となるのであるが、フッサールが説いた右の統一的理念の具体的な形態とはいったい何であったのだろうか。とりあえず『危機』で試みられた歴史的叙述から一応離れて、近代思想のなかに起きたパースペクティヴ思想の成立と解体、その回復と展開という出来事の意味を探ることによってこの問題に近づいてみたい。

一　近代のパースペクティヴ理論の諸問題

近代初頭の形而上学においてはパースペクティヴ思想がさまざまの形態で登場しているが、これらパースペクティヴ思想のキリスト教的起源について鋭く剔抉しているのはヨルクである。ヨルクは、宗教改革によって生の新しい意識形態が実現してきたこと、そして力という不可視なるものの経験にとってパースペクティヴ的、空間的な契機が働くことを指摘している。具体的にいえばキリスト教的内面性の思想がつねに像的なもの、図像的なものを介して生の自己理解として生きてくるのである。このパースペクティヴ性は、原初的‐分割（Ur-Teilung）の思想に立脚しているとヨルクはいっている。ヨルクによると「プリメールな生動性は、対立と相違への二項分裂として考察にあらわれてくる」(1)のであり、このプリメールな所与性は「自己意識」として、「自己と他者、心と身体、自我と世界、内なるものと外なるものとに区別されているが、これらは対立性として、かつ構造化されたものとしてひとつになっている」(2)のである。このような原初的‐分割が直観と感覚とを最初に分離し、あらゆる判断の二つの構成契機である主語と述語とを用意する。判断（Urteil）はあとから対立を綜合的に媒介するような働きではなく、はじめから原初的－分割として生起する生の自己理解、自己関係として考察されるのである。ヨルクのこの指摘は、生がその生動性（Lebendigkeit）を失うことなしに自己自身を把握するには、このような根源的に与えられている距離性を必要としているという事態にふれるものである。このような原初的距離は知を構成している空間性の契機である。ヨルクは次のようにも述べている。「おのれを捉えることは心の空間化を前提としている」[3]、または「知は媒介されないものではなく、空間性の要因を内に含んでいる。」[4]生動性とはおのれ自身を表明するものであり、そのためには、空間的関係を介して時間性からおのれを解放することが必要となる。生はたとえば前後関係や並列秩序といった空間的契機を介して自己自身への或る遠さのなかで自己自身を透明にすることができるのである。こうしたパースペクティヴ思想の成立がキリスト教の超越思想に起源をもつことは、人間の点在的自己存在のなかに無限の神が現在するというルネッサンス期の思想のなかに読み取られるであろう。そこにはすでに点性（Punktualität）と無限性とが中心周辺的なパースペクティヴ（Zentralperspektiv）の構成契機として作用している。この中心周辺的パースペクティヴの構造は、ルネッサンス絵画の透視法による図像学的場面において、視点と視られた平面図との視ピラミッドの形で表現されている。ベームの研究もまた、近代絵画の成立と近世形而上学の世界（Universum）の理論との関係を探った興味深い試みであるが、彼によるとこの視空間は、パースペクティヴの語のもつ古い伝統的な意味（古代の optikē technē）を脱却したところにその新しい意義をもっている。[5]視点は、それ自体、空間の世界、像の世界に所属しないで対象空間を構成している一種の「力点」であり、これに対して、像面は、視点に対応するいわば逆投企の仕方で現われてくる透視（Durchsicht）である。この透視のなかでの現われ（Prospekten）は、つねに連続する動的な現象のひとつの局面なのである。ベームの指摘するように、近世形而上学の世界理論のなかで像の本質が変質したのであり、像はいわゆる

「完全な模像(Abbild)」の性格を脱却して、原像(Urbild)との間に距離を介した緊張ある動的関係のもとにおかれることになるのである。像は、原像の現出として、代理的表現(代現体＝repraesentatio)として、無限なるものの機能する仕方となり、不可視のものの把えがたき力を表出する役割を果たすことになる。(6)

今日クザーヌスの形而上学が俄かに注目を浴びるようになったのも、不可視のものの可視化としての像または現出の次元の確定が、彼の縮限(contractio)の思想によって可能となっているからである。ガダマーの報告にも見られるように今日のクザーヌスの研究の三つの主題、(一)汎神論問題、(二)精神の、神の模像性、(三)語としての存在、このうち、とりわけ第二の問題がパースペクティヴ思想や近代の知の本質に刻印されている像性格(Charakter als Bild)に深く関わっている。(7) そこでまず現出の次元の確定という点でクザーヌスの縮限の思想を要約しておきたい。クザーヌスによると、神は「比較を絶したもの」としてすべてのものを越えており、他の何ものによっても限定されないがゆえに「他ではないもの(non-aliud)」と名づけられる。神はすべての多性に先立つ一性(unitas)としてすべての存在者のなかに絶対的な仕方で存在し事物の「絶対的何性(quidditas absoluta)」である。これに対して被造物は他性として、他のものとたがいに比較され他のものから「際立つもの」とされる。有限的事物は相違性の次元においてその何性の点でたがいに区別されるような「縮限された何性(quidditas contracta)」を有している。(8) この「縮限された何性」に宇宙または世界の在りかたが関わってくるのである。多性に先立つ一性としての絶対者は、多性の統一としての世界とは内容のうえでは区別されないが、その存在の仕方のうえでは厳然と区別されるのであり、両者は無限の裂目を介して懸隔している。クザーヌスによると絶対者が個体とひとつになって現出してくるのは、世界がメディウムとなるからである。無限の一性が多性へと展開することは、展開された一性が無限に多くの視点へと散開することを意味する。この展開は有限的無限性である世界が個々の存在者と結びつく仕方でのみ成り立つのである。世界は決して存在者の総体ではなく、視点と結びついた像の全体として、個々のものと他のものとの関係としてのみ存在する。したがって個体は決して全体に属する部分ではなく、全体を自らに映すことによって全体を代理的に表現(re-präsentieren)しているのである。今日、このクザーヌスの思想に「機能する全体」としての「構造」の思想を読み取ろうとしているのは、構造現象学の提唱者H・ロムバッハである。ロムバッハは、「他ではないもの」と「相違せるもの」という別々の在りかたに、同一性と差異性という別々の存在論的次元を見出し、差異性とは同一性が差異化されたもの、すなわち「同一性の展開形式」であると叙べている。[9] 世界はこの差異性の次元として、絶対的一性によって創造された多性の統一であり、多性すなわち多極的な項と項との関係の全体であり、「諸々の機能の機能性」である。ロムバッハは、このような機能の全体的連関としての世界が近代の学問の本来のテーマであったにもかかわらず今日まで隠されつづけてきたこと、そして今日、ようやくフッサールによる志向性機能の主題化を経由し、ついに「構造」として思惟されるにいたることを大著『実体・体系・構造』のなかで叙べている。

　ところで、ここで明らかにされることは、パースペクティヴ思想が、世界の現出の仕方に関する思想、すなわち世界はそれ自体として存在するのではなく、つねに一定の視点との関わりにおいてしか現出しない、という思想とわかちがたく結びついて成立してきたということである。人間による世界認識が決して完結することのない「不定無限」の現象を呈するのも、世界のパースペクティヴ的与えられかたに基づいている。ひとつの世界が多様に現出するということは、人間の視(Sehen)がつねに像的《ビルトハフト》な仕方にとどまるということである。もとよりクザーヌスの「知ある無知(docta ignorantia)」の思想は、この像的な認識を越えて神を視る、というキリスト論にみられる究極的な自己認識へと導かれるものであるが、そこにはやはり世界のパースペクティヴのなかでは自己が自己を像としてしか視ることができないということが前提とされている。像が立場に依存しているという事態のなかには、ガダマーのいうように、視者が視において自己に出会うということが含まれている。「近代形而上学の中軸となる問題は、自己存在の世界的パースペクティヴ性が自己認識の問いの本質を規定している点にある」とベームも語っている。(10) クザーヌス思想において、現出論と深く関連してくるのは映像論であり、映像論の成立は、人間の世界認識の成立の根拠つまり視の不可視的前提である「隠れたる神」の思想に深く関わっているが、直接テーマにかかわらないのでここでは立ち入らない。ただ、この映像論の思想系譜は、ドイツ古典哲学を貫いて今日にまで及んでいることにだけふれておきたい。(11)

パースペクティヴ性を構成する二つの契機、視点と視像、自己性と対象性とは相互に緊密なる相関的依属関係を形づくるが、その反面、それぞれ相反撥しあって自立化する傾向を内に含んでいる。というのは、一方で視点は空間を構成することによって世界から解放された位置を要求し、構成された空間像の内に位置を占めることを拒むからであり、他方で、パースペクティヴ的に構成された対象の世界は、構成する立場の占有、少なくとも明確な占有を余計なものとして排除し、数学的理念体として自立化しようとするからである。相互依存の緊張関係は相互排除を契機として成り立っている。しかし主観的契機と客観的契機がそれぞれ自立化するなら、パースペクティヴ的世界経験は内的に分裂することになる。おそらくフッサールのいう物理学的客観主義と超越論的主観主義との対立も、このような事態にかかわるものであろう。ここではパースペクティヴ思想の解体の歴史的過程を追うことはできないが、今日の知の状況のなかでパースペクティヴ思想の復権ということを取り上げるときに看過することのできない問題を二つばかり挙げておきたい。

そのひとつは、パースペクティヴ的経験の解体は、この経験の忘却の過程としてばかり起こるのではなく、パースペクティヴ的経験というものを知の条件として容認しつつもこの条件自体を理論のなかに包摂してゆくというかたちにもみられるということである。このような傾向に対して、パースペクティヴを構成する視点そのものがいかなる理論構成のなかにも取りこめない或る根源性をもっているのではないか、という問いが提起されるであろう。もうひとつは、パースペクティヴ思想の回復にとって、どのような脱パースペクティヴ的な理論をもひとつのパースペクティヴ性として捉え直すような思想の次元を開くことが必要であるということである。

まず最初の問題であるが、アーペルは、ライプニッツのモナド論的形而上学にみられる視点の脱中心化という思想がそれに当るといえるであろう。アーペルは、ライプニッツのモナド論に即して、認識における身体のアプリオリを理論のなかに止揚できるか、という問いを提起している。[12] アーペルによると、ライプニッツの有名な定式「悟性のなかには、あらかじめ感覚のなかに存在しなかったものは存在しない。ただし悟性そのものはそのかぎりではない」は、人間の認識における経験的なものとアプリオリなものとの完全な分離を表明したものであるが、それでは経験を可能にするがそれ自体経験されえない、つまり経験の条件となる感覚機能そのもの《イプセ・センスス》の場合はいったいどのように扱われるべきか、という問いが残るのである。というのは、ライプニッツのモナド論的形而上学はデカルト的二元論を批判することによって成立したものであり、モナドは精神であるのみならず、パースペクティヴ的な世界表象の「視点」でもあるからである。ところが、身体を物体的世界の内に位置づけるデカルト的二元論的分割と、身体的に制約された世界表象との間に発生するアポリアをライプニッツは回避し、「モナドのもつパースペクティヴ的世界表象に対して現象学的に十分な基礎づけを与えていない[13]」のである。それはライプニッツが身体と結びついた世界表象の有限性を表わす知覚に対して統覚を区別し、統覚がモナド的個別性、モナドのパースペクティヴ性の本質を思惟することによって、「身体的アプリオリを乗り越えてこのアプリオリを、世界の内部に出現する位置へと格下げ[14]」してしまうからである。ここにアーペルは哲学者としてのライプニッツ自身のモナド論の体系が脱中心的位置から思惟されていることを指摘する。アーペルは、「人間に固有の、世界を表象する位置」を経験的所与として客観化する理論がどこまで可能なのかを問い、相対性理論や量子論にみられる視点の脱中心化の試みを検討しつつ完全な止揚の不可能性を見出し、とくに精神科学において先反省的な身体の立場の、理論に止揚されることのない実践的性格について論及している[15]。

視点の思想に深く結びついてくる実践の思想については、あとで改めて論及することにして、第二の問題、すなわち脱パースペクティヴ性としての理論をもひとつのパースペクティヴと見る思想の確立についてであるが、これはすでにニーチェのいう生のパースペクティヴ主義に見出すことができる。パースペクティヴとは、世界の空間的現出の仕方であるばかりでなく、ヨルクのいうように、生の空間的契機として生の自己把握を可能にする機能を果たすものである。ニーチェでは、生の統一とは個々の部分が累積された全体ではなく、デュナミッシュにおのれ自身を合一化してゆく有機体としての統一である。ところがこの統一は、二つの相対する極の緊張によって形成される。一方では、多様なるものを有中心的な全体へと合一化してゆく組織化が働き、他方では、組織化された全体をたえず越え出ようとする傾向が働いている。凝集化してゆく個別化の作用に対して、たえずその限界を越えて、限界のない、固定されることのない絶対的全体としての世界の現前へと迫ろうとする作用が対立している。すでに初期のニーチェの説いたアポロ的なものとディオニュソス的なものとの対立、あとになっては生成の無垢のなかでの形成作用と破壊作用との対立にうかがわれるとおりである。カウルバッハは、ニーチェのいう生の統一がライプニッツのモナドの統一に対応していることを指摘し、この対応が、二つの相反する極の緊張ある統一がプロセスとして語り出されている点に見出されるといっている[16]。ニーチェの場合凝集化（集括化）と拡大化との対立を緊張ある統一へともたらす働きがパースペクティヴ主義にほかならない。ニーチェではパースペクティヴ性は有機体の装置（Instrument）であり、「生の根本条件」であるが、これを方法として使用することによって、パースペクティヴ思想がようやく神学的伝統から解放されて、現代の知の理論のなかに生かされてくることが可能になったといえるであろう（ちなみに、有機体のパースペクティヴを説いた哲学者としてホワイトヘッドの名を挙げることができる。彼の場合もまた空間的契機だけでなく時間的契機による構造化すなわちプロセスを重視している(17)。

ニーチェは、どのようなパースペクティヴが世界の「真の像」を与えるかということを問うている。たとえば伝統的な真理概念は自分自身をパースペクティヴとして見抜けないようなパースペクティヴであり、その意味で仮象に終っているのに対して、「然りを言う《ヤー・ザーゲン》」意志のもつ真理機能に対応するパースペクティヴとして永劫回帰思想もまたパースペクティヴなのである。しかし、いわゆる「自我」もまた他のさまざまの力とともに働く力の中心としてひとつのパースペクティヴであり、数学的物理学的等質空間もまた等質性のパースペクティヴにほかならない。このようにしてニーチェのパースペクティヴ主義は、近代自然科学をも両義化し相対化する効力をもった批判と正当化の方法なのである。ニーチェのいうパースペクティヴとは、「力への意志」がおのれの力をあらかじめ見つめ、見透してゆくためのものである。その意味では「人間理性の実験的本性(18)」であるが、結局のところ「この世界の歴史の各瞬間がパースペクティヴ的な現在であり、この現在から一定の個別的一回的な仕方で全体が見られることができる(19)」という思想に基づいている。ハイデガーは、彼の著作『ニーチェ』のなかで、ニーチェのパースペクティヴ主義に言及した箇所で、「プラトニズムによって解釈された感性的世界」が廃棄されることによって「感性的なものを肯定し、これとともに非感性的な精神の世界をも肯定する道」が開かれてくることを語っている(20)。その場合、感性的なものと非感性的なものとの関係を古い秩序図式のなかで逆転するのではなく、この秩序図式そのものを変えることが必要であると叙べているのは卓見である。今日広く感性の復権の動きが見られるが、このような動きは単に、一義化された知の理念的体系である科学の世界から人間の感性を取り戻すということだけでなく、同時に、科学そのものをも人間の知のひとつの形態として位置づけ直すような試みとなってはじめて、知の理論たりうるのである。パースペクティヴ理論としていえば、脱パースペクティヴ的形態の知をすらひとつのパースペクティヴとみなすような思想の次元が開かれることによって、自然的世界のパースペクティヴとともに歴史的世界のパースペクティヴの成立の仕方を問うことができるようになるといってよいであろう。このようなコンテクストのもとで現象学の仕事がどの程度までこの可能性に迫ることができたかを考察してみることにしたい。

二　現象学的感性論とパースペクティヴの問題

フッサールの現象学において超越論的感性論 (die transzendentale Ästhetik) という用語が確定してくるのは、一九二〇年代において発生的現象学が成立してからのことである。もとよりそれまでに『論理学研究』や『イデーンⅡ』などで感性的 (sinnlich, ästhetisch) 総合とカテゴリー的総合との区別などが語られてはいるが、両者の限界の設定はたえず流動的である。発生的現象学においても一応カント的ニュアンスをもって感性論は分析論から区別されている。つまり分析論が客観的世界——その最高段階が科学的世界——とそれを構成する思惟作用のアプリオリという高次段階を扱うのに対して、感性論は、高次対象の意味の基底にあたる経験的対象性とそれを構成する経験作用を扱っている。しかしフッサールの場合、思惟も経験もともに対象意味の構成作用である限り、自発性と受容性という区別によって両者を決定的に区別することは困難である。『形式論理学と超越論的論理学』においてフッサールは、形式論理学の発生的基礎づけとして超越論的論理学の課題を探っているが、この場合、論理学を「世界 - 論理学 (Welt-Logik)」とよんでいる。この世界ロゴスの学のなかには経験のロゴスも含まれるわけである。すなわち超越論的論理学のなかで超越論的分析論と超越論的感性論とが区別され、前者は「意義機能」の能力をもつ思惟とそれによって構成されるイデアルな客観的な世界の成立を考察するのに対して、後者は前者の基礎理論として、理念化されたり形式化されたりする以前の実在的客観性の世界を探り、われわれの先科学的な生活世界のなかでの世界のさまざまなアスペクトや出来事の意味の発生について考察する。感性論はフッサールの場合、「感性的ロゴスの学(die ästhetische Logik)」ともよばれているように、世界ロゴスの感性的基底を探る学問である。つまり感性的経験的世界のなかにすでに働きつつあり台頭しつつあるロゴスが探られるわけである。要するに従来の悟性と感性に関するカント的な認識能力の区別に収まりきれない問題の次元が顔を覗かせているのである。

　このことは、いわゆる発生的現象学において意識がもはや静的記述を許す「形相的原領域」としてではなく「意識生(Bewußtseinsleben)」とみなされて、志向性の時間的生成への考察の対象とされてきたことに深い関わりがある。意識は、志向性が重層構造をなして機能する動的な連関として考察されるのである。つまり対象を構成する能動的志向性だけでなく、それに先立っていつもすでに受動的志向性が働いているのであり、両者は経緯の糸となって意識を全体として機能させている。もともと志向性の概念は、認識論的な主観―客観―措定関係を打ち破るために使用されたものであり、主観と客観との間に起こる関係機能そのものを表わしている。この関係が動的に生起している場所として意識生の概念が登場するのである。また、志向性は、思念された対象を現に在るものとして直観の充実にもちこむ目的論的動性をもっている。この志向―充実の目的論的運動が生全体の発展的プロセスとして、その全体的な統一連関として語られたものが「意識生」の概念であるといってよいであろう。さらに意識生が全体的に考察されるとき、世界を構成する生であることがつきとめられてくる。意識生すなわち超越論的主観性とは、世界が現われ出る圏域、世界の超越が生起する場所を言い表わしたものにほかならない。世界は決して個々の対象のように措定されたものでなく、むしろあらゆる措定に先立って「いつもすでに」われわれに与えられている。しかもこの与えられた世界を地盤にしてわれわれは世界をつねに新たに客観的世界として構成してゆくのであり、このような世界構成の仕方が理性の「普遍的運動」として生起するのである。意識生は、その意味では、世界を普遍的に構成してゆく目的論的運動のプロセスにほかならない。要するに、意識生とは、世界の現出の場所であるとともにプロセスであり、それ自体、生成する開放的な機能連関なのである。

フッサールの現象学は、終始一貫して現出者とその現出との差異をテーマ的に構造化してゆく企てであるといってよいであろう。『論理学研究』(第2章注(6)参照)の意義の理論または統覚理論がすでにそうであるし、超越論的現象学の関心としてフッサールが語った次の言葉が的確にこの事態を言い表わしている。「超越論的関心とは……次の二重の意味の現象に関わるのである。㈠客観性がそのなかに現出するところの現出という意味での現象と、㈡他方、客観性が現出のなかにまさに現出している限りにおいてのみ考察される客観性という意味での現象とに……。[21]」発生的現象学は現出者と現出との、この二重の関係を動的に捉え直す仕事であり、しかも考察されるところの現出は物の現出にとどまらずそれを制約している世界の現出の次元へと深められている。したがって超越論的感性論の企図の核心となるのは、経験における物の現出および世界の現出の仕方の動態的構造を問うことであり、その動的過程が「地平の現象」として見出されてくるのである。

フッサールは最初の頃、理性と現実との合致としての真理の問題を説くとき、「あらゆる理性的主張の権利源泉[22]」としての直観の決定的優位性を主張していた。現象学の哲学としての立場を確保するためにも「できるだけ悟性ではなく純粋な直観(悟性を欠く直観)を用いるべきである[23]」という態度を堅持していた。というのは、直観の所与性はその背後に戻りえない直接的な所与性であり、とりわけ形相学(Eidetik)としての現象学が基づく本質直観こそそれ自体一切の説明を不要とする判明化作用(deuten)であるからである。しかしこのような直観優位の思想は、発生的現象学の成立とともに背景に退いてゆく。つまり直観または経験のなかに媒介的なものが入りこんでくるからである。直観的所与の直接性が否定されたわけではないが、直接的所与をいわば核として非直接的なものがつねに随伴的に与えられていることによってはじめて、経験は具体的な進行連関を形成することができるのである。もしこういってよければ、伝統的意味での感性（直接性）と悟性（間接性）の働きとが感性的経験のなかで統合されているわけである。[24] その結果、それまでの静態的分析の立場で発生していたさまざまのアポリアが次々に解決されることになった。[25]

「媒介された直接性」の現象は、地平の現象だけでなく、感性的与件がすでに構造化されている点にも見出すことができる。感性論の分析のなかでは、現在の知覚野における感性的与件の自己構造化の現象すなわち原初的連合(Urassoziation)とよばれる受動的機能はきわめて重要なものとされている。感性野には、自我による対象化の作用を受けるに先立って、いつもすでに内容的に構造化または布置化が起きている。感性的与件は相互に類似性や相等性によって意味の融化作用や対照化を起こして、統一体として際立ってくるのであり、同時にこの際立ちが自我の対応を促すべく自我を触発してくる。こうした受動的な意味の合致現象についてフッサールは次のように語っている。「意識野の統一はいつも意味連関、意味の類似性や対照化によって樹立されており、もしこうしたことがなければ世界は決してそこにはないであろう」[26]（傍点筆者）。世界が前もって与えられているということは、すでに構造化された意味連関として与えられているということであり、もっと厳密にいえば世界はそのつど現在の野において構造化をひき起しつつ与えられるのである。連合機能は「意味の親近性の現象」として、さらに直観野と想起野との連関を形成したり、意味の予料（Antizipation）的構成のさいにも働いたりするが、要するに自我の対象化作用に先立ち、またそれを相互に関わらせる仕方で、自我の働きをそのつど意識生の隠れたる全体が動機づけている現象のことであり、感性的ロゴスの機能を最も端的に表わしているものといえるであろう。[27] 直接的所与はいつもすでに媒介されており、秩序づけられているのである。

　感性論のもうひとつの重要な分析は、感覚のシステムに対応する身体運動のシステムに関する分析である。現出領野の構造化はつねに運動感覚(フッサールはキネステーゼ〈Kinästhese〉とよんでいる)によって条件づけられている。つまり知覚作用はつねに身体の器官として働くのであり、身体運動と切り離すことはできない。キネステーゼ機能のシステムとは、身体的主観の自由な運動の可能性のシステムにほかならない。身体《ライプ》はそれ自体時空的世界つまり現出する周(囲世)界に所属する一つの物体《ケルパー》であるとともに、同時に物体や周界の現出のさいに現出の条件としてつねにそこに居合せて《ダーバイ・ザイン》いる。身体のこの二重現象の原型は触感覚に生ずる位置与件とアスペクト与件との相互転位の現象におかれている。いわゆる「さわるもの」と「さわられるもの」との互換の現象が身体全体の構成の条件となっているとともに、身体が現出零点となることによって、周界が私の周界として現出することが可能となるのである。外的な物の構成にとって必要不可欠の条件である「身体の居合せること」は「根源的な世界経験の一契機」であるが、あくまでも非主題的に間接的な仕方で現前するのである。ここにいわば「視点」の意識というものが働いているわけである。身体への反省的な意識に先立って「絶対的ここ」の意識がすでに匿名的《アノニム》に機能するのであり、このような先反省的次元の身体の意識が探られたことは、前章で言及したような理念化にとりこまれている視点をわれわれの感性のなかに取り戻すことを意味するものであろう。「絶対的ここ」の意識は、私の存在に関する受動的存在確信として、フッサールが「受動的原信念」とよぶ世界の存在への非主題的な存在確信と一体となって働くのである。あらゆる意識には「私が在る」と「世界が在る」という先行的な存在意識が暗黙裡に伴うことが見出されることによって、いわゆるデカルト的二元論の根底にある次元が開かれてきているといってよいのである。

　キネステーゼに関するもうひとつの重要な機能は、文字どおり身体運動による周界の構成または構造化である。各感覚器官は身体の各部分肢に位置づけられているが、知覚作用はつねに身体運動として行われることによって、身体運動のシステムのなかにそのつどの感覚野が組み込まれることになる。このキネステーゼ的機能は意識のうえでは「私にできる《イッヒ・カン》」という先反省的遂行意識として働く。現出空間のパースペクティヴ性は、身体への近さと遠さによって決定されるが、現出物の近さとは結局は触れることができる、摑むことができる、視ることができるという意味での身体への近さなのである。その意味で感性的なパースペクティヴ空間はキネステーゼ能力の相関項としてのキネステーゼ空間にほかならない。物の現出はキネステーゼのシステムすなわち「私にできる」の能力性のシステムに依存しているのである。この「私にできる」という遂行意識は、単に知覚作用にだけではなく、人間のあらゆる行動にとってその基礎を形成するところのものである。どのような行動といえども各自的に生きられる意識の契機を内に含んでいるからである。

　フッサールのいう地平とは、このような空間の現出のキネステーゼ的条件に制約されつつ自我が対象の規定作用を行うときに形成されてくる現象のことであり、現実の経験にあっては、内部地平（対象をその契機によって規定する方向）と外部地平（対象を随伴対象と関係づけて規定する方向）とが二重に錯綜しあって重畳的に機能している。知覚の進行は対象を主題として保持しつつ地平志向性によって規定の連関を形成するが、この地平志向性は対象意味の可能性の根拠としての役割を果たすいわば先行的な理解の現象である。先行的地平投企は、現在の対象関係と同時に生起しつつ、つねに過去に沈澱した意味を受動的に喚起しつつ行われる未来への予料のことであり、その限りでは対象はつねに馴染みのあるものとして、類型化された「意味の枠」によって取り囲まれている。類型としての意味枠は、「規定可能な無規定性」として意味の一般性であり、この一般性が先行的に投企されることによって個々の対象がすでにいつもその枠のなかに取りこまれ、対象への規定作用の進行に規則が与えられることになる。それゆえに地平志向性は、対象の目下の規定に動機づけられている期待志向というよりも、むしろ志向性の活動空間そのものの投企であり、対象を規定しつづけてゆくことは、投企された一般性を特殊化するという仕方で知を構造化し分節化してゆくことにほかならない。直観の直接性と地平の媒介性とはこのような仕方で動的に統合されているのである。

この直接性と間接性の統合現象としての地平の現象は、今日の現象学にとって共通の関心事となった。この地平現象の分析がゲシュタルト理論と重なってゆくことは、すでにメルロ＝ポンティやA・ギュルヴィッチなどの仕事によって広く識られているとおりであり、また類型化の現象はA・シュッツの分析のなかでも重要な位置が与えられている。またヴァルデンフェルスは、この地平現象を「外的なものの内化と内的なものの外化として示される合一化」[28]の現象として考察し、考察的態度としての知覚の場面から行動の場面へと移して行動の動的な弁証法をこの地平現象から探ろうとしている。

地平現象はパースペクティヴが知の構成に本質的に入りこんでいることを表わす現象であり、知のアスペクト性とともに「知の汲み尽くしがたさ」をも表している。フッサールは知の形成としての地平の現象を、二つの面で論じている。そのひとつは、領域思想との関わりであり、もうひとつは「理念化」としての科学的方法の成立との関係においてである。しかもこの二つの問題は切り離して取り扱うことはできない。まず前者についてであるが、さきに考察したように、地平の先行的投企とは領域的一般性の投企でもある。今日、ロムバッハやS・ミュラーなどがフッサールの現象学のなかに新しい形態の知の発生の可能性を探っているのは、まさに地平志向性に世界の領域的構造化の機能を見ているからである。[29]どのような領域的一般性が受動的に構成されるかによって、与えられている対象の認識の関心がそのつど別々に方向づけられ、経験の進行がそのつど別々に規則づけられてくる。フッサールは必ずしも科学的世界規定へと上昇してゆく方向でのみ経験の基盤性格を論じているのではない。むしろ経験を領域複数性の複合機能のなかにおいて考察しようとしたのであり、科学的認識の方向はそのひとつの可能性にすぎない。つまり経験の進行において「物体的自然」という領域的イデーが先行的に投企される場合にのみいわゆる自然科学的認識の方向が定められることになるわけである。(30)だがフッサールがどこまで領域構成との関わりで地平の現象を多角度的に分析していたかは、残念ながら現在公開されている資料による限り不明であり、おそらくロムバッハのいうように、「対象—地平の複雑な組織を研究対象として認識した(31)」にもかかわらず、それを個々の面にわたって十分に仕上げることができなかったとみるべきであろう。

むしろフッサールが重点的に行なった経験の分析は、近代自然科学的世界解釈の発生の基盤となる経験の認識作用の面におかれている。認識過程として経験が考察される場合、地平の現象は、対象の完全なる自己所与性に向かう未完結的過程として分析されてくる。目的論的機能としての志向性は、おのれ自身を充実させようとして、現実を完全な所与性(自己所与性)にもたらそうとし、「無規定的にして規定可能な」地平を余すところなく汲み尽して絶対的な明晰性に到達しようとする。ところがこのような所与性は、パースペクティヴ的現出の仕方を刻印されていてそれを脱却することのできない経験の過程にとっては、決して到達することのできない極限理念にすぎない。にもかかわらずこの極限理念は、経験の進行に規則を与える目標として、経験の過程に内属している。こうしてフッサールによって認識過程としての経験は、このような理念に向かう不断の近似化(Approximation)の過程とみられてくる。ということはつまりフッサールが経験の過程をパースペクティヴ化と脱パースペクティヴ化との緊張をもった力動的関係として考察しているということであり、感性的経験のなかに脱感性的な契機が含まれていることを見ていたということにほかならない。近代科学の方法は、フッサールによると、感性におけるパースペクティヴ的世界現出を越えて世界を一義的に規定してゆく認識であるが、あくまでも感性的認識のなかに働く「未来へ向かう帰納的予測」を無限に拡大する仕方なのであり、理念化とは「何ら特別の活動ではなく、統覚的地平の継続的活動[32]」なのである。理念化の方法それ自体についてはここで詳しく立ち入るわけにゆかないが、パースペクティヴ的現出の克服という面に限って考察するならば、まず第一に、理念化は感性的世界現出から量的に均一化された理念的対象の世界への転化という「世界の現出の交替」であるとともに、これに相関的に、感性的経験が計量的概念的思惟へと転化する出来事である。

第二に、科学の対象は「相互主観的に到達可能でありまた確証できるという、根本形式」をそなえた対象として、「誰にとっても(für jedermann)」共通の客観的対象として構成されるのであり、いわゆる視点機能をもつ身体的主観性からの脱却による、いわば視点の複数化ということを条件としてくる。ここにいわゆる対象的世界の理念化が、精神的なもの、視点機能自体の理念化を誘発してくる根拠が見出されるであろう。だがこのような視点の複数化は理念化によってはじめて構成されるものであろうか。視点の視点性というものは、何としても止揚しがたい或る根源性を残すものではないのか。そこで、視点の複数性と根源性とはいかにして相容れるものとなりうるのかということが改めて問われなければならないであろう。

フッサールは近代ヨーロッパの精神文化の統一的理念として「哲学と科学と生」の連関について語り、それを解体から再び取り戻すことが危機の克服であると説いたが、もしこの試みをパースペクティヴ思想の再確立として捉えることが許されるならば、フッサールのいう超越論的現象学とは、パースペクティヴ的な感性的世界と脱パースペクティヴ的な科学的世界とを、ともに「世界の現出」、世界のパースペクティヴとして包括してゆくような知の次元を開こうとした哲学であるといえるであろう。それゆえに視点の複数性と根源性とがどのように関わりあうのか、という問いは、まさに現象学の可能性に関わる問いとなってくる。というのは、現象学的反省を遂行する視点そのものの根源性、いわば生の哲学的省察の自己遂行そのものの根源性に、相互主観性の機能を見出すことによってのみ、哲学としての普遍性要求が正当化されるからである。以下に、今日の現象学の動向ともあわせて、この問題について若干の考察を行なってみることにする。

三　パースペクティヴと相互主観的視点の問題

総じて今日の学問論的状況のなかで相互(間)主観性の問題はきわめて重要な役割を果しているが、現象学研究の現在の局面においても相互主観性の問題は中心的主題のひとつとなっている。一方では言語的コミュニケーションの理論やシステム理論に代表される社会哲学などとの関わりから注目されているが、他方では現象学のもつ自我論的《エゴロギッシュ》な制約からの脱却という、現象学の展開の可能性に関わる問題としても、きわめて重要視されている。今日の現象学の動向のひとつの特徴は、フッサールによって提起されたさまざまの問題を継承しつつ、フッサールの方法の枠を乗り越えて、彼が直面していたアポリアを新しい場面を開くことによって解決しようとしている点に見出される。相互主観性の問題もその例外ではない。

ここではパースペクティヴにおける視点の複数性という面から相互主観性の現象学に起きている出来事に注目してみたい。フッサールの相互主観性の現象学の意図は、客観的世界の構成の条件として超越論的主観性の複数性、すなわち私と他者との超越論的共同体を構成することにあった。このことは言いかえると、視点がその根源性を失うことなく複数的であることを立証する理論を形成することであったともいえるであろう。ところが『デカルト的省察』(第2章注(3)参照)の相互主観性の理論にみられるようにフッサールが他者構成の方法を対象化意識の一種である「自己移入(Einfühlung)」におき、究極的には他者の構成を「唯一的自我の時間化による多数化」へと還元してしまったために、彼の本来の意図は達成されるどころか、かえって袋小路に陥ってしまった。このパラドックスは、何よりもまず、それ自体構成機能としての主体を対象として構成するというかたちであらわれるが、同時に、私と他者たちとの共同体を「各人(jedermann)」としての「われわれ」の構成として説く面にもあらわれてくる。つまり私もまた他者によって構成されることにより「他者のなかのひとり」と化し、私が私である根源性を放棄し、脱中心化することによって共同体が構成されるのである。つまり構成の条件となるものを構成される側において、またはノエシス側の条件をノエマ化してしまうことにより、視点の複数化を図ろうとしたものといえる。

しかし『デカルト的省察』起草後に書かれたいくつかの草稿は、超越論的主観性が自らの内に相互主観性を蔵し、それ自体が「相互に錯綜した共同存在」であることや、主観の存在が「絶対的現実性」であり「原偶然的な事実」であることにふれて、すべての他者関係が主題化されるためのいわば存在論的条件となる次元について言及している[33]。だがフッサールが、この次元に起きている現象を、少なくとも彼の相互主観性の主題論《テマティーク》のなかで構造的に分析することができなかったために、今日、現象学者たちによるさまざまな捉え直しが試みられている。たとえばラントグレーベは、キネステーゼ的機能をとおして各自的に心身的に生きられる現(Da)がすでに相互主観的であることを、志向性の最下の機能の段階のなかに探ろう[34]としているし、ヘルトは、他者を原理的に非テーマ的な、アノニムな機能とみなし、受動性の次元において他者との共同機能が成立していることを論じている[35]。

ここで「フッサールを用いてフッサールを批判する」ことが許されるなら、問題解決の鍵のひとつは、唯一性(Einzigkeit)の概念に見出されるであろう。身体や自我、さらには世界について語られる唯一性とは、数的な単位としての一性ではなく、それを生きるしかないという意味で他との比較を絶し、他による代置を許さず「いかなる人称にも先立つ」という意味で、唯一的なのであり[36]、まさしく遂行態そのもののなかでアノニムに理解されるしかないものである。フッサールは晩年の時間論、「生き生きとした現在」の分析のなかで、時間化に先立って生起する「自我機能」が原初的に自我分裂を引き起こしていること、この原初的分裂が「分れていることにおいてひとつである」ような構造をもっていることに気付いていたが、それにもかかわらず、あくまでも「あとから反省できる」という方向へと問題をずらせてしまった[37]。だが、このような原初的分裂を内にもつ唯一性の生起は、すべての反省を可能にする根拠でありながら、いかなる反省によってもその生動性(Lebendigkeit)を捉えることのできない原初的な出来事であり、まさしく先反省的に生起する行為(遂行様態)そのもののことである。遂行様態のなかに先反省的な自己理解が働くことによって、行為はおのれのなかでおのれを動機づけるものやおのれの帰属するコンテクストを非テーマ的に理解することができるのである。そしてこの行為の自己理解のなかにこそ他者への理解が同時に働いているわけである。いわば視点の根源性のなかに、他者への道を可能にするものとして複数視点との共働の意識が機能しているといってよい。その意味では、視点の問題のパラドックスは先反省的な実践の場面でしか解決されないのであり(前述したアーペルの批判と関連する)、そしてこのような実践の場面はフッサールの場合、最晩年の「歴史の目的論」の思想のなかに開かれているように思われる。

今日の現象学の展開のなかで起きている注目すべき出来事は、いわゆる伝統的な意味での主観性の立場からの脱却ということである。意識主観とか実存主体による主体的な世界投企の契機が背後に退いていって、主体の行為がつねに「隠された全体」の動きに担われ取りこまれてゆくこと、むしろ主体は投企させられているのであり投企の主役は主体ではなくそれにとって「隠されている」背後のものであるということが次第に前景に浮かび上がってきている。晩年のフッサールの歴史の目的論、後期のハイデガーの存在の思惟、晩年のメルロ＝ポンティの交錯《キアスム》(交叉)の思想などは、それぞれ異なったかたちではあるが、このような転換が起きていることを告げているが、現象学の「地平」思想を生かそうとする解釈学においても、たとえばガダマーの説く「地平融合」の現象にも脱主観的な「遊動《シュピール》」の思想が見出される。この脱主観的な動きの次元が開かれてくることによって、現象学は構造の思想と積極的に対話を始めることができたといってもよいであろう。さきに挙げたロムバッハの構造存在論は、現象学の構造論的な展開を図ったひとつの徹底した試みであるが、その場合、フッサールの地平の現象学に残る実体論的契機、「地平を投企する主観性」の契機が克服されねばならないとしている。[38] しかもフッサールの世界の概念に代えて構造(Struktur)の概念によって「エレメンタールな生の形象の数多性」を語る可能性が開かれてくるとみなすのである。なぜなら、世界とはもともとひとつしかありえないものを表わす単数的概念だからである。[39] 構造の多数性、相互に還元しえない多次元性の思想は、おそらくフッサールのいう領域複数性による地平の構造化の過程の現象を、主体を構造の関係項へはめこむ仕方で捉え直したものといえよう。全体の機能のなかに取りこまれた主観は、相互のパースペクティヴを重畳化させあう多極化された視点と化し、各視点は相互に依存しあう動的な関係項となるのである。たしかにここでは視点に拘束された地平の思想は克服されているといえるであろうし、「地平」の概念の含意する「内と外との交替」の遊《シュ》動《ピール》性格がそれ自体として把えられ、主―客関係、自―他関係が関係それ自体として、いわば「間(Zwischen)の生起」として捉えられることによって、新しい重層的なパースペクティヴ思想の可能性が開かれ始めたとさえいえるであろう。

だが、それにもかかわらず依然としてパースペクティヴ思想のなかに蔵されている内的解体の危険は去ってはいない。というのは、視点の多極化の構想は「単一視点の絶対化」へ傾く実体論の克服であったにしても、決して唯一性(視点の根源性)の喪失であってはならないからである。[40] それどころか、唯一性を生きることにおいてのみ相互主観性の機能する次元が開かれるのでなければならない。このことは、アーペルのいうように、「精神の自己上昇」によって脱中心的思惟のなかに取りこまれることのできないことなのであり、このような意味での実践すなわち生の遂行態のなかに、いわば知の根(Wurzel)とでもいうべきものが働いているのである。いずれにせよ、あらゆる二項対立的な思惟によって蔽われてはいるが、それらを可能にしている原初的な距離《ウア・ディスタンツ》の生起、ヨルクのいう原初的分割の根源的な所与性、すなわち生のたえざる自己差異化ということが、パースペクティヴ思想にとって欠くことのできない条件なのではなかろうか。

(1) Graf P. Yorck von Wartenburg, Bewußtseinsstellung und Geschichte, hrsg. v. I. Fetscher, Tübingen, 1956, S. 41.
(2) ebenda, S. 38.
(3) ebenda, S. 104.
(4) ebenda, S. 106.
(5) G. Boehm, Studien zur Perspektivität——Philosophie und Kunst in der Frühen Neuzeit, Heidelberg, 1969, S. 12.
(6) Vgl. ebenda, S. 24 ff.
(7) H.-G. Gadamer, Nicolaus Cusanus und die Philosophie der Gegenwart, in: Kleine Schriften III, Tübingen, 1972, S. 84.
(8) Vgl. De docta ignorantia, in: Philosophisch-theologischen Schriften I, Wien, 1966, S. 340-342; 岩崎・大出訳『知ある無知』一〇〇頁、創文社、一九六六年、七九年。
(9) H. Rombach, Substanz, System, Struktur, Freiburg/München, 1965, Bd. I, S. 175; Bd. II, S. 486.
(10) Boehm, a. a. O., S. 170.
(11) Vgl. W. Schulz, Der Gott der neuzeitlichen Metaphysik, Pfullingen, 1957; E. Fräntzki, Nicolaus von Kues

und das Problem der absoluten Subjektivität, 1972. 本書第6章参照。

(12) K. O. Apel, Das Leibapriori der Erkenntnis — Eine erkenntnis-anthropologische Betrachtung im Anschluß an Leibnizens Monadenlehre, in: Neue Anthropologie, Bd. 7, hrsg. von H.-G. Gadamer u. P. Vogler, Stuttgart, 1974; 浦沢訳「認識における身体のアプリオリ」(『講座　現代の人間学』7、白水社、一九七九年)。

(13) ebenda, S. 268; 邦訳七一頁。

(14) ebenda, S. 269; 邦訳七二頁。

(15) ebenda, S. 286 f; 邦訳九七—九八頁。

(16) F. Kaulbach, Nietzsche und der monadologische Gedanke, in: Nietzsche Studien, Bd. 8, Berlin, 1979, S. 127 f., S. 130, S. 155.

(17) A. N. Whitehead, Perspective, in: Modes of Thought, 1968; G. H. Mead, Die objektive Realität der Perspektiven, in: Hermeneutik und die Wissenschaften, hrsg. v. H.-G. Gadamer u. G. Boehm, Suhrkamp, 1979.

(18) Kaulbach, a. a. O., S., 140.

(19) ebenda, S. 156.

(20) M. Heidegger, Nietzsche, Bd. I, Pfullingen, 1961, S. 241 f.

(21) Husserliana I, Den Haag, 1950, S. X; 立松訳『現象学の理念』四—五頁、みすず書房、一九六五年。

(22) Husserliana III, 1950, S. 44.

(23) Husserliana I, S. 62.

(24) Vgl. A. Aguirre, Transzendentalphänomenologischer Rationalismus, in: Phenomenologica 49; 拙訳「超越論的現象学的理性主義」(新田・小川編『現象学の根本問題』晃洋書房、一九七八年)。

(25) たとえば、本質がそれ自身の構成にとって規則として働くという本質認識のもつパラドックスとか、ヒュレー的なものが単なる素材とされる限り対象の構成を動機づけるものは何かという統覚理論にみられるアポリアなどは、発生的考察によって解消されるのである。

(26) Husserliana XI, 1966, S. 406.

(27) 感性論に関する叙述の収められている書として「受動的綜合の分析」(Husserliana XI)、『経験と判断』(Erfahrung und Urteil)』、『相互主観性の現象学』(Husserliana XIII, XIV, XV)、『物と空間』(Husserliana XVI)、『危機』(Husserliana VI)などが挙げられる。なお本章で扱われる地平、キネステーゼ、理念化などについては、拙著『現象学』岩波書店、一九七八年(とくに第三章、第四章)、を参照されたい。

(28) B. Waldenfels, Die Verschränkung von Innen und Außen im Verhalten, in: Phänomenologische Forschungen, 2, Freiburg/München, 1976, S. 116.

(29) Vgl. H. Rombach, Die Gegenwart der Philosophie, 2. Aufl., Freiburg/München, 1964, S. 72 f; Müller, S., Vernunft und Technik ― Die Dialektik der Erscheinung bei Edmund Husserl, Freiburg/München, 1976.

(30) 拙稿「現象学研究の現況」(『思想』六五二号、一九七八年)九頁。

(31) Rombach, Phänomenologische Wissenschaftsbegründung, in: Wissenschaftstheorie 1, hrsg. v. H. Rombach, Freiburg/München, 1974, S. 52.

(32) Husserliana IV, 1952, S. 444.

(33) とくに第三十二稿 Teleologie 〈Die Implikation des Eidos transzendentale Intersubjektivität in Eidos Transzendentales Ich. Faktum und Eidos〉, in: Husserliana XV, 1973 を参照されたい。

(34) L. Landgrebe, Das Problem der Teleologie und der Leiblichkeit in der Phänomenologie und im Marxismus, in: Phänomenologie und Marxismus 1, Suhrkamp, 1977; ders., Lebenswelt und Geschichtlichkeit des menschlichen Daseins, in: Phänomenologie und Marxismus 2, Suhrkamp, 1977.

(35) K. Held, Das Problem der Intersubjektivität und die Idee eines phänomenologischen Transzendentalphilosophie, in: Phenomenologica 49, Den Haag, 1972.

(36) 唯一性については、たとえば、Landgrebe, Reflexionen zu Husserls Konstitutionslehre, in: Tijdschrift voor Filosofie 36, 1974; 小川訳「フッサールの構成論についての反省」(『現象学の根本問題』七七頁)を参照されたい。

(37) K. Held, Lebendige Gegenwart, in: Phenomenologica 23, Den Haag, 1966, S. 121; 新田他訳『生き生きとした現在』北斗出版、一九八八年。

(38) Rombach, Substanz, System, Struktur, II, S. 453.

(39) Rombach, die Grundstruktur der menschlichen Kommunikation, in: Phänomenologische Forschungen 4, Freiburg/München, 1977, S. 45; 中山訳「現象学と言語の問題」(『言語哲学の根本問題』晃洋書房、一九七九年)二七〇頁。

(40) もとよりロムバッハは、コミュニケーションの多次元性を語るとき、次元の類型に応じた主観が同時にコミュニケーションの過程を担う「われわれ」という同一性に帰属していることを「内属していること(Darinnensein)」および、それを「居合せていること」の条件としている。その意味では全体への帰属性の意識を見逃しているわけではない。ebenda, S. 33.

2　地平の現象学への道
——フッサールによる「ファイノメノン」の力動的考察の成立——

現象学の歴史にとって一九二〇年代は俗にフライブルク現象学とよばれる時期にあたり、E・フッサールの後期哲学が形成されるとともに、ほぼこれに並行してM・ハイデガーによって現象学的存在論の方向が切り開かれるという、今日から顧みて最も興味深い時期である。それにもかかわらずフッサールのこの時期の仕事は、当時公開された二、三の著作を除いて、その大部分が永い間世に識られることなく埋もれたままであった。晩年のフッサールの傍らにあって彼の研究の協力者であったフィンクは、フライブルク時代のフッサールの仕事は公開を予想することなく不断の省察として行われた研究(作業)《アルバイト》哲学《フィロソフィ》であり、当時公開された著作はいずれもその手前にまで導く序論の役割を果たすものであり、本来の後期哲学は研究草稿のなかにあることを伝えている。[1] 戦後「著作集(Husserliana. 既刊 Bd. I〜XXIII)」が刊行されはじめ、ようやくこの時期の仕事が公開されるにいたり、現象学の今後の展開のさまざまな可能性に大きく貢献することになった。二〇年代のフッサールの仕事といっても、研究内容自体から区分してみれば、おおよそ一九二四/二五年頃より三〇年代の初めの頃、つまり晩年の『危機』[2]の執筆直前までの時期にあたるといってよいであろう。[3] フッサールはだいたい一九三〇年前後にミッシュの『生の哲学と現象学』[4]に目をとおし、かつて拒けたディルタイの歴史性の思想に改めて関心を抱き、ハイデガーとの対決ということもあって、「歴史性の哲学(Philosophie der Historizität)」の構想に本格的に着手し、やがて『危機』の叙述に取りかかっている。現代の破局状況を知の危機に見出す『危機』の叙述は、もとより科学の客観主義によって蔽われ忘却された生活世界をふたたび取り戻すことに重点をおいてはいるが、その叙述を貫いているのは、ヨーロッパ近代の「知と学問」の歴史性を問うことによって、「科学と哲学と生」という、「知の全体的な構図」を意味する統一的連関がどのようにして解体されたまま今日に至ったのか、この解体の危機をいかにして超越論的現象学によって克服できるのか、という徹頭徹尾「学問論」としての問題投企であった。(5) このような学問論的叙述を可能にしたのは、二〇年代においてフッサールが「志向性の分析」をとおして知の原型的な現象および原型的な構図を探り当てていたからにほかならない。

二〇年代の志向的分析論はフッサールによって発生的現象学(genetische Phänomenologie)とよばれている。発生的現象学の仕事は、『論理学研究』(6) および『イデーン』(7) の現象学の企てた志向性の分析を継承し、事象により適切な方法的通路を見出すことによって、志向性の機能のより深い次元とより包括的な連関とを取り出すことにあったが、そのことによって『論理学研究』のフッサールと『危機』のフッサールをつなぐ役割をも果たしている。本稿では、もっぱら、志向性の把えかたがどのようにして、またどのような意味で深められているのか、を中心として考察してみることにする。

一　志向性の「間」構造

フッサールが伝統的認識論の立脚する主観‐客観関係の硬直した枠組みを打ち破るために、彼の師ブレンターノの用いた「志向性(Intentionalität)」の概念を引き継ぎ、これに単なる心理学的概念以上の意味を見出したことはよく識られている。志向性の形式的な規定は「或るものに自らを向けていること(das Sich-auf-etwas-richten)」

であり、この規定は志向性の方位性格を表わしている。或る意識が特定の方向をもつということは、或る特定の作用はかならずそれに相応する特定の対象にのみ向けられていること、たとえば知覚作用は知覚されたものだけに、想起作用は想起されたものだけに向かうということである。このことは意識(内部)と対象(外部)とがあってはじめて両者が関係づけられるといった、つまり関係項が関係そのものに先立つとする従来の考えかたを打破している。そうではなく、志向性とはすでに関係項を最初から内にとりこんでいるような関係、いいかえると意識に超越的な外界と意識内在つまり外と内とがすでにそこで出会っている関係または場面なのであり、その限りでは内と外とのデカルト主義的二元論的対立がすでに克服され、どちらか一方が他方に還元されるような思惟傾向をもともと拒否しているような関係を表わすものとして、今日の現象学が用いる「間(Zwischen)」の語に表わされる性格がすでに刻印されているといえる。

フッサールはこの志向性に認識の機能、すなわち現実への通路としての真理機能を探ろうとしている。志向性とは対象(意味)を思念するだけでなく、それを直観において充実しようとする傾向をもっている。或るものに方向を定めることは同時にそれを自らのものにしようとすることである。志向されたものが現にそこに在るという確証があってはじめて志向性は現実性への通路としての役割を果たすことができる。思念と充実との「同一性合致」は、認識論の問題にとどまらずに真理への動性のもつ深い意味、すなわち志向されたものの確証だけではなく、志向性そのものの自己確証(自己実現)という、のちにフッサールによって「理性の目的論」とよばれることになる理性の動性をすでに暗黙のうちに語っている。

だが志向性のもつ方位性、相関性、真理への動性ということだけではまだフッサールがこの語に即して語ろうとしていることを十分に言い表わしているとはいいがたい。志向性が内と外との「間」の機能をもつことをいわば志向性の構造として分析しているのは、現出論(Erscheinungslehre)である。『論理学研究』第五研究で、フッサールは当時の認識論上の用語、対象、内容、作用などの概念を用いながら、現象学が基本的に問題にしようとしている事柄を語ろうとしている。それは別の言いかたをすると、現出者(Erscheinendes)とその現出(Erscheinung)に関する考察である。現出とは現出している当のもの(現出者)の現出として、具体的にいえば、たとえば物のそのつどのアスペクトつまり物のパースペクティヴ的な出現のことである。したがって現出は現出者とは区別される。フッサールは「物の現出は現出する物ではない。われわれは、意識の連関に属するものとして現出を体験する。現象的世界に属するものとして物がわれわれに現出する。現出そのものは現出しない、それは体験されるのである」(8)といっている。しかし現出は「現われ出ている相(Wie)における現出者」として現出者とは切り離すことができない関係にあり、すなわち現出者との同一性を保っているのであり、現出者とその現出との「差異における同一性」が現出を「対象が現に在ることを示す唯一の手掛り」とさせ、「超越と内在とをつなぐ通路」たらしめているのである。ところがわれわれの自然的意識は、対象自体に直接向かっている。われわれはアスペクトの傍らにいるのではなく、アスペクトをとおして対象の傍らにいるのである。自然的意識は、「現出」をとおして現出者に向かっているにもかかわらず、「現出」を無反省的に通過して対象に直接向かっている。現象学的反省とは、自然的意識のこの素朴な直接性を放棄して、現出または(広い意味での)「与えられかた」へと目を転ずることにほかならないのである。フッサールは『論理学研究』および『イデーン』第一巻において、対象の意味と存在の層に対応させて、「現出」と「与えられかた」とを区別している。「現出」とは或るものが或るものとして現出すること、すなわち或るものが特定の意味において規定されることである。われわれは何かを見たり、聴いたり、評価したりするとき、かならず或るものを何かとして(als was)思念している。これに対し、すでに規定された意味は、同一の意味として或るときには知覚され、他のときには想起されるという場合のように、その与えられかたの明晰性の度合において区別される。『イデーン』第一巻のノエシス・ノエマ論では、前者は「ノエマ的諸規定の相における対象」として、後者は「与えられかたの相における対象」として、記述的次元を異にしている。もとより広い意味で使用される「与えられかた」という言いかたは前者を含むものと考えるべきであるが、いずれにしても、そのつどの自然的意識にとって気づかれることなく素通りされ、いわば忘却されているものである。この自然的意識の自己忘却態をゆさぶり、現出または与えられかたを改めてテーマ化することが現象学的反省の終始一貫して変らない仕事であったといえよう。その意味で現象学とはもともとパースペクティヴの理論である。ただしパースペクティヴという概念は視覚的な意義をはるかに越えて、存在者の与えられかたにおける「媒介された直接性」という意味で理解されねばならない。K・ヘルトは最近の大著のなかで、「与えられかた」という概念はデカルト的次元に先立つ、またはその外にある次元を表わし、「フッサールの画期的な発見」であったとして次のように述べている。「パースペクティヴという概念が、さし当り視覚的なその意義を越えて拡大されるとき、〈対象〉についての体験が一般にパースペクティヴ的に、すなわちその与えられかたにおいて遂行されるということが告げられている。このような広い意味におけるパースペクティヴとは、そのパースペクティヴの多様性を貫いて何か同一のものすなわち一つの対象へと意識が向けられている限りは、主観的感覚とか個人的体制とか状況に拘束された偏見とか相互主観的に変化してゆく見解等々のあらゆる形式である。あらゆる対象が意識に対してこのようなパースペクティヴにおいて現出できるということ、またどのようにして現出できるかということが証示されうるのであり、——フッサールはこの証示を〈相関研究〉という名称のもとで生涯の課題としたのである。」(9)

フッサールは『論理学研究』刊行後まもなく、志向性の相関研究を体系的に実施するには、記述的現象学の立場では不十分であることに気づき、数年にわたる思索のすえに「理性批判の真の意味、その本質、その方法に対する明晰な自覚」を深め、超越論的現象学の構想を抱き、その立場を確保する現象学的還元の方法を提唱するに至った。フッサール自身が語っているように「一九一三年より大体二五年頃までに仕上げられたイデーンの現象学[10]」の幕が切って落されたわけである。ここでは『イデーン』期の現象学の展開を詳しく述べることはできないが、『イデーン』第一巻では現象学的還元の理論、純粋意識という志向性の本質連関に関するノエシス・ノエマの分析論などが着手され、さらに当時公開が差し控えられた『イデーン』第二巻および第三巻において、存在者の属する対象領域を扱う領域存在論の構成や諸科学の体系的な基礎づけなどが企てられている。現象学的エポケーに始まる超越論的現象学的還元とは、われわれの意識の本性に根差す自然的態度のもつ「素朴な」対象帰依性(Hingegebenheit)とか、すべてのものごとの意味と存在に「自明的に」馴染んでいる世界親密性(Weltvertrautheit)などの呪縛から解放されるために、さらには自然的態度に生きるときに発生してくる実体的な見方を排し一切の物象化的解釈の混入を避けるために、自然的態度から超越論的態度へと関心を切り替えて、志向性が機能している現場をその機能するがままの相において取り押えようとする方法的操作のことである。そしてまさに超越論的還元によって開かれてくる圏域こそ、世界と自己との、外と内との「相互媒介の直接性」という「現象」の圏域にほかならないのであり、自然的意識において「匿名的《アノニム》に」機能しているが「テーマ化」されることなく、いわば忘却されたまま素通りされている本来の意味における「真理の圏域」なのである。フッサールもまた超越論的関心が関わるのは「二重の意味での現象[11]」であると語っている。

ところが、しばしば現象学者たちによって指摘されてもいるように、フッサールはたとえば「意識体験」とか「超越論的主観性」といった「古い形而上学的な用語法[12]」(M・ミュラー)を使っているために、概念装置が単に不適切であるばかりか、フッサールの自己解釈のなかに伝統的な知の枠組みが根強く働くことになり、なかんずく「現象」そのもののデカルト主義的解釈は現象学の本来の仕事を大きく蔽うことになった。デカルト主義的自己理解はすでに『イデーン』第一巻の還元理論のなかに働いている。インガルデンが指摘するように超越論的観念論とは「与えられかた」の相違から「在りかた」の相違を導出してくる思惟様式[13]にみられるが、この主張は「一種の超越論的内面性における無前提的な、自らのもとに在ること(bei-sich-sein)という動機[14]」(ヴァルデンフェルス)の絶対化にほかならない。そして内在的自己知覚の必当然的《アポデクティシュ》明証性からただちに意識の存在の十全的明証性を帰結するこの思惟の方向は、デカルト的「第一哲学」の構想となって前景に押し出されてくるのである。フッサールが一九二三／二四年に行なった講義「第一哲学」第二部「現象学的還元の現象学」は、還元に先立って世界の存在の明証性を批判するという形で「われ在り」の絶対的明証性の立場を確立することを説いているが、この講義の途中で突然デカルト的道に代わって非デカルト的な道が言及されはじめ、世界存在の明証性はむしろエポケーによって次第に明らかにされるものであることが説かれたことは、すでにフッサールの「デカルト主義からの訣別[15]」(ラントグレーベ)としてよく識られている出来事である。しかしこの軌道修正はよく考えてみればむしろ「非デカルト的な事象への復帰」であったわけであり、もともとデカルト的二元論的対立の克服として発見された「志向性」をその全体的な連関にわたってテーマ化するに適切な方法が改めて見出されたまでのことだといってよいであろう。

非デカルト的な道はさまざまの形で探られるが、やがて「顕在的なものにおける潜在的なものの指示連関」を辿り直す「意味発生の溯源的露呈」の方法として仕上げられてくる。この方法が突然に発見されたものでないことは、すでに一九二〇年に書かれた草稿のなかで、この方法が「標示(Anzeige)の超越をとおして標示されたもの」を探る「厳粛《ファイアリッヒ》な還元」であり、『イデーン』の還元よりはるかに優れていることが述べられていることからもうかがわれるとおりである。[16]「前もって与えられたもの」を指標とし、そこに含蓄されている意味の歴史を辿り直そうとすることの方法は、現象学的反省自体がもはや単に自己知覚の直接性に立脚して遂行できないということ、したがって「顕わなもの」を手引きとして「隠れたるもの」を露呈しようとする一種の「解釈」または解読の仕方をとらざるをえないということを物語っている。しかも、つねに与えられた「前提」から出発せざるをえないという意味での状況拘束性は、「無前提的な学」の立場を最初から確立しようとする「第一哲学」の構想を根底からくつがえすのである。フッサールがこの「指標の方法」をいかに現象学の事象そのものに適切な方法としていたかは、「意識の志向的機能連関」全般の解明だけでなく、学問的な知の体系全体の基礎づけにそれを適用しようとしていた点にうかがわれるであろう。

二　生きられた「間」としての地平

ここでは発生的現象学の成立の事情やその全体にわたる考察は避けて、もっぱら現象学的思惟の中心問題である「媒介された直接性」の現象がどのようにより繊細に、より動的に探られていったかということに焦点を絞って考察してみたい。ただし、あらかじめ考察の範囲を限定するために、発生的現象学の仕事がどこまで及んでいるかについてひとこと述べておきたい。発生的現象学によって志向性の機能が全体として動的な「途切れることのない生成」の連関を形成することが明らかになるが、それと同時に、現出の次元が世界の現出へと深められ、意識は世界の現出の圏域として目的論的に考察されることになる。ということは、世界を構成する意識は、感性的段階より発して、「段階を追うしかたで」つねにより高次の段階へとすすんでいく過程を形成するからである。感性的経験においては世界は決してそれ自体テーマ化されることなく、しかし一切のテーマ化を可能にする地盤として、いつもすでに前もって与えられている。われわれは個々の経験においては、世界の存在をいつもすでに「受動的原信念」において、つまり暗黙のうちに確信している。ところが他方では、われわれの経験は、総体性《トタリテート》としての世界表象を、一切の表象の究極的な目標として、つまり「理念としてのテロス」として狙っているのであり、いわゆる客観的世界の構成は、フッサールが「普遍的運動[17]」とよんでいるこの究極的な綜合への運動のなかで、しかも相互主観的な構成として、生起してくるのである。ブラントは、フッサールが世界を「超越(Transzendenz)」の語で語ったことに言及し、「超越は世界を所有しつつ世界の内に存在する自我の、地盤であるとともに運動であり目標である[18]」と語っている。世界の現出の仕方と意識の目的論とはひとつの事態を表わしているのである。フッサールの目的論の構想は、マイストのいうように「世界に向かって外からもち出されたカテゴリーではなく」、「世界と自我とわれわれとが〈現に〉あることを可能にする在りかた」を意味している[19]。しかしここでは、一応、フッサールが「超越論的感性論」によって分析を企てた経験の段階に考察を限定することにしたい。

そこで以下の三点、すなわち㈠「意味」の原初的な媒介性、㈡「地平」の媒介性、㈢「身体」の媒介性、にわけて考察することにするが、これらの部分はいずれも(感性的)経験においてたがいに絡みあい制約しあって生起する統一的事態の構成契機にほかならない。これらのものはフッサールによって総じて受動性(Passivität)とよばれている働きに見出される。志向性の機能はいわゆる能動性(作用志向性)にだけ帰せられるのではなく、いつもすでにそれに先立って、またはそれと錯綜して機能している受動性にも見出されるのであり、受動性の機能がさまざまの象面にわたって分析されるのである。

第一に挙げた意味の原初的な媒介性は、感性的与件がいつもすでに意味としての役割を果たす仕方に見出される。現在の知覚野において自我による対象化に先立って、感性的与件は類似性や相等性にしたがって意味としての融化作用や対照化作用を起こして、それ自体統一体を形成して自我を触発し、自我による対向を促している。『論理学研究』や『イデーン』第一巻の統覚理論では、ヒュレーは単なる素材にすぎずそれ自体としては無志向的なものであり、統覚によってはじめて「……の現出」と化するという仕方で説かれていた。そのため対象関係の成立の動機となるものが不明とされていた。ところが発生的考察によればそうではなく、ヒュレーはそれ自体「現出」なのであり、意味としてすでに受動的に自己を構成しているのである。フッサールはこの働きを「原初的連合(Urassoziation)」または「原現象(Urphänomene)」とよび、のちに研究草稿のなかで「純粋な、もしくは〈第一次的に受動的な〉自己 - 志向性」ともよんでいる。[20]この意味化の生起する場こそ志向性のもつ「間」の位置を最もよく表わしている。フッサールの次の言葉「意識野の統一はいつも意味連関、意味の類似性や対照化によって樹立されており、もしこうしたことがなければ世界は決してそこにはないであろう」[21]は、世界が与えられるということはすでに意味に媒介されているということを告げている。のちに対象化によってテーマ的に把握される一切の実質的な秩序が、すでに世界の原構造として構成されているわけである。フッサールは次のように語っている。「原初的に流れつつ立ち止まる現在のなかで、すなわち私の自我の絶対的な生のなかで、われわれは統一を基礎づける原初的綜合と、距離性と差異化を基礎づける原初的分離とをもっている。」[22]

第二に「媒介された直接性」を最も端的に語るのは、超越論的感性論の中心におかれている「地平」の現象である。地平とは自我が対象規定を続けてゆくとき、主題として保持された対象に随伴してくる規定可能性の連関のことであり、対象をその部分契機(色や形)によって規定する方向に内部地平が、主題となる対象を随伴対象に関係づけて規定する方向に外部地平が開かれてくる。『論理学研究』以来の直観優位の思想が、この地平という間接性が対象関係のなかに入りこむことによって克服されるのである。なぜこのような現象が起こるのかといえば、知覚において意味志向と充実との十全的な合致というものは決して成立しないからである。たえずそこにはズレが生じ、つねに「より以上のもの（Mehr）」が余剰として残される。対象はその現出をとおして完全に規定し尽くすことができないのであり、対象はそのつどのパースペクティヴ的現出において立ち現われる以上のものとして与えられる、したがってつねに「より以上のもの」への期待が働くことになるのである。フッサールが地平志向性とよんでいるものは、単に現在の規定作用に動機づけられて働く、特定の規定意味を予料する期待志向だけでなく、同時にそれを可能にする、より根源的な地平形成の機能のことである。対象は決して任意に充たすことのできない「無規定的な一般性」という「意味の枠」によって取り囲まれている。地平志向性とは、このように対象をいつもすでに類型化して先取りし、規定作用に規則を定め、作用志向性の活動空間を形成する働きである。フッサールはこの「一般性」に経験的一般性だけではなく、領域一般性をも含めて、次のように言っている。「どのような経験もすでに存在論的な、世界経験の様式と世界様式を前提としている。」(23) そういう意味でフッサールは地平を存在論的地平ともよんでいる。

地平の生起は、「現出者の現出」という二重の事態の動的な生起であり、そこにはじつに多くの「知の原型的現象」にあたるものが含まれている。まず第一に、規定連関が未完結的過程を描くということは「知の汲み尽くしがたさ」を表わしている。対象を「〜として」規定する作用すなわち差異化の機能は動的にしかも持続的にのみ生起するのであり、しかもつねに規定を深めたり修正したり詳細化したりする仕方で行われるのである。第二に、先行的に投企された一般性が非テーマ的な仕方で思念されている領域一般性であるということは、対象を規定する場面（領域）があらかじめ定められているということであり、領域の複数性を説くフッサールが、そのような知の多次元性が開かれる場所をすでに経験のなかに見ていたことを証言するものであろう。領域的多次元性の動態的発生の考察は、地平の現象学の今後の展開のなかで最も重要な方向を表わすものと思われる。第三に、一般性としての「意味枠」をあらかじめ画定することが個々の規定を可能にするということは、対象化されることのない「アノニムな」全体が随伴的に与えられていることであり、「個々のものと開かれた全体との相互制約」が起きていることである。今日、地平の現象学の展開のなかで最も積極的にかつ広く受けとめられているのが、この「全体と部分との交互作用」にほかならない。第四に、地平的現出によって経験の進行は必然的に未完結的過程と化するが、しかしフッサールはこの過程に対象の完全な自己所与性すなわち十全的明証性が究極的目標として規則を与えるといっている。未完結的な過程が完結することは考えられないことであるが、しかし対象を完全に汲みつくす極限状態がカント的な意味における理念として、つまり実現されることがないが認識の目標として働くのであり、経験はこの理念に不断に近づいてゆく近似化(Approximation)の過程とされるのである。本質的にパースペクティヴ性を免れることのできない地平的現出が、脱パースペクティヴ的超出の契機との対立的な緊張関係を形づくるということは、すでに感性的な経験のなかに脱感性的な方向への超出を、つまり科学の方法である理念化(Idealisierung)を促す契機が働くということである。そういう意味でパースペクティヴの過程は脱パースペクティヴ化、脱視点化の基盤なのである。[24]

「媒介された直接性」の第三の原型的現象となるのは、経験において身体が果たす根源的な役割である。この役割は、身体が「現出」の条件となること、および身体運動によって「現出野の構造化」が可能となるという二つの面で演ぜられる。身体はそれ自身、現出する周界に属する物体であるとともに、周界の現出の条件となっている。この二重現象の原型となっているのは、触感覚において位置与件とアスペクト与件とが相互に転位しあう現象であるが、身体のこの自己 - 現出に基づいて、身体が現出の零点となることによって周界が現出してくるという、身体の媒体的役割が成り立つのである。媒体として働くということは、他のものを現出させることによって自己自身は現出しないということであり、身体が「根源的な世界経験の一契機」としてつねに間接的に「居あわせている(dabei sein)」ことであり、現出としては不在の仕方で現前していることである。フッサールは身体的主観の自由な運動をキネステーゼ

（運動感覚）とよんでいるが、キネステーゼの機能とは随意的な私の「能為性（Vermöglichkeit）」すなわち「私にできる（ich kann）」のシステムなのである。周界の現出はたとえば「私は摑むことができる、見ることができる」というこの能為性のシステムに依存している。キネステーゼ空間の、いわゆるパースペクティヴ（遠さや近さ）的空間は、身体への近さとして、身体運動によってたえず制約されている。そして、意識のうえでは、身体の「居あわせること」は「絶対的ここ」の意識として存在の受動的な確信であり、「私にできる」は、志向的遂行態（Vollzugsmodus）そのもののうちに働く先反省的な自己理解である。身体運動は各自的に生きられる行為として、まさにその背後に戻りえない根源的な現（Da）なのである。

以上にわたって粗述したように、「媒介された直接性」の原型的現象は、現出の仕方であれ、またはその条件であれ、われわれの経験のなかに或る根源的な「差異化（Differenzierung）」の現象が生起していることを告げている。この差異は生きられている差異であり、差異が生きられているからこそ現象学が差異をテーマ化できるのであり、逆に差異を生きることはそれを非テーマ的にのみ生きることを意味する。差異化が根底に生起しているからこそ、抽象化による一切の客観的な距離の成立が可能となるのであり、内と外との開かれた「間」を生きているからこそ、われわれにとって内と外とを対立させる客観化的な思惟が可能となってくるのである。だがこれまでの考察は、超越論的感性論内部に限られ、世界的事物への関わりにおいて、つまり知覚をモデルとしてすすめられてきた。そこで今度は「媒介的迂路」を辿る現象学的反省の方に目を転じて、自己‐知としての反省もまた、すでに根源的に生起する原初的自我分裂によって可能となるということに注目しておきたい。フッサールは三〇年代に入ってからではあるが、「生き生きとした現在」に関して集中的な研究（分類名称C草稿）を実施し、反省の根拠となる原初的な自我分裂という事態を探りあてていた。いわゆる反省とは措定的自己関係であるが、それはすでに時間の流れを介した「あとからの覚認（Gewahren）」にすぎない。こうした反省が可能となるのは、「生き生きとした現在」において、自我の遂行それ自体が、つねに流れに先立って、原初的に自我分裂を起こして生起するからである。世界に向かうときも、自己に向かうときも、志向性の機能はつねに原的距離（Urdistanz）を生きているわけである。無媒介的な直接性を表わす十全的な自己知覚の理論は、現象学的反省の深まりによって乗り越えられたのである。

三　地平の現象学の現代的展開

二〇年代のフッサールの仕事を『論理学研究』に発する志向性への問いの深まりとみなし、とくに「現出者とその現出」の差異的生起の問題に照明をあてて考察したが、この問題がじつは現代哲学にとって二〇年代に起きた重要な出来事つまり解釈学と現象学との決定的な出会いを可能にしているのである。フッサールの『論理学研究』の仕事はすでに「意味」を存在論的概念にまで深め、解釈学を認識論的な次元から解放する方向を開いていた。フッサールのその後の仕事は、この「意味」の媒介の働きを「現出」論のテーマとして徹底的に掘り起こす作業であったといえるであろう。ジーメクのいうように「その限りにおいて、現代の解釈学は全体としてみれば、フッサールを継承することによって成立したもの[25]」であり、リクールのいうように解釈学の現象学的前提となる仕事（意味への問い、帰属性の中断による解釈学の開始、言語的次元に到来する先言語的経験への遡及、知覚の時間的構造からくる推定的不十全的未完結性への還帰など）があってはじめて解釈学が「現象学の幹に接ぎ木された」といってもよいであろう[26]。しかし何といっても「決定的な一歩」はハイデガーの『存在と時間』の解釈学的現象学の試みに帰せられるのである。『論理学研究』に多くを学んだハイデガーは、「存在への問い」という点ではフッサールと基本的関心を異にしているが、何よりも存在の意味へと迫る通路として存在理解の存在論的分析に着手したことにまさに相関性の思想の継承がうかがえるのである。たしかにハイデガーは、フッサールの現象学を縛っているデカルト主義的限界を厳しく批判し、フッサールの思惟の「蔭」ともいえる「意識の存在」に志向性の根拠となるべき「配慮《ゾルゲ》」を見出していったが、しかし二〇年代のフッサールの仕事を識るとき、両者の間には直接の学問上の交流の或る断絶があったにもかかわらず、その「事象」上の対応があまりにも見事に成り立っていることに気づかざるをえない。それは、根本的には、ハイデガーが「ファイノメノンのロゴス」としての現象学的思惟の本領を自覚的に継承し、あくまでも「現出」の問題を考え抜いたことにもよるのである。そのことによって、もともと「理解」という解釈学的概念に含まれていた地平機能を現象学的に主題化し、現存在の先‐構造(Vor-Struktur)に基づくものとして洞察できたのであり、結局は、フッサールが「現出者とその現出」に見出した同一性と差異性の構造を、「存在者とその存在」という存在論的差異の次元へと捉え直してゆくことができたのだといってよいであろう。ここでは両者の思惟の異同を詳しく論ずる余裕はないが、今日、ガダマーに代表される哲学的解釈学の展開は、二〇年代のこの二人によってなされた現象学の仕事なしには考えることができないものである。

これに対して、ディルタイの晩年の仕事を継承し、二〇年代にすでに活動していたゲッチンゲン学団《クライス》(G・ミッシュ、H・リップス、J・ケーニヒなど)[27]の場合は、ハイデガーによって十分顧みられることのなかった学問論(Wissen-schaftstheorie)的課題の方向に関心を深め、自然科学と精神科学との対立の克服をロゴスの拡大化(生の論理学《レーベンスロギーク》の試み)によってはかろうとし、今日の学問論としての解釈学の復権に大きく寄与している。その限りではフッサールの学問論的意図とも重なる面があるわけである。しかも彼らの主張の根底にある生の「測りがたさ(Unergründ-lichkeit)」の思想は、ハイデガーの静態的分析に比して生の力動的な創造的な力《マハト》がいかに学的領野を形成するかを、つまり生の内側からの展開として知の問題を扱う点で、正統的な生の哲学の問いを今日に生かすものである。しかし彼らの立場は、目的論的意味概念を現象学と共有するが、「現出」の理論を欠く点では決定的に区別されるのである。

地平の現象学は今日の現象学にかなり早くから受け入れられ、それぞれ独自の解釈または分析の拡大化が試みられた。代表的な仕事を挙げれば、地平として投企される「類型」を経験的一般性に限定してこれを社会的行為の場面に見出したのは、A・シュッツである。ゲシュタルト理論の「図と地」の互換現象を身体の両義性に基礎づけて現象学的に解釈し直し、今日の人間諸科学の成果を批判的に取り入れつつフッサールの超越論的感性論の仕事をさらに独自の方向へと深めていったのはメルロ＝ポンティである。また差異性の現象を「宇宙・人間学的差異」として捉え直し、現象学をコスモロギーの方向へ展開させようとしたのはフィンクおよびパトチカである。これらの試みはフッサール解釈を越えてそれ自体創造的な仕事ではあるが、或る意味では地平の現象学の可能的な諸展開とみることができる。しかし二〇年代のフッサールの遺稿の公開が遅れたこともあって、十分に資料を踏まえたうえで超越論的感性論の遺産を継承してフッサールの分析をさらに批判しつつ深めようとする試みが具体的な成果となって現われてくるのは、六〇年代に入ってからである。ラントグレーベによって指導されたケルン学派（ヘルト、クレスゲス、アギーレなど）やブラント、さらには地平現象を行為の場面に働く動的な弁証法として捉え直そうとしているヴァルデンフェルス、地平を脱主観化することによって構造へと転換させ知の多次元性を探ろうとしているロムバッハ、領域複数性の成立を地平の過程性から考察して科学知の一義性に対して知の多義性の可能性を探ろうとしているS・ミュラーなどの仕事が注目に値する。(28) さらに感覚や行為の「媒介された直接性」に関して、哲学的人間学の側からも、とくにプレスナーによって鋭い把握がなされている。たとえば彼は「感覚の人間学」のなかで非言語的情動の与えられかたについて、次のように語っている。「人間はおのれの無媒介性においておのれと媒介されている。これは、人間に自分の影を跳び越すことは許さないが自分の影を見ることを許す距離性である。[29]」

以上にわたって考察したように、「媒介された直接性」、つまり生きられている原初的な距離、存在するものへの関わりとしての行為の遂行のなかに生起している原初の分裂が、その背後に戻りえないもの(Unhintergehbares)として、すべて知といわれるものが発生してくる現場の原 - 構造(Ur-Struktur)なのである。すべて仮象といわれる実体化的思惟の所産は、思惟がこの「隠された」原初的出来事を忘却することによって産み出されたものにほかならない。この原初的な生起ならびにその忘却の仕方をどのようなコンテクストでとらえるかによって、今日の思惟としての現象学の展開がさまざまの方向へと分れてゆくことになるであろう。

最後に、本稿では主題として論及することができなかったが、フッサールの超越論的現象学の最終的課題のひとつは、世界の現出を相互主観性の問題圏において考察することであったということにふれておきたい。相互主観性は、世界の現出が、感性的な、各自的現出から客観的世界の構成へと高まってゆく「普遍的運動」の超越論的条件である。意識と世界との目的論的一致の理想は客観性の条件としてのモナド的共可能性《コムポシビリテート》の理念によって補完されねばならないのである。[30]方法上の理由で実現しえなかったとはいえ、フッサールが最終的に見えるようにと狙っていたのは「〈客観的〉世界と相互主観性と歴史」の根源的な連関であった。フッサールのこの意図を顧慮して世界の現出の問題系を追うときに、現象学的思惟が、「たえず現在的でありながら同時に不在である」ような世界の現出に関わる思惟、まさしく「ファイノメノン」そのもののロゴスであることに改めて想い至るのである。

(1)　E. Fink, Die Spätphilosophie Husserls in der Freiburger Zeit, 1959, jetzt in: Nähe und Distanz, Freiburg/München, 1976, S. 207, S. 220.

（2）　E. Husserl, Die Krisis der europäischen Wissenschaften und die transzendentale Phänomenologie (Husserliana Bd. VI, 1954). 邦訳、細谷・木田訳『ヨーロッパ諸学の危機と超越論的現象学』中央公論社、一九七四年。

（3）　この時期に属する著作あるいは講義、研究草稿のうち著作集に収められた重要なものだけを挙げておきたい。

Cartesianische Meditationen und Pariser Vorträge (Husserliana Bd. I, 1950). 邦訳、船橋訳「デカルト的省察」『ブレンターノ、フッサール』中央公論社、世界の名著51、一九七〇年、所収。

Erste Philosophie (1923/24), Erster Teil (Husserliana Bd. VII, 1956).

Erste Philosophie (1923/24), Zweiter Teil (Husserliana Bd. VIII, 1959).

Phänomenologische Psychologie, Vorlesungen Sommersemester 1925 (Husserliana Bd. IX, 1962).

Analysen zur passiven Synthesis. Aus Vorlesungens- und Forschungsmanuskripten 1918-1926 (Husserliana Bd. XI, 1966).

Zur Phänomenologie der Intersubjektivität, Zweiter und Dritter Teil (Husserliana Bd. XIV, Bd. XV, 1973).

Formale und transzendentale Logik, Versuch einer Kritik der logischen Vernunft (Husserliana Bd. XVII, 1974).

なお著作集に含まれていないが、重要なものとしてラントグレーベによって編集された Erfahrung und Urteil, Hamburg, 1954, 2. Aufl., 1972 が挙げられる。

（4）　G. Misch, Lebensphilosophie und Phänomenologie, Stuttgart 1930, Teubner, 1975. なお所収論文は Philosophischer Anzeiger 誌上に三回 (1929/30) にわたって発表されており、フッサールはそれに目をとおしている。

（5）　本書第1章参照。

（6）　Logische Untersuchungen, I, Tübinger, 1900; II, 1901. 邦訳、立松他訳『論理学研究』1、一九六八年、2、一九七〇年、3、一九七四年、みすず書房。

（7）　Ideen zu einer reinen Phänomenologie und phänomenologischen Philosophie, Erstes Buch, 1913 (jetzt: Husserliana Bd. III). 邦訳、池上訳『純粋現象学及現象学的哲学考案』全二冊、岩波書店、一九三九年、一九四一年。渡辺訳『イデーン』全三冊、みすず書房、一九七九年、一九八四年。

（8）　Logische Untersuchungen, II/1, S. 350.

(9) K. Held, Heraklit, Parmenides und der Anfang von Philosophie und Wissenschaft, Eine phänomenologische Besinnung, Berlin/Wew York, 1980, S. 41.

(10) Vgl. Misch, a. a. O., S. 328.

(11) Husserliana Bd. I, S. X.

(12) M. Müller, Einige Reflexionen über den geschichtlichen Ort der Phänomenologie, in: Phänomenologie——lebendig oder tot ? 1969, S. 36.

(13) R. Ingarden, Über den transzendentalen Idealismus bei E. Husserl, in: Husserl und das Denken der Neuzeit, Den Haag, 1959, S. 190-204.

(14) B. Waldenfels, Die Verschränkung von Innen und Außen im Verhalten in: Phänomenologische Forschungen, 2, Freiburg/München, 1976, S. 114.

(15) L. Landgrebe, Husserls Abschied vom Cartesianismus, in : Der Weg der Phänomenologie, Gütersloh, 1963, S. 163-206.

(16) Husserliana Bd. XVIII, S. 445.

(17) Manuskript K. III, 6, S. 111, Zitiert nach G. Brand.

(18) G. Brand, Welt, Ich und Zeit——nach unveröffentlichen Manuskripten Edmund Husserls, Den Haag, 1955, S. 17.

(19) K. M. Meist, Monadologische Intersubjektivität, Zum Konstitutionsproblem von Welt und Geschichte bei Husserl, in: Zeitschrift für philosophische Forschung, Bd. 34, Heft 4, 1980, S. 581.

(20) Husserliana Bd. XI, S. 134.

(21) ebenda, S. 406.

(22) Vgl. ebenda, S. 398-416.

(23) Husserliana Bd. XV, S. 620.

(24) 拙著『現象学』第四章「現象学的科学論」および本書第1章参照。

(25) J. M. Siemek, Marxismus und hermeneutische Tradition, in: Phänomenologie und Marxismus 1, Suhrkamp, 1977, S. 63.

(26) P. Ricœur, Phénomenologie et herméneutique, in: Phänomenologische Forschungen, 1975, S. 52-60.

(27) Misch, a. a. O. のほかに、

G. Misch, Vorbericht des Herausgebers, in: W. Dilthey Gesammelte Schriften, 5, Stuttgart, 1923.

H. Lipps, Untersuchungen zur Phänomenologie der Erkenntnis, Bd. 1, 1927 (1976); Bd. 2, 1928 (1976), jezt in: Hans Lipps Werke, 5 Bände, Frankfurt a, M.

Ders., Die Aufgabe der Logik, in: Deutsche Allgemeine Zeitung vom 3. 7. 1927. jetzt in: Die Verbindlichkeit der Sprache, Werke IV, 1976.

J. König, Der Begriff der Intuition, 1926.

Ders., Vorträge und Aufsätze, hrsg. v. G. Patzig, 1978.

(28) 創造的な現象学者たちの著作については改めて紹介するまでもないが、最近の現象学の動向については、『思想』特集号「現象学の展開」六五二号、岩波書店、一九七八年、および『現象学の根本問題』(晃洋書房)一九七八年、を参照されたい。

(29) H. Plessner, Anthropologie der Sinne (aus: Philosophische Anthropologie, 1970), in: Neue Anthropologie, Bd. 7, 1975, S. 30; 森田訳「感覚の人間学」(『講座　現代の人間学』7、白水社、一九七九年、二五三頁)。

(30) Meist, a. a. O., S. 580.

3　地平の形成とその制約となるもの

一　地平現象の現代的意義

地平の概念は、今日現象学のみならず、解釈学や、また広く人間諸科学にとって重要な役割を果たしている。フッサールの現象学における経験の分析において積極的に注目された地平の現象は、さらにハイデガーの現存在分析論において存在理解の先行的現象として存在論的に分析された。もともとシュライエルマッヒャー以来の解釈学の歴史において解釈学的循環と呼ばれていた、理解作用における全体と部分とのあいだに起こる交互交替現象のさまざまな捉え直しの運動とこの現象学の地平現象の分析とが重なって、現象学と解釈学とのあいだに積極的な交差領域が形成された。さらには、テクスト理論、コミュニケーション的行為理論にもこの先行的理解の現象とか理解の循環現象のヴァリアンテが見出されていくことによって、いまや地平現象の知識論的権能には注目すべきものがある。たとえば対話をモデルにしたガダマーの地平融合の理論と、たえず新しいテクスト理解の可能性をテクストの構造そのものから論ずる受容美学や文芸解釈学のテクスト理論とのあいだの論争などもここに関連してくる。さらには科学研究における理論全体あるいは理論の枠組みの先行的投企（いわゆる理論負荷性）なども広く解すれば地平の現象であるといえよう。

それでは、地平の現象のどういう点が今日の知識理論にとって積極的な意義をもつのか。地平とは文字どおり解すれば、開けた視野または視圏のことであるが、個々のものに関わりつつ個々のものを越えている、という意味で有機的な全体的視野のことであり、理解とか知識とかについてこの語が用いられるということは、個々のものの理解に伴う仕方で個々のものを越える全体が理解されているということにほかならないが、まさにそのことによってそのような全体的理解が逆に個々のものの理解を成り立たせているのであり、また個々のものの理解と相互に制約しあっているともいえるのである。もうひとつの特徴は、理解の地平とは視野が有限的であるように理解の限界を示している。つまり開かれていると同時に有限的であるような、その限りで決して固定的かつ完結的でない人間の知識性格を表わしている。

フッサールはこのような全体的な意味の理解の仕方をまさに地平志向性と呼んでいる。地平志向性は個々のそのつどの主題的規定作用を可能にする一般的意味の投企作用である。この一般的意味をフッサールは規定可能的未規定性と呼んでいる。この一般的意味またはフッサールの言い方でいえば類型的意味は、主題意味によって規定できる、つまりその一般性を特殊化できるような「意味の枠組み(Sinnesrahmen)」のことであるが、そのことは同時に主題規定としての作用志向性の活動を可能にする場所を開くということなのである。そしてこの先行的に投企された意味はかならずしも主題的意味によって充足されるとは限らず、そこに決定的な修正の現象が起きることもある。このように地平志向性と主題志向性とのあいだに起こるさまざまな運動は、対象についての理解が「より詳しく」「より豊かに」「より完全に」または「別様に」という仕方で動的プロセスを描いて進行することを物語っている。つまり流れゆく類型(fließende Typik)による修正(Korrektur)、転移(Verlagerung)、補充(Ergänzung)のプロセスが形成されるのである。

以上のように、地平とは、第一に、意味の場の投企であるとともに、第二に、構造的布置性(Konfiguration、一般にゲシュタルトと呼ばれる)、さらに第三に、生成しつつ自己を拡大または修正していく過程性(Prozessualität)などをその性格とする知識形成の現象であるといえるであろう。現代の広い意味での解釈学的運動においては、地平のこの動的プロセスに見られる現象が知覚モデルから行為モデルまたは対話モデルに移されて、広く知識のダイナミックな形成の遊動空間が論議されるようになった。

二　地平形成の機能

地平の受動的性格　今日地平と呼ばれている現象は、すでに近代の哲学の歴史のなかで、不定無限の現象として論じられたものをその先駆形態とするものである。不定無限とは、終項のない無限系列のことであり、この無限性を形成する働きは想像力の働きとされた。想像力または構想力(Einbildungskraft)は、対象を自発的に構築する悟性を助けて空間の全体的連関へと関わらせる媒介的な活動力である。直接に与えられていない潜在的全体への推定能力であるともいえる。カントでは、超越論的(transzendental)な構想力は悟性と感性とを媒介する能力であり、悟性をして感性に働きかけさせ、カテゴリーを経験の対象に適用させる。今日の現象学の分析は、地平の形成の機能を、能動的(aktiv)な主題規定の作用に伴って意味の一般性がつねに受動的(passiv)に形成されていく現象として考察している。超越論的構想力は、現象学的に考察すれば、意味の投企の能力なのである。地平はつねに対象化作用と結びついて働く現象として能動的 - 受動的(aktiv-passiv)な性格をもっている。そうするとこの受動的な性格は一体どこに由来するのか。地平の性格を追求するにはこの受動性の働きがどうして起きるのかということをぜひとも明らかにしなければならない。しかしここでは、受動性の哲学的意義の解明に先立って、とりあえず地平の形成を促すものは何かを問うことにしたい。

地平形成を促すものは何か　地平は、一般的意味の投企であるが、このことは地平が指示機能を果たすことでもある。地平は直接に与えられたものよりもつねに「より以上のもの(Mehr)」へ向かう志向作用(地平志向性 Horizontintentionalität)によって形成される。たとえば知覚における地平の発生は、知覚における意味の志向と充実とのあいだに十全なる合致がけっして成立しないことに基づく。絶えずそこにはズレが生じ、つねに余剰が残されるのである。対象はそのつど立ち現われるもの以上のものとして与えられるということは、対象の所与はつねに「より以上のもの」を指示しているということである。もとより、この場合の「より以上のもの」というのはかならずしも一般的意味にかぎられるものではない。動機づけられた期待意味の形成の場合もあれば、対象の属する現実性の連関への指示機能がそこに働いている場合もあり、そのかぎりでは地平の指示機能は重層的である。

これら指示機能を通じて個々のそのつどの地平形成が、結局世界連関のそれぞれの限局された現出であることが改めて問われねばならないことになる。地平ということを問題にするとき、そのつどの地平の現象を越えて、それらの現象がそこにおいて成り立つ場所として世界というものの与えられ方を改めて問うことが必要になってくるのである。

もちろんこうした指示連関の機能から見た地平の全体的連関には、いわゆる現実性連関だけでなく、これに基礎づけられ、それによって局所づけられた、さまざまな高次対象も含まれることになり、したがって、地平の考察が深まるにつれて、地平がそのつどの限定された現出野における対象の与えられ方に見られる現象だけでなく、それらのものの全体に及ぶ広範にして、きわめて錯綜した構造をもつ、意味の全体的な連関の形成現象であることが、次第に浮かび上がってくるのである。いいかえるならば、世界というものの与えられ方から地平という現象が考察されねばならないことがだんだんと明らかになってくる。周知のごとく、フッサール自身、世界をその与えられ方から世界地平と呼んでいる。地平の形成は「世界に向かう超越」としてはじめてその全貌を現わしてくるのである。

三　世界の地平的現出――世界地平とは何か

それでは世界地平とは一体何か。世界地平といわれる場合の地平性は、果たして知覚の地平と同列において性格づけられるものであろうか。フッサールの分析では一面ではたしかに、世界地平を知覚の地平とのアナロギーにおいて語っているところもある。たとえば世界は外部地平の極限の方向に「地平の地平」として与えられるといわれる場合とか、また世界全体の意味が総体性概念として類型的一般性として先行的に投企されるといわれたりしている場合がそうであるが、しかし他方では世界が地平として与えられるというのは、このような存在者の総体としての世界意味の予料的地平のことではなく、いかなる経験にも先行して「いつもすでに(immer schon)」地盤として与えられているという現象のことであるとも語られている。

たとえばルーマンは、そのシステムの構想をフッサールの地平の概念に負うているが、彼はフッサールの世界の概念が地平であるとともに地盤であるとされているというのは、矛盾している、つまり地平とはそれに向かって動くものであって、その上を動くのではない、と言っている。(1) ルーマンにかぎらず、フッサールの世界概念の多義性については、多くのひとによってこれまで指摘されているが、しかし、今日フッサールの残した仕事をほぼその全体にわたって追跡することができるようになり、彼の世界概念の多義性が、世界の与えられ方が目的論的な構図をもっていることに深く関わっていることから解明できるようになった。世界がその与えられ方から考察されるということは、世界の現出をその全域において問うことである。フッサールは世界という現出圏域の全体を目的論的動態において問おうとしているのである（筆者は、このテーマに関して、以前に「フッサールの目的論」という論文（本書一三三頁注（2）参照）で論じたことがあり、ここでは目的論そのものには詳しくは立ち入らない）。

そこでまず第一に、地盤としての世界概念が挙げられる。そしてこの世界が各自的に感性的に現出してくる仕方、さまざまの原秩序を形成しつつ与えられる仕方から出発して、第二に、さまざまな目的形象に向かう志向作用によってさまざまな特殊世界の相互主観的構成のプロセスが形成されるのであり、第三に、これらの構成作用は究極的目的であるイデー（フッサールはこれをカント的意味でのイデーと言っている）としての世界に向けられている。したがって世界の地平的所与とは、このような目的論的意味形成の全域についていわれるのであり、すべての限局された地平を含む意味でいわれている。地平形成にとって、この目的論的運動が、そのつどの所与を越えて「より以上のもの」に向かう超越の生起を駆り立てるのである。

ところで種々の目的形象に向けて構成される特殊世界は、客観的科学的対象世界を含む相互主観的に構成された文化世界であり、複数的な共同世界として構成員をその中に所属させているこの世界の構成にあたって、さきに述べたようないわゆる解釈学的理解が積極的な役割を演ずることになるわけである。

四　地平的現出を制約するもの

目的論の存在論的前提としての事実性　地盤として語られている世界の所与の仕方は、全体としての世界の目的論的プロセスに属するとはいえ、厳密にはむしろ目的論的構成全体の前提になる働きをしている。フッサールは世界を

「すべてのものがそこからわれわれを触発してくる地盤」(Erfahrung und Urteil〔EU. と略記〕S. 225)という言い方をしている。世界のこの感性的所与の仕方に関するフッサールの分析において、世界のアプリオリに機能する現場として、最もプリミチーフな段階で生起してくる意味化の現象が捉えられようとしている。超越論的感性論で試みられた、この意味のさまざまな原秩序が形成される場所の分析をふまえて、フッサールは、一九三〇年代に、世界と自我との根源的な共在性という事態を取り押さえようとしている。そして世界というものがわれわれに立ち現われてくるその現場にわれわれが立ち臨んでいる事実性、すなわち「その背後に遡ることのできない現(Da)」とでもいうべき原初的事実性(Urfaktum)についてしばしば言及し始める。この原初的事実性が目的論の発生する現場であることについて、つぎのように言われている。「事実のうちにあらかじめ一つの目的論が生じるということが含まれている。一つの充実した存在論は目的論であるが、それは事実を前提にしている。私は必当然的に存在し、世界信念において必当然的に存在する。私にとって、事実のうちに目的論が経験する世界性が超越論的に存在する」(Husserliana〔Hua. と略記〕XV, S. 385)。この事実性の意識がいわゆる世界の存在に関する受動的原信念(passive Urdoxa)といわれるものにほかならない。すべての志向性の感性的根底に働く世界意識はまさにこの事実性の意識であるが、それは「世界が在る」という確信と「私が此処に在る」という確信とが一体になっている受動的存在確信のことである。この確信こそ世界の目的論的な現われの根本前提となる開示性であるといえよう。しかしそれはけっして地平の場に対象をもつ意識ではない。この意味での世界の存在は、けっして地平の現出圏域に姿を現わしてこない。あくまでも地盤としてのみわれわれに与えられているものなのである。(2)

超越論的媒体の差異性構造　地平現象の現象学的考察は現出圏域の成立の可能性そのものへの問いに導いていく。

パースペクティヴ性そのことは一体どうして成り立つのか、という問いに必然的に導いていくのである。たしかに近代の精神史のうえで、パースペクティヴ思想は視点(Gesichtspunkt)の思想として形成され、視点に拘束された人間の視野の有限性(空間的意味のみならず、時間的な意味も含めて)、したがって有中心的現出の仕方が問われていた。さらに解釈学の歴史のなかで、渦中からの出発つまり知識形成の状況拘束性や、知識形成の未完結性とか漸次性といったものが登場してくる。こうした人間の知識のパースペクティヴ性格の形成を感性的次元におろして現出論的に考察したのが現象学であるが、さらにいまや現出の成立条件に向けて、問うべきなのである。そこでフッサールの場合に即して、

(a)現出の空間論的制約としての「身体性」

(b)現出の時間論的制約としての「生き生きした現在」

(c)現出の相互主観的制約としての「われわれ性」

という三つの次元について、フッサール自身の残した分析を追いつつそこに含まれている問題を取り出して見たい。

(a)現出の空間論的制約としての身体性またはキネステーゼ的主観性。身体が現出の系列を制約するということに関して、フッサールは次のように語っている。「私は(キネステーゼの)一つの系列を、(私は動く)という自由なシステムのなかで実現するとき、到来する現出は、最初から先行的に枠どりされている。現出は依存的システムを形成する。それはキネステーゼに依存するものとしてのみ連続的に錯綜しつつ移行し、意味の統一を構成できる。このような経過を辿ってはじめて、現出はその志向的指示を展開する。」(Hua. XI, S. 14)

ここに地平形成の身体的制約を読み取ることは容易であろう。だがこうした制約をさらに制約するような原制約ともいえる身体そのものの独自の現出の仕方が記述されている。つまり身体は、それ自身現出することなく、零現出

(Nullerscheinung)として環境世界の現出に「居合わせている(dabeiseiend)」ものとして、環境世界(Umwelt)の現出を成立させる働きをするといわれている。しかしこの零(Null)の語は単に極限を意味する語以上の意味をもっているようである。身体がそれ自身、環境世界に属するということからすれば、つまり身体の二重現象ということからすれば、この零(Null)は相反する二つの機能の打ち消しあう意味での Null であるように、すなわち見える身体と、それ自身見えないで他を見えるようにする身体との相互に媒介しあう関係がこの Null の語に籠められているように思われる。零現出(Nullerscheinung)は非現出(Nichterscheinung)のことであり、この nicht は単なる否定ではなく erscheinenlassendes Nichterscheinen の意味での nicht である。すなわち見える身体と見えない身体とは互いに否定を介して互いに属しあう関係にあるが、一方が身を却けることによって、他方の属する環境世界の現出を成立させるという相互否定的な構造をもっている。身体はしたがって、空間的世界現出の媒体(Medium)の働きをしているわけである。

(b)現出の時間論的制約。後期フッサールの時間論「生き生きした現在」の分析において見られるごとく、現出の制約をその時間性の次元において問うとき、時間の未来地平とか過去地平というものをさらに還元することによってはじめて見出されてくるのは、「立ちとどまる」という契機と「流れる」という契機とが相互に属しあう仕方で生起する自我の機能する現在である。この現在の生起からはじめて時間の地平(時間位置の系列化された方向、または存在者化された時間)というものが構成されてくる。対象化された時間は流れ去った時間である。ここにも「自らを顕にしてくるもの」と「自らを隠しとどめるもの」との相互依帰の運動を見ることができる。相反する二つの契機の否定性を介した依属関係がまさに生きられた時間の生起なのである。

(c)世界を構成する主観機能をもつ他者たちとの関わりにもまた、このような私と他者たちとの相互否定的依存構造を見ることができる。私は他に代替できないという意味での唯一性(Einzigkeit)をもつが、私はあくまでも他者たちのなかの一人である。超越論的主観性の唯一性はすべての他者を対象化してしまう。しかし他者が他者であるのは私と同じ主観性の機能と権限をもたなければ、他者とは言えないであろう。そういう意味での他者は、対象としては構成されえない。フッサールは、それゆえ「われわれは機能する(wir fungieren)」という言い方で共機能(Mitfungieren)としての他者との同格的在り方を表わしている。このような超越論的他者がいわゆる超越論的相互主観性であるとすれば、そのような他者への通路はどのように開かれるべきであろうか。非対象的他者たちへの関わりにもじつは唯一性と共同性という二つの相互に却けあう契機の相互に依存しあう構造を「われわれ性(Wirheit)」という媒体に見出すことができるのではないかと思われる。

以上のように自己と世界(環境世界)、自己と自己、自己と多者(他者たち)というそれぞれの原関係に媒体構造、または媒体機能が見られるのである。媒体とは、「現われ出ること」と「隠れとどまること」との同時的生起を可能にする働きであるとともに、多数性と唯一性との相関構造をもっている。媒体はあくまでも生きられることによってのみその機能を発揮するのであり、フィヒテの言うように、もし媒体として機能するものを対象としてその構造を眺めるならば、論理的には矛盾した構造を呈するといわねばならない(3)。

フッサール自身が用いた表現によると、この相互依帰的な関係は、唯一性(Einzigkeit)と多者(他者たち)のもとでの一者(eins〈einer〉unter den vielen〈anderen〉)との関係になる。自己は唯一性という意味では他の何者とも代替できないが、しかしそれだけで独立して存在できず、つねに他のものの許に在り、多者のなかの一つとしてのみ存在する。そのような構造を生きる機能が媒体なのである。媒体は否定性を介して二つの構成契機が相属しあっている統一体であり、一方の項が他方の項を多者(他者たち)に属するものとして顕かにすることが、多性(Vielheit)を顕現させることになる。およそ知というものの成立するための根底にある絶対的他性(absolute Fremdheit)の働く場所が媒体なのである。地平のダイナミックな知識形成の働きをもし差異化(Differenzierung)のプロセスと呼ぶならば、そういう差異化を可能にする原初的差異(Urdifferenz)の働きがここにいう媒体の働きなのである。

以上、三つの、すなわち一、空間的現出圏(周囲世界)を形成する身体性の機能、二、時間地平を形成する生き生きした現在の機能、三、他者とのコミュニケーション的行為の場所を形成する「われわれ性」という機能、に見出される媒体の働きについて論じた。これらの次元はいわば先言語的あるいは非言語的機能とでもいうべきものであるが、さらに言語の根源的な媒体機能が論ぜられるべきである。それは、とくに哲学の言語の機能に関わってくることであろう。

ところで、これらの媒体機能について、いくつかの重要な問題が指摘されるであろう。まず第一に、これらの媒体機能は、地平の生起の条件として、地平の生起とともに機能しているが、しかし地平的現出圏に姿を現わしてこない、そのかぎりでフッサールの言葉でいえばアノニムな機能である。しかしアノニムな機能のなかにすでに働きそのものの何らかの自己理解または自己の機能への気づきの作用が働いているのでなければならない。そうでないと、われわれは、あとからそれについて語ることができない。遂行の現場に働く行為的直観というべきものがあってはじめて、言語的分節が可能となるといわねばならない。否定性を介した媒体的な機能それ自身に働くこの自己意識あるいは自己感情とでもいうべき非主題的開示性は、フッサールが「絶対的ここ」というときの一種の受動的確信とか、「私は動く」という場合のキネステーゼ的自己意識とか、その能力的可能性の非主題的意識としての「私はできる(ich kann)」などは、差異構造を貫いている自己直観であると言えるであろう。つまり身を却けるという意味でのアノニムな働きのなかで働く自己理解のようなものとしてこれを解すべきではなかろうか。(4)　これは差異性のなかに働く直接知といえるであろうが、しかし通常の行為の直接知の場合とどのように区別さるべきかという問いが残る。

第二に、この媒体構造の哲学的主題化の方法はいかにして見出されるか、という問題がある。フッサールは、それを記述するうえで困難に出会っている。現出面での記述には限界がある。というのは外部からの抽象的構築では、まさにこのアノニミテートの機能については、語り得ないからである。哲学の思惟そのものがこの媒体機能のなかに分け入りそれを分節化しそれについて語るには、その思惟そのものの媒体性の発見という事態と取り組まねばならないからである。そのときに哲学の思惟自身に、ここでは現象学の思惟自体に大きな変化が起きることになる。それについて、以下に論じてみたい。

五　思惟の転換の問題

すでに述べたように、身体による周囲世界の開示とか他者たちとの共同機能の意識とかに働く「自己を隠すもの」への気づきは、まさに遂行の現場に働くアノニムな意識として、決して対象化できないものへのそれ自身非対象的関わりであるが、哲学の思惟は、単なる記述にとどまることなく、この「自己を隠すもの」が「自己を隠すもの」として生起する、その構造と論理について語らねばならない。しかしその場合、哲学の思惟は、外部からこの事態を論理的な構築によって語ることを断念して、まさにその内部に立ち入り、事象が自己を示すままに事象をして語らしめようとするなら、そのときにこれまでの視方から別の視方への思惟の転換という出来事が、当の哲学の思惟そのものに降りかかってくることになる。というのは哲学の思惟自身がそれ自身の根(Wurzel)をこの原差異(Urdifferenz)に見出していかねばならないからである。これはじつは現象学の思惟の進行のなかに起きてくる決定的な出来事とでもいうべきことなのであり、現象学が「現出のロゴス」として、現出の原理を問おうとするかぎり、思惟のこの自己転換に直面することは、避けられないのである。

もとよりすべての人間の開示性機能を言語の差異化機能に還元することはできないが、しかし言語を媒介にしてはじめて未分節のものが分節されて、それがなんであるかが見えてくる。なぜならこのアノニムな働きを内にもつ言語にしてはじめてこの事態を語りうるからである。しかしすべてのアノニムな働きそのものは言語によって作りだされたものでもなければ、言語のアノニムな働きに還元されるものでもない。ただみずからのアノニムな働きを語ることのできる思惟のみが、すべてのアノニムな働きを語ることができるのである。このことは、言語の媒体機能に関するさまざまな誤解をとり除くという意味で重大なことである。

ところで、本稿の最初に挙げた解釈学を貫く horizontal な視方(Sichtweise)は、たしかに知識の拡大や精密化にとって重要な役割を果たすが、つねにその場に働くアノニムな機能に対しては接近の通路をもたないのである。今日われわれは、一部の解釈学者(たとえばアーペル)が解釈学の方法のもつ自己修正的機能をあまりにも過大評価して、哲学の真理性要求をこの機能そのものに基礎づけるがごとき主張をしているのをみかけるが、まさにそこに解釈学の自己盲目性(Selbstblindheit)とでもいうべきものが見られる(フィンクは『第六省察』において、解釈学的循環の方法は本質的には自然的態度の内部にとどまることを指摘している)。

それでは超越論的反省といわれる方法の場合はどうか。もとよりこの方法は本来は垂直的(vertikal)な方向への問いをすすめることによって、意識または思惟の機能そのものを捉えようとするものであった。しかし超越論的反省といわれるものが、その反省構造からくる自己措定的性格を脱し切れないかぎり、やはりまた、さきに述べた媒体の働きをその生起するままの相において捉えることはできないわけである。ここでは、たとえばヘルトのいい方でいえば、

「生き生きした現在」という事態を、「その匿名性を損なわないようにして思惟する道」が問われているのである。もとよりこのことは「生き生きした現在」だけでなく、総じてアノニムに機能する媒体のすべてについていえることである。それではいかなる意味の、またはいかなる形の思惟がこの媒体機能のなかに入り込むような仕方の思惟といえるのであろうか。この哲学の思惟そのものに起きる方向転換とでもいうべき出来事について、ここにマルチン・ハイデガーの哲学に生じたいわゆる思惟の転回(Kehre)の問題を「地平的思惟から媒体的思惟への転換」という方法論的側面から取り上げてみることにしたい。

ここではハイデガーの前期思惟とよばれる『存在と時間』期の仕事について詳しく立ち入ることはできないが、ただひとことだけ述べておきたいことは、ハイデガーが当時、彼自身の哲学を解釈学的現象学と呼んでいたことを、この地平的思惟の本質との関わりで改めて考察してみるとき、彼の後期の思惟への移行に起きた転回の事象的な意味を、方法論としての具体的な場面で論じることができるのではないかということである。

要約していえば、存在者とその存在との差異性を、ハイデガー自身が用いた解釈学的な方法の言語でいえば、「まず大抵自己を示すもの」と「まず大抵自己を示さないもの」との区別をどう取り押さえるかが、決定的な問題点であろう。「まず大抵自己を示さない」ということは、「随伴的に与えられている」ことであり、そのことは現存在分析論の進行によって、「先行的に理解されていること」の構造として取り出され、こうした「先行性」の構造はすべて現存在のそのものの「先 - 構造」にほかならないことが明らかにされている。注目すべきことは、「まず大抵自己を示すものの蔭に隠れている」ということは、「いつもすでに、ともに与えられていること(Mit-Vorgegebenes)」なのであって、まさに地平的な所与性にほかならないということである。

このようにしてハイデガーの現存在分析論は意味の全体的な連関の先行的な投企を取り出してくるが、じつは一九二九年の『根拠の本質について』において、こうした現存在分析論そのものの可能性が、この地平的な現象にひき戻して解釈されることになるのである。

ハイデガーは、『根拠の本質について』のなかで、「存在者の存在論的根拠づけ」を、「世界投企」や「存在者のなかに位置を占めること」とならんで、根拠をおくことの超越論的に発生する三つの面の一つとみなしている。存在者からその存在へのたえざる越えゆき、すなわち超越(Transzendenz)は、それ自体「投げられた投企」として、現存在の自由のなかでのみ起きるのである。自由そのものが「根拠の根拠」であり、自由は、現存在が根拠からたえず離れること、すなわち深淵(Ab-Grund)にほかならない。ここに根拠を深淵として経験するニヒリズム経験が関わってくる(『形而上学とはなにか』参照)。この経験において、現存在の超越が存在者に対する他者すなわち無(Nichts)への越えゆきであるとして語られるのである。無は「存在者から経験された存在」であるとすれば、ここにハイデガーがみずからの思惟がそのなかを動いていた圏域そのものを問題視し(problematisieren)はじめた現場を目撃することができる。ハイデガーの思惟の転回といわれる出来事はまさに「地平に拘束された思惟(horizonthaftes Denken)」からの自己解放であったといえるであろう。

ハイデガー自身は『放下(Gelassenheit)の究明について』のなかで、地平的な思惟について語っている。ハイデガーによれば、これまで支配していた思惟の本質は、「超越論的 - 地平的表象作用の形態における思惟」である。そして「地平と超越は、対象とわれわれの表象作用のほうから経験されており、対象とわれわれの表象作用だけしか顧慮しないで規定されている」と語っている。さらにハイデガーは、地平はわれわれを取り囲んでいる開け(das Offene)の、われわれのほうに向けられた側面にすぎないとも言っている。そうすると、個々の対象ではなく、その成立の場所であるという意味では、地平は表象作用を越えた、或る意味では非対象的圏域を表わしているが、しかしつねに表象作用に伴う形で成立するかぎり、半対象性の性格を脱却していないという、中途的性格をもった現象である。別の言い方をすれば、視の転換を果たさないで、不可視のものを可視化するという視の限界現象であるといえよう。したがって、そこでは不可視のものはなお不可視のままにとどまっていて、不可視のものとして語られる道をまだ見出していない。それゆえに、形而上学から、形而上学に隠された形而上学の本質への還りゆきは、「地平的超越から身を引きはなすこと(Losgelassensein aus der horizontalen Transzendenz)」と語られるのである。ハイデガーが言っているように、「現象学は、現出の本質由来そのものがそこに現出する経験にみずからを関わらせることである」(『言葉への途上』『ツォリコーナ・ゼミナール』)。現われのロゴスとしての現象学は、それ自身、みずからの思惟の底へと深まっていく思惟の道なのである。

それでは、さきにのべた非言語的な媒体に対する現象学的思惟の関わりかたはどのように理解すべきであろうか。ハイデガーでは、存在者を顕にしつつ、おのれみずからを却ける存在の動きは、存在者と存在との存在論的差異性の名でよばれている。この Differenz としての構造は、Fuge, Austrag, Riß などの語によっても語られている。ハイデガーは、存在の呼びつけに近づいていく思惟の動きについて語るが、彼の思惟はヘルダーリンにひきつけられて詩的思惟に化していく方向に傾いている。しかし哲学の思惟は、言語にだけでなく、すべての非言語的な次元で現われを成立させる働きに対しても、同時にそれを適正に見張り、それを適正に言語化する役割を果たすべきであろう。それにはその思惟がそれ自身、尺度をみずからに受け取る思惟として、自己を隠す動きへの気づきをもたねばならない。Maß-Nahme としての思惟、みずからのなかに働く原距離に気づいている思惟にしてはじめて、すべてを適正に整えること(Einrichten)ができるための最終審として機能することができるであろう。この問題については、改めて論ずることにしたい(5)。

（1）　N. Luhmann, Die Lebenswelt――nach Rücksprache mit Phänomenologen, Archiv für Rechts- und Sozialphilosophie 72(1986, S. 176-194), zitiert nach Waldenfels.

（2）　フッサールの現象学では、地平の現象の根底に地平の地平として世界地平が横たわる。これが現出圏域である。それがわれわれに現出してくるかぎりでは、さまざまの地平を重層的かつ漸次的に限定する仕方、つまり目的論的プロセスにおいてのみ生起するが、このような種々の地平を限定する世界地平の根底にあるのは、現出圏域としての世界があるという存在確信がすべての地平意識を支えているという原初的事実性である。

（3）　フィヒテの後期知識学の像理論における交錯(Durch)と生ける交錯(lebendiges Durch)の関係について、本書第9章参照。なおここに挙げた三つの媒体については、すでに、『現象学年報』創刊号(一九八四年)所収の拙論「近さと隔たり」において、まだ十分な仕方ではないが、論じたことがある。

（4）　後期のハイデガーは、このような働きを、存在の隠れに、つまり秘密に気づくこと(in die Acht nehmen)という語で表現している。

（5）　筆者はその後、一九八九年四月にボンで開催されたA・フンボルト財団主催のハイデガー生誕百年記念学会で、この「尺度を受容する思惟」の問題をとりあげ、ハイデガーの思惟を現象学の思惟として受け取るべきであることを論じた(Der Weg zur Phänomenologie des Unscheinbaren)。

4　世界のパースペクティヴと知の最終審——現象学と近代思想

一　近代批判の運動としての現代思想

1　現代の知的状況を顧慮して

今日、人間の生活の全体的な状況のなかで、たとえば電子工学的な技術を介した情報知の氾濫とか、高速度交通機関の迅速な普及による時間的空間的な距離感の喪失など、科学技術の飛躍的な発展にともなって、生活様式の地球規模の画一化にますます拍車がかけられている。しかし他方では、始まりつつある近代国家の原理の再検討の時代にあって、それと同時に起きている間文化性の問題、つまりそれぞれ独自の営み方をしている複数の文化の共存の原理をめぐる問題などにみられるように、従来のヨーロッパ中心主義的な文化尺度の無効化が促進され、統一性の原理の変容とともに、多様化現象もまたかつてない形態を生み出している。こうした画一化と多様化の奇妙に交錯した現実は、当然のことながら、近代ヨーロッパの思想原理を根底から問いなおすことを促している。

とりわけ多様なるものが併存するという事実の承認が、そのまま特定のものの優位と特権を許さない、という意識を高めている。この意識が哲学においても、かつてなきほど鮮明に近代への反省の視座をつくりあげている。つまり唯一なる原理をもちだしこれを普遍化することが、つねに他なるものすべてを自己に同化し、さもなければ排除するという、支配の論理と結びついたことに対する反省が、近代全体へ向けて、今日ほど強烈にかつ大規模に提起されたことはなかったように思われる。

このように多様性または相違性を前面に押しだし、知の統一性の枠組みを、それが伝統的な理性の概念であろうと、また生の概念であろうと、なんであれことごとく失効させることが試みられる。その解体の思想の論理の特徴は、「統一性なき多様性」または「同一性なき差異性」とも呼ばれている。そして近代を支配し続けてきたこの統一性の原理こそまさしく主観性の原理にほかならないとされ、多様性を論理的に基礎づけようとする試みは、どのような形態をとろうとも、いずれも主観性の原理を糾弾する試みとなって展開されている。

西洋の哲学の歴史において、統一性と多様性の問題は、生成と存在、変化と不変化などとともに、古来より主題とされてきた問題系のひとつであり、近代においても、たとえば認識主観が対象を統一化する機能に質料の多様性を対置する構図がみられる。ところが今日、ほとんど自明的であったこの構図が崩れ、まさにこの主観性の統一化機能こそが、多様なものを非‐理性的なものとして理性の領分から締め出す元凶、すなわち「理性の原理」を代表するものとみなされるのである。

今世紀に特徴的な近代批判の思想の形態、とくにそれを代表する哲学の論理として挙げられるものは、以下のようなものである。そのひとつは、W・ベンヤミン、Th・アドルノ、M・ホルクハイマーなど、いわゆるフランクフルト学派による物象化批判に代表されるもので、その原型は、数学的計量的理性を理性のモデルとした啓蒙主義以来の合理性の思想への批判である。この意味での啓蒙批判は、一方でマルクスに基づきながら、他方でニーチェの思想とも結びついた近代批判の形態をとり、表象的対象支配の理性が次第に道具的合理性として機能し、自然支配の権力となり、すべてを物象化してきたことへの告発となっている。

さらにヨーロッパの形而上学への批判すなわち「根拠の論理」への批判というかたちをとった論理でつまり近代だ

けにとどまらず、ヨーロッパ文化そのものを貫いて形而上学として機能する理性に対して向けられた批判が挙げられる。この批判の系譜は、すでに一九世紀後半のニーチェによるヨーロッパのニヒリズム批判に端を発し、今世紀にはいって、M・ハイデガーによる存在忘却としての形而上学の超克、すなわち形而上学的思惟から「存在の思惟」への思惟の転換がはかられるまでに深まってくるが、近代技術の世界支配が存在忘却の極限形態にほかならないことが暴露されるにおよんで、この形而上学批判の思考系譜は物象化批判のそれと重なり、また同時にヨーロッパの理性文化への批判と近代の主観性の原理への批判とのつながりも見えてくる。今日のポストモダーンの近代批判(M・フーコー、J・デリダなど)に共通する大枠も、まさにこうした大規模な近代批判およびヨーロッパの理性批判の思想運動の台頭によって、すでに形作られつつあったものである。

さらにまた、「生ける自然」の自己創造性への学問的な関心と、人間の「自然帰属性」を取り戻そうとする生態学的な思想運動の傾向も鋭い近代批判を含んでいる。自然を物理的物体として機械論的に考察するか、それともそれ自体で生命をもって運動する宇宙とみるかは、もとより遠く古代ギリシアにまで溯ることのできる対立的な思考の型であるが、これが近代に入ってくると、ニュートン的な決定論的自然観に対して目的論的な自然観として対立関係を継続し、認識の方法や次元の問いと関連して、哲学の自己言及性のひとつの型として、学問全体の論理にかかわってくる。今日、この思想を一段と強める動きがみられ、とりわけ自然科学の分野で生命の自己組織化の現象が解明されるにつれて、文化全般にわたるシステムの思想が急速に形成されるにいたっている(I・プリゴジン、H・ハーケン、H・R・マトゥラーナなど)。

さらに、啓蒙に発する近代を未完の企画とみなし、近代そのものの軌道修正としての近代批判を説く別の批判形態として、理想的なコミュニケーションを目指し、対話の批判機能によるたえざる知の自己修正の過程を重視する立場

（J・ハーバマス、K・O・アーペルなど）が挙げられる。(1)

いずれの批判の試みにも、他者性（異別性）の契機と多数性（複数性）の契機を思想の論理の中核に活かそうとする努力が見出される。いうまでもなく、多様なるものの共存の可能性を正当化する思想は、己れの主張そのものを絶対化することなく、つねに自らを相対化することによってのみ、他を容認する論理を確保しなければならない。ところが同時に、その論理的主張そのものが自らの立場の相対化によって無効化され、論理の自己矛盾を引き起こして崩壊することのないように、この絶えざる自己相対化のなかで、思惟は、論理自身の真理性を証する次元を自ら切り開いておかねばならない。その意味で、多様性を多様性として証する思惟の次元への道は、現今、ややもすれば見うけられる単に多様性の現象をそのまま相対主義的に肯定し、放任しておくような思想的無気力とたたかわねばならない。

こうした自己相対化と新たな基準への探索をめぐる問いが、今日の思想の基本的課題のひとつとなり、とりわけ哲学の学問論的な関心となっているが、この問いの状況のなかに的確な仕方で立ち入っていくには、どうしてもすでに一九世紀後半から登場しはじめる近代批判の動きにまで戻って、今世紀につながるその大きな射程のなかで、近代がどのように問題化（Problematisierung）されてきたのかということを、たどりなおしておかねばならない。本論は、今世紀とともに歩んだ現象学の思惟において、近代がどのように受けとめられ、かつ乗り越えられようとしたかを探り、この「近代の問題化」の思想の動きの徹底化の証ともなる出来事を、現象学の思惟の事象のなかに目撃しようとすることを意図しているが、それにはまず現象学の出発と重なる時代の問いの状況を、大まかであるが、ひとまず語っておかねばならない。

2　一九世紀後半における近代の学知の批判

生きられる有機的論理としての「解釈」　デカルト的二元論やニュートン的決定論への異議提出などにみられる啓蒙の理性への批判は、すでに、ドイツ・ロマン主義の風潮を貫いているものであり、また一八〇〇年前後に起きてくる哲学の体系への企画にも顕著にみられるように、ドイツ古典哲学の立場とその論理に強く現われてきている。理性の運動は、理性が現にある現実を自ら構築した世界とみなし、知的反転運動としての反省の運動によって理性自身の根底に還り、知の全体的な仕組みを解明するという仕方で説かれるが、それはつねに、そのつどの運動位相に展開過程の全体が結集してくるような有機的な自己運動なのである。とくにヘーゲルでは、自己に還る理性の運動が絶対者の自己展開の運動という面から語られ、概念の有機的自己構築の運動が弁証法の名で呼ばれたことはよく知られている。

しかしこの「有機体の論理」が、概念の思弁的構築の方法であることを越えて、精神科学の方法として広範にわたって、人間の世界の知の論理として活かされてくるのは、解釈学の理論によってである。すなわち自然を対象とする「認識」の論理に対して、また歴史や文化に対して、人間の知性は、つねに全体との有機的な連関をもつ「理解」の働きによってのみその意味を探ることができるとされる。テクスト読解において生じる、全体の予想的な理解と部分の比較作用としての理解とが相互に制約しあう、「理解の循環運動」の論理(シュライエルマッヒャー)が、ドロイゼンやディルタイによって次第にひろく精神科学の方法論として具体化され、とくにディルタイでは理解者が理解される生の全体に帰属することを含めて、包括的な生の自己理解の構造の論理にまで拡大され、体験・表現・理解の循環構造が、歴史的な生の文化創造の論理として考察されることになる(2)。

さらに解釈学の方法というよりも解釈そのものを、有機体の自己生育の仕方に見出し、生成の只中から生が自己を構造化していく仕方に知識の根源的な発生をみて、これを「解釈」の名で呼んだのは、晩年のニーチェである。彼によって、対象方向へ超越的に構想される「根拠」としての存在に替わって、生成のさなかに還ること、まさに「生成に存在の性格を刻印する」ための思惟の転換が求められ、生成のなかで生成を構造化する――ニーチェはそれを図式化と呼んでいる(3)――ことが「解釈」にほかならない。ここにいたれば、解釈という「有機体の論理」は、有機体の構造を反映した論理であるというよりも、まさに有機的な生の自己形成そのものの在り方であるといわねばならない。

経験への還帰　一九世紀末ころより、二元論的対立の根底にある先‐理論的な経験にまで戻り、この生きられた経験の具体性と直接性に、知の基盤となるものを求める傾向が新たな学問論的問いとして強まってくる。直接的所与の記述をすすめるにあたり、できるだけ思惟の経済をはかるべきことを説いたE・マッハ、自然的世界にかかわる主客未分の直接的な経験を説いたR・アヴェナリウスなどのドイツ実証主義には、生きられた経験のなかには、生き生きした生命感情と一体となって実在の全体がかかわっていることへの予感が働いている。そのような主客未分の直接知のなかに、知の原型(プロト・タイプ)を見出していく関心方向が芽生えはじめたこと、このことは今日からすれば、現代の認知科学の理論の基本構想を用意するものでもあり、また科学的説明に先立つ「関心」の役割を説く現代の解釈学的科学論の先駆ともなっている。経験に還帰しようとする思想の動向は、こうした点ですでに始まりつつあったともいえる。

またこの動向が、人間の社会的現実の歴史的変化がいかに知の形成に作用するかという従来の歴史哲学的問いを、時間のパースペクティヴの意識がいかに科学の論理につながるかという、科学論的な方法論的な問いへと転換させる役割を果したことも見逃せないことである。いわゆる歴史科学の成立を基礎づけようとした(ドロイゼン、ディルタイに代表される)歴史の論理の学問論は、結局のところ解釈学的理解の論理からだけでなく、経験における時間性が、歴史の経験とその科学的主題化にどうかかわってくるかを問う方法論なしに成立しえないことを明らかにした。これもまた、「歴史の叙述の論理」という今日の物語理論の萌芽ともなっている。

このようにして経験が科学に対してもつ基盤の役割が注目されることになったが、しかし経験知の直接性ということだけでは、まだ経験の基盤性の意義が十分にとらえられていない。ということは、経験の次元のなかに、「いつもすでに(immer schon)」実在の全体への知的関係が潜んでいることへの予想は確実に形成されつつあったにもかかわらず、これをどうして主題化できるか、という方法の問題がまだ十分に展開されていなかったからである。なぜなら、狭義の実証主義は、要素還元主義の名で呼ばれているように、経験への還帰といっても、科学的認識の枠に合うようにしてすでに抽象化された、感覚与件への還元を押しすすめていたからである。というより、還元の操作が抽象化の操作となっているといってよい。ここではまだ感覚与件と対象の統覚的構築という古典的認識論の枠組みが依然として支配的であったともいえる。

ということは、すでに経験の内部に全体への関わりが生きていることがあってはじめて、個々の経験知が、さらには主題的な科学知が成立することができるということであり、まさにこの方向で経験と学問的な知を全体として構造化できる方法論を打ちたてることを時代が要求し始めていたのである。

3　現象学の問いの同時代性と時代への卓越性

フッサールの現象学は、経験へと還帰し、直接性から出発するという点では実証主義と重なり、生の動性を知に刻印するという試みの点では生の哲学に親近関係をもっている。その意味で、それらの立場と同時代的問題意識を共有していたといってよいであろう。しかし反面、現象学が同時代の他の立場に対して下した容赦なき批判、とりわけ実証主義に対する批判——たとえば『論理学研究』の心理学主義批判、『イデーン』期の自然主義批判など——は、実証主義がすでに実在を特定の見方で解釈し、暗黙のうちに素朴な断定を下していることへの批判であり、経験への還帰が十分な意味で行われていないことへの批判となっている。経験の根源性ということは、単に感覚与件の直接性にあるのでなく、経験のなかに知の基本構造そのものが備わっていることにある。経験が知の全体的な組織を支える地盤的性格をもつということもそこから理解さるべきである。この意味で現象学は、次の点で、同時代の哲学に対して卓越的な洞察に達したといえる。

それは、第一に、多様な知を全体化したり、分類化したり、層位づけたりすることを可能にする原理的な機能が、すなわち知を知自身が構造化する原理的機能が、知の原型、知の基本構造として、すでに経験のなかに働いているということである。そのときはじめて、生成のなかから、生成を構造化することが可能となる。そうでないと、知の本質構造を知自身が解き明かす方法を、外部から理論として押しつけることになるか、それとも知の理論そのものが方法意識なき断片的な洞察にとどまってしまうかである。知のこの原理的構造とその機能をフッサールは、志向性(Intentionalität)と呼んだのである。

第二に、経験を知識の地盤とみなす以上は、経験に全体的なものがどのようにして与えられ、また経験自体がどのような連関を形づくっているかを、適切な方法によって明らかにしなければならない。経験だけでなく、高次の学問的な作業全般をも含む、広く理性といわれるものの機能全体を改めて主題化する問いが、それ自体学問論的な方法論として遂行されることが時代の要請となってくるにつれて、この課題をフッサールは現象学的還元の名で遂行しようとした。そして存在するもののさまざまな「与えられ方」「現われかた」を、志向性の機能の全体的な連関の解明において問う作業を押しすすめようとしたのである。存在する全体的なものへの関わりからいえば、現象学は、「世界の現われへの問い」なのである。世界の概念こそ、一九世紀の哲学をなお動かしていた、精神とか生とかの形而上学的概念に替わって、経験に与えられる全体を、経験にふさわしく(erfahrungsmäßig)言い表わす概念であった。たしかにフッサールには最初から、諸学の全体の連関をひとつの原理から体系的に導出する普遍学の理念を、志向性の分析に基づいて再構築しようとする意図があるが、もとより世界の与えられ方がさまざまな形態をとっていることが明らかになるにつれて、それらの諸相を損なうことなく相互に連関づけていく細心の作業が、全体の連関を、期せずして当初の構想とは異なる仕方で生き生きと描きだしていくことになった。フッサールはこの仕事を、「世界と世界を経験する生」の志向的分析においてすすめていくのである。

第三に、意識主観性という概念が方法論的機能のうえで両義性を帯びてくることが注目されるべきである。いま述べたように、原型的な知への問いは、志向性への問いとして意識の本質への問いであり、全体への関わりへの問いもまた、世界の現われへの問いとして、その現われの場所である意識への問いとなる。二つの問いはともに主観性への問いとして一致し、重なり、主観性の立場を従来よりもよりラディカルに打ち出してくるとともに、同時に主観性の機能を従来のそれとはまったく別の意味(後述するような匿名的な媒質機能)に解釈しなおすきっかけをも与えることになるのである。主観性への問いは、デカルト的な近代の自我の原理の方法論的な徹底化である面をもつが、同時に主観性それ自体の絶対性要求の内的な崩壊をもたらすという役割をも果たすことになるのであり、一見して対立的に見えるこの二つの方向は、もともと事象に属する錯綜した二つの契機に基づいている。

次節では、現象学に起きた近代思想との対決が、どのような次元で、どのような問題系として登場しているかということに焦点をあてて論じてみたい。

二　現象学における近代知の問題化
——世界・反省・他者をめぐって

現象学の思惟が深まっていくなかで、現象学の内部で、近代哲学の知の基本構図が次第にその全貌を明らかにしてくるとともに、同時にまた近代思想の自己解釈の一面性というか、テーゼとして掲げていた原理の妥当性の限界が事象に即して露出してくる。したがって現象学の思惟は、近代的思惟との対決を自らの思惟のなかで果たすべく、さまざまのアポリアをその事象構造において浮かびあがらせるか、あるいは自らの思惟の転回を果たさねばならなくなってくる。ここに現象学の果たした役割のもっとも今日的な意義があるように思われる。この近代の哲学の原理が、フッサールの現象学においてどのように問題化してくるかということを、以下の三つの主題系においてとりあげて、考察してみたい。一つは世界の現象化、パースペクティヴ化を徹底する試みにおいて、次は反省の根拠への考察において、最後に超越論的主観性とその他者の問題においてである。

1　世界——その多様な現出形態

現象学が、実体的な自体存在をことごとく対自化する反省哲学であるという点では、近代的主観性の哲学の立場に立っていることは否定できない。しかしそれは存在者全体を対象として措定し、主観性の手によって構築的に支配するという意味ではまったくなく、むしろあらゆる存在者を与えられたままに見る、方法的な反省の立場に徹し、そのことによって自己と世界を徹底的に現象化する、という意味で主観性の立場に立っているということにほかならない。

現象学は、存在するものの意味と存在とを、対象の現われ方そのことにおいて問う、方法的な思惟であり、その現われの場が意識主観に求められるかぎりにおいて、主観性の原理が徹底化されて保持されたのである。

それゆえ「世界の現われる場所」として意識が主題化されるということは、世界と世界におけるありとあらゆる事柄が、意識の場に現われてくるその仕方において記述的に解明されることなのであり、そのようにして人間の世界経験の全体的構造が問われるのである。このような意味で「意識」をフッサールは、最初、本質論の立場から「純粋意識」と名づけ、のちに意味の構成の全機能として「超越論的主観性(die transzendentale Subjektivität)」もしくは超越論的な「世界経験的生(das welterfahrende Leben)」と呼んでいる。この純粋意識または意識生(Bewußtseinsleben)の機能が志向性と呼ばれたものにほかならない。

志向性とは、「あるものへ向けられていること(Sich-auf-etwas-richten)」という形式的な規定で語られるように、いわゆる外なる対象と内なる作用という、二つの関係項を前提として成り立つ認識論的な関係とは異なり、最初から両項を内に取り込んでいる方位的相関関係として機能する、場面形成的な機能のことである。それゆえこの志向性を知の基本構造として考察するかぎり、さまざまな知の多層性が成り立つ仕方が見えてきたり、また意識作用の分類(たとえば知覚、想起、想像、判断などの区別)が可能となる。たとえば論理学の対象がそれに相関する固有の意識作用との関係でのみ成り立つとすれば、それに独自の理念性格を実在的な心理体験に還元して説くごとき、心理学主義が犯したような誤りに陥らないですむのである。

フッサールは、志向性の構造に読み取られるべき三つの基本的な働きを、意味的差異性、明証論的段階性、目的論的運動性に見ている。これらはいずれも知のパースペクティヴの諸相というべきものである。

まず第一に、志向性の機能は、存在するものの多様な与えられ方を貫いて同一的な意味へと越え出る作用としても語られるが、しかしこの「同一性と多様性の関係」は認識論の構図からではなく、意味的差異性[4](die signifikative Differenz)の構造、つまり存在者が「現出するもの(Erscheinendes)」として現出する(erscheinen)という仕方として、これを理解すべきである。対象すなわち現出物へ向かう意識の超越作用は、現出を媒介としつつもそれに気づかず、いわば直接に現出物に向かっている。そのかぎりにおいては両者は同一なのである。ところがこの関係を反省的に分析する眼差しにとっては、両者の区別が見えてくる。それゆえ現出するということは、同一性の差異化の現象であり、同時に差異性を貫く同一化の運動であり、両者が同時に生起することにほかならないのである。あるものが現われるということは、まず「あるものをあるものとして(etwas als etwas)」規定することである。この「意味」として規定する作用をフッサールは、意味思念作用と呼んでいる。このいわゆる「として - 構造(Als-Struktur)」に、現象学的現象概念に含意される第一義的なパースペクティヴ性格が見出される。なぜならこの差異性は「人間と世界現実とを互いに媒介しあう〈軸点〉または〈旋回点〉[4]」としてその背後に戻りえないものだからである。近年フレーゲの「意味と意義との区別」との近さをめぐって影響関係の有無にかんする議論がみられたように、総じてこの意味的差異性の分析は同時代的な意味論的関心とも重なりあっている。

第二に、明証論的段階性の名で呼ばれている、明証論的パースペクティヴ論であるが、これは同一の対象(意味)が、ある場合には、きわめてありありと現われ、他の場合には、ぼんやり現われたりするという、明晰性の度合いのうえでの相違を扱ったものである。ここでは知覚と想起などの明証的性格の違いのように、主として時間的経過の相違に基づいて起こる面が考慮されているが、明晰性の相違という問題は時間的差異にのみ還元されるものではないであろう。この点でフッサールが最初に直観に明証のうえで特権的優位性を与えていることから、「直観主義」として批判され、のちに「現前の形而上学」としての批判(E・フィンク、デリダによる)に曝されたりしたわけである。ただしフッサール自身もまた明証のうえでの構想に重大な変化を示すようになり、単純な直観主義を脱却していくことは、以下に示すとおりである。

つまり第三に挙げられることは、この明証の構想の変化に関連することであり、後期のフッサールの仕事に重要な位置を占める「地平的パースペクティヴ」の分析である。どのようなものであれ、なにかが与えられるということは、当のものが主題的に規定されることであるが、この主題的規定は、非‐主題的に随伴して投企される一般的意味によって生起する地平現象なしに可能ではない。主題的意味を構成することは、すでに前もって投企された一般的意味（意味の枠組）を特殊化しつつ進行していくことである。フッサールはこの非‐主題的な一般的意味を「未規定的なものの規定可能性」と呼んでいる。このような意味の場を先行的に投企する働きは、地平志向性と呼ばれている。地平志向性は、主題を規定する作用志向性の遊動空間（Spielraum）を切り開く機能である。この地平の現象こそ、解釈学の伝統のなかでかのテクスト読解に生じるいわゆる理解の循環現象が、広く経験全般においても、部分と全体とが有機的に相互に制約しあう運動として見出されることを告げている。現象学と解釈学は、この地平的パースペクティヴにおいて交差しあうのである。

第四に挙げられるのは、科学論的パースペクティヴである。フッサールは『イデーンⅡ』（Hua. Ⅳ, 1952）のなかで、志向性の分析に基づいて、学問全体の基礎となる基本的命題群を形成する領域一般性の構成を論じている。存在者はすべて存在論的地平を前提としているのであり、この存在論的地平の体系構成が、最後まで普遍的存在論としての現象学の課題として保持されている。『ヨーロッパ諸学の危機と超越論的現象学』（I, 1937; II, III（Hua. Ⅵ）, 1954）の科学論によると、科学的世界の根底には、経験の層が、具体的にいえば生活世界的経験が意味の基底層として横たわっている。経験のなかにすでに与えられているものが、主題的抽象によって、理論として改めて構成されたものが科学的世界である。近代において科学的世界の成立と同時に起きた、その発生母胎である生活世界の忘却という事態にかんするフッサールの批判的考察は第二次大戦後、広範な領域にわたって大きな影響を及ぼしたことはよく識られている。(5)

フッサールが科学的世界の成立を現象学的学問論として考察したときに問題とされた二つの重要な契機がある。それは一つには、客観的世界の構成は複数の主観による共同的構成、すなわち相互主観的構成であること、もう一つは科学の思惟が経験のなかに働く理念的な契機を自立させる方向、すなわち脱パースペクティヴ化の方向に成り立ってくるということである。すなわち、経験における地平のパースペクティヴの過程のなかに働く脱パースペクティヴ化の契機が、経験のなかに緊張関係を引き起こし、経験から科学的思惟を自立させるきっかけを与えているのである。

第五に挙げられるべきことは、もとより科学だけが特殊世界(相互主観的に主題化された世界)なのではなく、それは世界の現出の一つの形態にすぎないということである。「個別に、かつ共同して意識された、そのつど経験的に統覚された世界、思惟された世界、神話化された世界、科学化された世界、宗教的に解釈された世界」(Hua. XV, S. 396)は、いずれも、世界の現出のさまざまな形態なのである。意味主題として相互主観的に共同的に構成される領域の形態をとった世界が、ここでいわれる世界現出なのであり、その意味で「世界パースペクティヴ」と名づけることが許されるであろう。これらの世界現出のすべてを貫いて、世界の目的論的構成の普遍的運動が生起している。

それゆえに、最後に世界現出の全体的な圏域を貫く「目的論的運動」そのものに、知のパースペクティヴ的性格が深く隅々にまで刻印されている。いまここでその仔細に触れることはできないが、フッサールの目的論はあくまでも地平の超出運動として説かれるのであって、けっして神学的に、あるいは形而上学的思弁によって、または自然哲学的に論ぜられているのではないということに注意すべきである。目的論的運動として、地平志向性によって主題志向性の遊動空間が開示されたり、地平現象の進展する方向を定める(カント的意味での)極限理念が投企されたり、さまざまの特殊世界が構成されたりして、世界の現出の全圏域が形成されていく仕方が、丹念に記述されているだけである。

だがしかし、このような世界の目的論的構成の記述を可能にする条件は一体どこにあるのであろうか。現出圏全域を可能にする運動を記述できるための前提となるものは一体何であるかが、改めて問われるべきであろう。パースペクティヴのさまざまな相が目的論としてシステム化していく過程をどうすれば記述できるのであろうか、という問いである。その場合まずなによりも、世界のパースペクティヴそのものを可能にするのは、世界から独立した主観の一方的な対象構成によるものでないことは明らかである。もしそうであれば、そもそも世界が現出するという思想は成立しないであろう。世界の現出の場である主観性そのものが、世界の外にあるということはありえないからである。世界の外にあるものに、世界が地平的に現出するはずがないからである。つまり世界のパースペクティヴという仕方での現われが可能になるのは、世界のなかに意識主観が、世界へと越えでるという特殊な仕方で存在するからである。そしてこの世界への超越そのことは、意識主観が世界に拘束された状態から脱却することによってはじめて見えてくるのである。世界が現出的にその構造を見せ始めるときに、後述するように、この「世界のなかに現に(da)在る」という構造も次第に見えてくる。ということは、主観性の機能の根底にあってそれを制約するものが、主観の内側から創りだされるものでなく、まさに主観性が世界のなかに存在するという、根源的な事実性そのことにあるということにほかならない。まさにフッサールは、彼の最後の思惟の位相において、この「原事実(Urfaktum)」について自ら語り始めている(Hua. XV, S. 385)。

すでに述べたように、現出者とその現出を相関的に分析する可能性を与える原理が、志向性という、それ自体知の原型構造を有している機能にあったとすれば、世界がさまざまのパースペクティヴにおいて現出するということを考察する可能性を与える原理は、原事実性のなかに、「原パースペクティヴ」とでもいうべき機能としてすでに働いているのでなければならない。それは世界が対象として客観的に構成されるに先立って、すなわち作用志向性よりはるかに先立って、世界がわれわれに出現してくる原初の仕方に見出されるものである。現象学の思惟が、知の成立をわれわれの経験の底に探ろうとするとき、この次元にまで達していった道筋を、以下に反省論の可能性の問題との連関で、明らかにしておきたい。

2　反省論のアポリア

反省の方法論的展開　現象学は現象学的還元にはじまる徹底的な方法的思惟であり、その最初の出発状況を表わす方法的概念は自然的態度と呼ばれている。自然的態度とは、日常的に、あるいはあらゆる学問の遂行に見られるように、対象を自体的に存在するものとして素朴に確信している態度のことである。しかもこの態度の根底には世界の存在への暗黙の確信(フッサールは一般定立と呼んでいる)が働き、すべての関心は世界に拘束されている。それゆえ、この一般定立を中和化し、判断停止して、存在確信に没頭している意識の自己忘却から意識の自己覚醒へと態度を変更し、関心を切り替え、世界の現われる場所である意識を主題化することが、フッサールの唱えた現象学的還元という方法的操作である。現象学的還元は反省の徹底した方法論的な使用であるが、にもかかわらずここに現象学が近代の反省哲学に対してもつ両義的な関係を見出すことができる。以下にそのことを考察してみよう。

たしかに「世界の現われの場所」として「意識」を主題化するということは、近代の超越論的意識概念に含まれている場所の性格を引き出したものである。ところがその場合、近代哲学の意識概念に深く刻印されている「自我の必証的明証性(apodiktische Evidenz)」とか「意識の内部明証の十全性」とかが、意識そのものの自己反省という方法を正当化する原理として一緒に入りこんでくるのである。そこにデカルトのコギトの原理に立脚した方法的懐疑をモデルにする構想が打ちたてられたり、意識の自己忘却からの自己覚醒という近代反省哲学の方法精神が一段と徹底化されたりする理由を見出すことができる。もとより内部知覚の十全明証の思想はまもなく姿を消すが、フッサールのデカルト主義継承の姿勢は、たとえば『デカルト的省察』に見られるように最後の思惟の時期まで理念として保たれている。

ところが同時に、反省は最初からこのような方法論的な意図で使用されているということそのことが、いわゆる伝統的反省哲学のような反省を絶対化する方向への歩みを阻止する役割を果たしている。というのは、反省が、現出の全体圏域としての世界が意識に現われる、そのさまざまな仕方を記述的に問うことによって、世界がけっして自発的思惟によって対象として構成されたり、意識または思惟に依存しているという層だけで考察されるべきではないということが、つまり世界を意識の内在的原理に解消することはできないということが明らかにされてくるのである。

もう一つの面は、総じて反省という意識の自己関与的作業は、それがつねに流動する生のさなかで、生に逆らって、生を構造化する試みであるがゆえに、知識の成立のもつさまざまなアポリアを予期せぬ仕方で次々に浮かびあがらせてくる。現象学の反省論は、その最終位相において、反省の成立を可能にする時間性の次元において、反省そのものは果たして反省の生起そのことを反省に取り込めるのかどうか、というアポリアに取り組むことになるが、その問いのなかで、現象学のなかに起こる近代哲学の臨界状況が鋭く立ち現われてくる。

回収不可能な先反省的原事実性　さきに述べたように、世界の現われ方が「わたくしが世界のなかに現に在る」という原事実性に根本的に制約されているが、そのことは世界が地盤として与えられる仕方に最も顕著に現われている。

世界は時間と空間の原形式として、一切のヒュレーを「同時的な共在性」と「前後の継起性」という根源的秩序に組み込み、現実性の連関を形成する。さらに意味の受動的総合とよばれる、原連合(Urassoziation)の働きによって、意味(与件)が相互に、等質的であるか異質的であるかによって、融合を起こしたり対照を形づくったりして構造化を行うのであり、それがそのまま自我への触発となり、自我の対向を促すのである(Hua. XI: Analysen zur passiven Synthesis, 1966)。それゆえ地平の指示連関もすでにこの段階で受動的にその素地が作られているのであり、感性的世界のロゴスによって経験が成立するということは、とりもなおさず、世界が己れを意味として整えつつ贈ってくるということである。こうした世界の原初の与えられ方は、与えられ方というよりも、意識にふりかかってくる原初の出来事なのであり、反省にとって回収不可能な先反省的出来事であり、反省が哲学的原理としてもっていた絶対的明証性の神話はここで崩壊しはじめるのである。

このような経験の最下層に働く志向性は、衝動志向性(Triebintentionalität)と呼ばれる、身体運動に働く志向性である。受動的総合はこの衝動志向性における世界関与の仕方なのであり、そのとき遂行のなかで遂行を意識するキネステーゼ的な自己意識が働く。「わたくしは動く」という、この自己意識をともなう志向性こそ、自己自身を動かす原動力として、すなわち「……へ向かう努力」であると同時に「……から去る努力」として、目的論的な方向をもつ志向性の機能の原努力(Urstreben)とされる。[6] ということは、伝統的な反省哲学の反省のような、思惟の自己関係では、けっしてこのようなこの先-反省的な衝動志向性を反省自身のなかに取り込めないということである。なぜなら先-反省的な衝動志向性は、身体分肢に局所づけられた感覚器官におけるヒュレーの受容と一体になっているからである。

世界が地盤として機能することに身体の自己意識が深くかかわっていることは、たとえば「世界が在る」という受動的原信念(die passive Urdoxa)と「私がここに在る(＝絶対的ここ)」という身体的な存在確信とが、分かちがたくひとつになって機能していることにも読み取ることができるであろう。このような先‐反省的事実性の次元に、反省の現出論的な限界が露呈してくるところに、現象学の反省の方法論的な積極性がみられる。古典的反省論の絶対的反省の構想は、ヘーゲルのように「自己自身を越えていくことにおいて自己のもとにとどまること」であるかぎり、反省を動かしている反省の根拠は、反省自体のなかに反省が還帰していく運動のなかでのみ露呈されてくるのであり、反省の背後にあるような前提に問い返すいかなる可能性ももたない。その意味では、現象学の反省は「絶対的反省によっては凌駕されることのない反省の限界への想起」となっている。[6]

生き生きした現在、または反省の根拠と限界　現象学は、現象学的反省そのものの可能性を問うべく、反省そのものの反省的解明という次元に問いをすすめていく。フッサールは晩年の「生き生きした現在(die lebendige Gegenwart)」という研究表題を付された遺稿で、この問題を取り扱っている。[7] 現象学的思惟の可能性の根拠への問いには、一方では学問の研究の実践上の方法論の角度から論ずる方向(フィンクが『第六省察』[8]で扱った超越論的方法論の方向)があるが、フッサールが辿った方向は、「現象学の分析の終局目標」として、反省の究極的な在り方を時間の意識の成立の次元に探ることにあった。すなわち「世界を経験する生」の最も深い次元における自己経験の構造の分析に求められたわけである。その問いは、「流れのなかで流れを流れとして意識することがいかにして可能であるか」という問いとして展開されたが、そのかぎりにおいて、それはまた同時に、総じて知識というものの原初の成立がいかにして時間の制約のもとで行われるかを問うことでもあった。

その問いは、作動しつつある自我自身の現在の構造の分析として実施されるが、その分析のなかで、現在は生き生きした現在であり、「流れること」と「立ちどまること」という二つの契機からなる統一的な事態の不断の発生であることが突きとめられる。「生き生きとした(lebendig)」ということを、フッサールは自我の生動性(Lebendigkeit)から見ているが、しかしその意味での自我は、世界に対立する意味での近代的自我の意味ではなく、作用主(das Wirkende)の意味で用いられているにすぎない。したがって作用の遂行において起こる、見る作用と見られる作用との原初の分裂すなわち知の原初の発生を、時間の流れの発生という次元において突きとめ、知識成立の基本的な時間性格を露呈しようとした試みであるともいえる。その意味では、近代哲学の自己意識の構造を、すなわち「事行(Tathandlung)」を時間性の次元において再構築してみせているのだといってよいであろう。それによってフィヒテの事行を縛っていた措定的な性格が脱却できたといえるであろう。

生き生きした現在の生起とは、時間の二つの根本的な契機に即した、自我の原初的分裂の生起のことであり、自我の遂行においてのみ、互いに対立しあう契機が、相互に属しあい、相互に統一しあう仕方で、すなわち「分かれていることにおいて一つである(9)(Eins-sein-im-Getrenntsein)」ような仕方で生起することである。反省に先立って反省を可能にする自我分裂とそれを貫く自我同一性とが同時に一つになって生起するということは、いわゆる措定的反省を可能にする反省の根拠であることを意味している。通常の意味での反省は、すでに起きてしまった自我に対して、いま起きつつある自我が時間の隔たりを介して、己れとの同一性を確認するだけの、「あとからの覚認」にすぎない。もし原初の自我分裂がなければ、あとからの措定的自己関係は成立しえない。すでに原初の自我分裂のなかに、あとからの距離を架橋しうる可能性が構造契機として蔵されているのである。

ところが、ここに困難な問題が生じてくる。それはつまり、この措定的反省に先立つ先‐反省的な事態は、反省から身を退けるという意味では反省によっては捉えられないが、それなしに反省は成立しえないという意味で反省によって廃棄できないという問題である。したがって反省によってこの事態を説明しようとすれば、古典哲学の反省論がアポリアとして当面していた反省の「無限後退の現象」に陥るか、または、廃棄不可能な性格を飛び越えてしまうことになる。それゆえこの原初的事態の、反省によって廃棄できない先‐反省的な匿名性を損なうことなく思惟するために[10]、現象学的思惟にとって、どのような道が残されているのかが、改めて問われてくるのである。ここで、反省がどこまでも措定性格を残すかぎり、現象学の思惟は、こうした反省の方法から立ち去って、別の思惟の仕方へと自らを変えて行かざるをえないという、思惟そのものの転回が促されてくるという事態に突入するのである。

さらに時間の意識にとって、まさに流れ去って過去に沈んでいく方向に、いわば系列化された時間点の連鎖が形成されることによって、過去への通路が与えられる。このこと、すなわち流れ去るということは、じつは意識に自己を対象的に捉える拠り所が与えられうるということである。流れ去るということは、存在化される(第一義的な意味での対象として意識される)ということである。流れ去ることは己れが己れを識るということの条件であるとともに、総じて知がつねに「遅延化」として成立することを告げている。しかしすでに流れ去ってしまった自己の姿は、それが自己であることを単に推定させるだけで、自己であることの確証をいわば拒んでいる。ここにいわゆる形を読むということの時間論的な宿命があるといえよう。

これに反し、形なきものが形(可視的なもの)として浮かびあがってくる、その現場がまさにわれわれによって生きられているということ、そのこと自体はけっして遅延とはいえない。そうだとすれば言語で語るときの遅れによって、遅れなき原初の出来事を損なわないようにして語るような思惟はどのような思惟であるのか、改めて問われねばならない。もし原初の出来事が遅れなき遅れであるとすれば、そのことはもはや言語を否定する仕方でのみ言語を要求してくるような出来事であろう。ここに原初の分裂の出来事を語る言語の固有の問題が発生してくる。それは言語と時間の次元との奇妙な交錯、二重の分裂の出来事というべきものであろう。

3　超越論的主観性と他者の問題

今日活発な論議を呼んでいる他者の問題は、その核心的な部分に関しては、現象学が着手した他者経験の分析に端を発するところが大きいが、反面、現象学にとって他者問題は言語に続く躓きの石であるともいわれている。それというのも、他者の問題は、世界や時間の問題と同様に、現象学において露呈されてくる、近代の原理の臨界状況のひとつであるからである。

他者が、近代の主観性の原理の境界領域に位置するというのは、すべて存在するものを意味として対象化する主観性にとって、他者は対象化を拒絶する、私と同様なる「自由なる機能」であるからである。その点では私の生き生きとした機能が、対象化から身を退ける場合と同様であるが、しかしまったく別の方向と場面において、この「隠れ」の原現象が生起する。すなわち他者は、私では「ない」という一種のラディカルな超越性をもって、私から身を退けるからである。

二つの場合ともに、機能していることとそのことは対象化できないということであるが、一方は、他者と自己との間の否定的関係(……でない)であるのに対して、他方は自己と自己との間に生じる否定的な自己関係である。それゆえこの否定性の構造(差異性構造)がどういう場面で独自の仕方で生起してくるかを考察することが必要であるとともに、自己と他者との「あいだ」と、自己と自己との「あいだ」とがたがいにどのような交錯構造を呈するかを、経験の根底にまでおりて考察しなければならないのである。もとよりここでは、他者の問いそのものが辿った経緯をふりかえりつつ、他者問題のもつ根本的な意義にふれるだけにしておきたい。(11)

フッサールは、超越論的主観性が方法のうえで最初に主題化されるのは、自我論的な還元によるが、しかし構造のうえではすでにいつも、相互主観的(intersubjektiv)であるということに次第に気がついていく。まず最初に、学問や文化対象などの客観的世界は、単なる主観的‐相対的な現われでなく、それを越えた、だれにとっても(für jedermann)同一のものとして妥当する意味対象であり、そのためには複数の主観によって構成されるものでなければならないことが着目された。ところがすでに主観的‐相対的に現出する周囲世界から客観的世界の構成に赴くには、すでに同一の世界が各自的に現出しているという事態が洞察されねばならない。

これらの問題を取り上げるとき、相互主観性と世界の構成との本質的な関係が、すでに近代初頭の形而上学において、人間の知のパースペクティヴ的な性格を表わす視点の思想に深く通底するものがあることに気づかざるをえない。世界の現出が多様なる視点に拘束されているという思想は、とくにクザーヌスおよびライプニッツの哲学にみられるが、とりわけ近代哲学の現象学的思惟様式が如実に刻印されているのは、ライプニッツの代表象(Representation)の思想である。個が全体を映すという「鏡の比喩」は、一なる世界の出現すなわち世界の表出が、多様なる個体の、個体としての自己表現において成り立つことを物語っている。人間の知を、光学的に「視」のモデルによってとらえようとするかぎり、視点と視像の関係が視点の複数化と必然的に結びつくのである。一性が多性においてのみ自己を表現するという思想である。この形而上学的な論理は、普遍化の原理に立脚する思惟が個体の原理と結びつくところに、認識機能の面からいえば「生ける身体」の感性的な機能と結びつくところに、成り立っている。そもそも視点はそれを生きるというかぎりにおいて他と交換できない唯一的なものであるが、視点であるかぎり、多くの視点のなかのひとつでなければならない。視点の唯一性(自己性)と複数性とはたがいに相反するものであるにもかかわらず、視点の視点性を形成する両契機として相互に緊張関係をつくって属しあっている。しかし相反しあっているがゆえに、相反する二つの方向へと解体する傾向を有している。[12]

近代思想はこの二つの方向をそれぞれ孤立させ、自立した思想原理とみなすようにして展開したともいえる。唯一性の契機は主観の方向に向けて単一視点として絶対化され、複数性の契機は客観の方向に向けて対象化され平準化されることになり、ともに視点としての根源性を失っていくのである。こうした展開は、本来的な自‐他関係への通路を自ら締め出していく、思惟の自己実体化の仕方であろう。一九世紀後半とくにニーチェ晩年のパースペクティヴ主義の思想がそうであるように、パースペクティヴ思想の再登場が、必然的に身体の思想を連携して視点の思想を復活させてくるのは、当然のことといわざるをえない。

したがって現象学もまた世界の現出の理論であるかぎり、視点の思想に重要な役割を与えている。ただし近代初頭の形而上学的な思惟とは異なり、あくまでも経験の底に、経験そのものを可能にしている経験自身の基礎構造に、視点の機能を探ろうとするのである。視点の二重性は、フッサールでは、まず視点自体の機能の二重性として、すなわち身体の機能の二重分裂の機能として着手されている。すなわち身体は、「生きられる身体（Leib）」と周囲世界に属する「物体としての身体（Körper）」という二重の与えられ方をしている。この二重性の分析自体は、身体の二重性を生きることが、周囲世界の構成にとって基本的な役割を果たすという、空間構成の条件の分析であり、身体（Leib）が現出の零点として、自己の身体（Körper）の属する周囲世界の現出を制約していることが考察されている。身体が定位中心となって、空間現出の原点の役割を果たすということは、身体そのものが、一方で「現出するもの」であるとともに、他方で「現出させるもの」であるという、同時的な二重機能であるからであり、すでにいつもこの二重性が原的な分裂として生きられているからである。身体は原的なパースペクティヴとして、パースペクティヴ的な空間の現出の条件となっている。[13]

フッサールが歩んだ道を振り返るとき、彼の相互主観性の問いの意図が、世界構成の超越論的条件の露呈にあったことは明らかである。そのとき身体の二重性の分析から出発して、複数の主観性の構成に赴こうとしたことは頷けることである。問題は、身体の二重性そのものの複数化ということが、ここからどのような方法で導きだせるかということである。

他者構成の方法上の難点は、自己移入(Einfühlung)の方法が袋小路に陥ったことに見出される。もとより自己移入は、単に人格的な対面関係における他者の対象化のことではない。フッサールの他者経験の分析を導く構想を支えているのは、他者の与えられ方が「原的に到達できないものの、確証できる到達可能性(die bewährbare Zugänglichkeit der original Unzugänglichkeit)」(Hua. I, S. 144)という事態である。それゆえ他者の他者性というものが直接的な通路を拒んでいることを前提としての出発である。その場合、私の経験の領域に直接に与えられた他者の身体(Körper)から、それに付随して間接的に与えられている他者の身体(Leib)へと想像を差し入れる仕方で、他者の内的自己経験へ迫るという方法がとられた。この方法は、他者の内面に、想像的自己投影という一種の対象化的な理解で迫ろうとするところに、他者の他者性(私への異他性)を私の内在の投影とみなすパラドックスに陥り、かえって他者を私から断絶したものとして鋭く浮かびあがらせることになった。

もとよりこの分析は、いかにして他者経験が経験として可能であるかという問いに導かれた分析であって、実際に他者がこのような順序で経験されるというのではない。そのかぎりでは一種の方法的抽象として実施されたものである。だがそのことによって、逆に私が他者の身体を生きることができないということを、他者の自由な機能を対象化の蔭に身を退ける現象として取りだし、方法論のうえで他者の他者性の問題の位置を明確にすることになった。ところが、他者経験の分析がどのような経過をたどるにしても、なぜ他者をまさに他者として認定できるか、そのことが当面の問いとなってくるのである。

この問いを問うフッサールの後継者たちが、この自己移入としての方法的通路を断念し、すでにいつも他者たちとともに馴染んでいる、非‐主題的に他者と共同して機能する受動的な意識を取り上げ、いわゆる主題的な他者経験の成立の可能性を探ろうとしているのは、この意味で頷けることである。(14) しかし異他性を親和性に逆転するだけでは、解決になるであろうか。

だがここで、ふたたび視点の思想に含まれていた視点の二重性の機能とその構造が鍵を解くものとして立ち現われてくることに着目すべきであろう。視点が相互に排除しあい、すなわち異他性と親和性を内に含む構造を、もし「われわれ性(Wirheit)」と呼ぶことが許されるなら、この意味での「われわれ性」とは、生ける他者と生ける私とを媒介する構造的な機能のことであり、私に対面する他者への経験というよりも、むしろそれを可能にする媒質(媒体)としての役割を果たす非‐主題的な機能を意味する。そのかぎりでは、他者は主題的に対象化されるに先立って、つねに私とともに共同して機能するものとして、「われわれ性の構成契機」とみなされる。ということは、私によっていつもすでに他者への構造的な否定性が生きられているということでもある。異他性から親和性への単なる逆転ではなく、否定性を介した帰属機能にほかならない。このような非‐主題的な共同機能の意識は、通常は自由なる責任意識をともなう共同主観性への帰属意識とかいわれるものであり、『危機』の最終章で説かれている「哲学者の召命の意識」といったものも実はこの意味での責任意識として改めて解釈すべきであろうかと思われる。(15)

もっとも世界の目的論的な構成というフッサールの構想からいえば、世界概念の諸相に応じて、「われわれ性」もまた諸形態を形づくっている。究極的な目標理念としての世界は全人類という理念に対応し、各種の特殊世界には各種の共同主観性が、そしてこれらの前提として構造的な「われわれ性」つまり超越論的な相互(間)主観性が機能していることになる。(16) 現代の他者論のうち、言語使用の場所で他者問題を論ずる言語遂行論では、「われわれ」における相互行為の分析が登場する。日常言語学派、とくにオースティンの発語内行為の分析にみられる、「私は、だれかと、或ることについて関わっている」という三項構造は、他者と世界と私との相互機能という面を行為の遂行に探ったものとして、現象学の「われわれ構造」の分析にきわめて近い着想である。それは現象学からすれば、特殊世界の構成に生きる「生成するわれわれ」の立場であり、言語的伝達のレヴェルにおける相互主観性として位置づけられるであろう。

これに対して、昨今にわかに注目されているレヴィナスの他者論は、他者をいかなる仕方でも対象化できない「絶対的な外部」として、まさに超越論的主観性そのものの他者とみなすのであり、このような直接に自己を与えることのない他者の痕跡として、「顔」の現象を取りあげている。レヴィナスの議論には、西洋形而上学の思惟によって他者が同一のもののなかに取り込まれて、同一のものによって全体が形成されることへの批判がみられる。すなわち同一性への包含を避けるために、他者の痕跡化、他者の隠蔽ということがいわれ、同一性を破壊するには、志向性のシンメトリ構造を変革し、他者経験の非シンメトリ構造を引き出さねばならないとしている。たしかにこの非シンメトリ構造への指摘は傾聴に値するが、しかしここで「痕跡」といわれる現象は、なにかを捉えようとするときに対象の側で起こる隠蔽現象であるとすれば、それはすでに「遅れ」の現象、つまり措定化作用とともに起こる現象であるといわねばならない。したがって非措定的な機能はここでは問われていないといってよい。また志向性が果たして単純な同一性構造といえるのかどうか、むしろそれもまた否定性をすでにうちに取り込んで機能する差異性構造といえないであろうか。さらに根底にもし時間の差異化の生起を見るのであれば、そのことは何も他者経験にだけ特有のこととはいえないのではないか、等々の疑問が残る。彼による形而上学批判は、後期ハイデガーの存在への問いの立場に対する強烈な異議提出ともなっており、そこにむしろギリシア的ピュシスの原理に対立する、ヘブライの神の絶対性の原理が鋭く意識されているようであり、そのかぎりでこの議論に立ち入るには西洋独自の精神史的な背景を十分に考慮しなければならない。

他者経験の可能性への問いは、永いあいだ近代の哲学の議論から締め出されていた。さきに述べたように、視点のパラドックスが思惟をして自‐他の差異関係から離反させ、この差異を最初から止揚した概念群が、たとえば理性、主観性、精神、生といった概念がこの差異性構造を蔽ってしまったともいえる。経験の根底に還ろうとする問いが、いまや、歴史を支配していたこうした思惟習慣を打ち破りはじめたといってよいであろう。

三 非‐現象性の現象学と知の最終審の問題

1 地平の現象学から媒質の現象学へ

生成する知の論理 フッサールが現象学によって描きだそうとしたのは、人間の世界への関与(Weltbezug)の全体的圏域であり、この圏域において、世界知のパースペクティヴの多層位構造が明らかにされたり、あるいはそれに相関する種々の相互主観性(われわれ性)などが取りだされたりした。それぞれの世界の現出形態を全体的構図のなかに位置づける目的論的な機能をそのつど具体的に担っているのが地平志向性であり、それによって有機的に生き生きした連関が形成され、すべては「生成する知」として形づくられる。

地平志向性とは、近代哲学の伝統を顧みれば、まさに構想力の機能に相当するものであり、知の生成の過程を形成していく働きにほかならない。今日の言語論的な転回において、たとえば言語遂行論などで、コミュニケーション的な相互行為における知の不断の自己修正や合意の現象が分析されるが、これも広く解すれば、地平の現象の行為論的な展開とみることができる。さらに解釈学における循環の現象や解釈の無限の可能性ということも、まさに地平の現象にほかならない。この知の形成における開かれた無限の進展と交替の現象は、まさに知の豊かさを産みだしていく「知の自己生成」の姿にほかならない。(17)

差異化の生起――媒質機能としての知の根源性　だが、こうした世界の地平的な投企を可能にするのは、地平のなかにけっして姿を現わさない経験の最下の層で起こる、さまざまな世界関与を成立させている媒質(媒体 Medium)の機能なのであり、知を知として構造化する根源的な裂目の生起なのである。そもそも媒体というものは、その構成契機である両項が相互に対立して排除しあいつつ、相互に必要としあい帰属しあう構造を有し、その機能する仕方は、一方の項を顕現させるために、他方の項が身を退けるという運動を呈するものである。ハイデガーのいうように、それは襞《ひだ》(Falte)が身を開く仕方として、一様なるもの(Einfalt)と多様なるもの(Vielfalt)との統一体がその襞を開いていく現象であるともいえる。ハイデガーが存在と存在者との存在論的差異性(die ontologische Differenz)の構造として語っていることが、すでに現象学の分析によって開かれてくる経験の深層次元に起きているのである。たとえフッサールがそれをテーマ化して語る適切な方法を見出さなかったにしても、彼の残した夥しい遺稿群のなかに、彼の分析が媒質の機能に真っ向から直面していたことや、そのつど方法論的苦境に陥っていたことが明らかに読み取れるのである。すでに「時間性」の次元におけるふたつの契機の分裂的な生起として、あるいは「空間性」の次元で起こる身体の二重現象として、「自然」との根源的な出会いに起きるヒュレーの触発と対向の同時性として、さらに

「他者たちとの関わり」の次元で起きる自‐他分裂の原‐現象（われわれ性）などがそのことを告げている。これらの原‐分裂は、生成のなかで「生成を構造化する知」の原機能であるといってよいであろう。

すでに言及したように、媒質の一方の項を自立化して思惟することは、すでに実体化思惟のはじまりである。したがって、己れを隠す一方の項をして、差異化の機能に先行する、先‐差異的な一者とみなし、差異化をして、この先行的一者の自己分節化であるという解釈は、神秘主義的なテーゼであって、現象学的思惟ではない。現象学的思惟からすれば、経験の根底に生起するのは、原初の二重分裂という機能だけであり、一方の項を切り離してそれをそれ自体自立した存在とみなすことは、媒質機能を破壊する一種の実体論的思惟としてしりぞけるべきである。もとより一方の項を主題化して考察することは、その考察場面の方法論的な確定がなされれば許されることではあるが、そのことと差異に先立つ自体的存在とみなされることとは別のことである[17]。

それでは、これらの媒質に言語の媒質機能がどのように関わってくるのか、その問いを問うに先立って、差異性を問う哲学の思惟の遊動空間がいかにして開けてくるかを問わねばならない。

思惟の転換――地平的運動から垂直的な方向へ　積極的な知の自己修正と拡大化の地平的運動のなかに、哲学が知の究極的な根拠づけを求めようとするかぎり、この地平面からは脱却することができないので、この運動自身に批判的メタ機能を求めようとするか、もしくはこの運動の無根拠性を積極的に性格づけるかしなければならなくなる。前者の場合、言語的コミュニケーションそれ自体に超越論的な批判機能をもとめたり（アーペル）、カント的な極理念を理想とする実践の論理を展開したりする試み（ハーバマス）が、後者の場合、ガダマーの影響作用史的意識の働きである地平融合の理論などがみられる。

これに対して、地平の運動のなかで知の究極的な根拠づけをはかるときに、その運動が必然的にニヒリズムに陥ることを洞察したのは、ハイデガーであり、彼のいわゆる前期の思惟が自らのなかに直面していった事態であった。ハイデガーの思惟の展開の途中に顕著に起きたこの出来事こそ、存在者の存在への超越に哲学的な根拠づけの働きを求めることが、いかに無根拠の空転のなかに落ち込むことであるかというニヒリズム体験であったといえる（『根拠の本質について』『形而上学とはなにか』参照）。ハイデガーは、ここから思惟の方向の転換という事態に突入する。「歩を背後に戻す（Schritt zurück）」という彼の思惟の在り方は、まさに地平的思惟の半可視的圏域から、身を翻して、思惟のなかに隠れている思惟の根拠へと思惟の歩みの方向を変える出来事であった。

前期の解釈学的現象学の立場では、存在の意味は存在者とともにいわば随伴的に与えられる地平的な所与であり、したがって対象性格をいまだ脱しきっていないのに対して、後期思惟では、表象的思惟が見失っていた「存在の真理」の次元へと次第に近づいていく思惟の道ということが語られ、思惟が存在者とその存在との差異性の根源的な生起そのものと化する次元が開かれてくる。後期思惟は現象学の立場を離れたといわれていたが、しかし彼の思惟の最終位相において、「非 - 顕現的なるものの現象学（Phänomenologie des Unscheinbaren）」という語が登場してくる。[18] このことは、現象学の思惟の深まりが最終次元で到達した事態がなんであるかを語っている。

二重媒質としての言語　経験の根底的な出来事を語るとき、言語そのものが優れて媒質機能を発揮することはいうまでもないことである。ハイデガーの後期思想によれば、言語は、存在者を顕現化することによって己れを隠す存在の動きとされているが、その意味では言語は存在の動向の最高の媒質である。しかしそれではすべて媒質機能は、言語に還元されてしまい、言語の媒質のみが根源的な機能として残るのであろうか。それとも言語が優れて媒質的であるのは、それ自体が一つの根源的な媒質機能であるとともに、さらに他の媒質の機能を媒介する(言語化する)という二重の媒質機能を備えているからなのであろうか。この対立する言語の理解は、現代思想において、またフッサール以後の現象学の展開にとっても、きわめて重要な問題となっている。

すでにシェリングは、意識による自然の再構築を論じた自然哲学のなかで、思惟(意識)が自然の最高の展相《ポテンツ》であるがゆえに、自然のさまざまな展相を含めて、自然の自己創造の活動を再構築することができるということを語っている。[19]言語についても同じことがいえるであろう。たしかに詩作による言語的世界の創造とか、宗教的体験の極限における言語的表現の場合のように、言語の媒質が媒質として極度に純粋化してくる次元がある。しかしそのことと、言語の媒質としての次元性だけにしか存在や世界の現われの機能を還元できないという、一種の言語優位主義、または言語一元論とは区別されるべきである。[20]もとより「語りえざるもの」を「語りえざるもの」として語ろうとする哲学の思惟は、言語によってのみ、自己と世界の語りえざる秘密を論理として構造化することを試みることができることはいうまでもないことである。すでに後期フィヒテの現象論や像論においてそうであったように、まさに「隠れることとそのこと」の構造を論理化する試みにおいて、[21]哲学の思惟の動く次元の次元性というものと言語の関わりが最も鋭く姿を現わしてくる。

フッサールであれ、ハイデガーであれ、メルロ゠ポンティであれ、現象学の思惟の深まりの最終位相において、世界が現われてくるその現場に思惟が立ち会い、顕現性と非‐顕現性との劈開という出来事が生起することを証言しようとしたときも、同じ状況が発生する。まさにここにおいて、言語固有の二重媒体的な機能が発揮されるのである。ところが、その言語による証言に、言語自体のもつ媒質機能が大きく寄与するために、哲学は一方で言語一元論への傾きに対してたたかうとともに、他方ではこの原初の事態《こと》の言語表現において起こる、言語に固有の「隠れ」の発生を自らのなかにつねに見張っていなければならない。言語による語りは仮象化する営みでもある。どのような真理も語りであるかぎりにおいて、仮象なのである。真理は仮象化することによってのみ己れを語るともいえる（反省論の箇所参照）。この意味で、世界は仮象としてのみあるというニーチェの洞察は傾聴すべきであろう。

2　地平思惟と垂直思惟との交差と相互補完

新たな生活世界論へ向けて　しかしもし哲学の思惟が、非‐現象性の次元に閉じこもろうとすれば、むしろ原初の動きに反することになるであろう。哲学としての現象学の課題には、原初の動きから発生してくる知の展開の方向を追いつつ、現象性の圏域と非‐対象性の次元との交差のさまざまな仕組みをできうるかぎり丹念に分節していくことが含まれている。これまで相互に排除しあっていた、エクソーテリッシュなものとエゾーテリッシュなものとが、相互にあい補う仕方を構造として探るべきなのである。もとよりこれまでの現象学の延長線上でいえば、たとえばヴァルデンフェルスの仕事のように、日常のわれわれの生活世界的な経験のなかで、その地平的な運動がすでにいつも非日常的な、非‐地平的な契機を抱いていることを取りだして、生活世界の機能を深層から読みなおすこともきわめて重要である。(22)なおこの交差構造の問題系には、さらにいくつかの問題群が含まれているが、そのうち以下の二点にだけ触れておきたい。

知の多様性と最終審の問題　幾重にも多層化され、無数に多極化された知の圏域と、それを内部から支えている、否定性を生きる自覚的な知の次元という、知の二つの契機が制約しあう遊動空間を明らかにし、両者の交差構造を探りだす方法知が求められるとすれば、それはなによりも以下のような性格をもつ知でなければならない。理念としてであれ、基準としてであれ、なんであろうと、同一なるものをけっして統一的な枠として多様なものに押しつけることをしないが、同一なるものは多様な形態においてしか機能しないことを識っている知であり、さらにまた自らを多様なものの一つとして相対化できる知、だが相対化されつつも、つねに非‐対象的に生きることによって、相対化から身を退けることを識っている知であろう。このような知にしてはじめて、多様なものを多様なものとして適正に整えることができる、最終審として機能する知であるといわねばならない。すでにニーチェも、永遠回帰の世界パースペクティヴに、そのような機能を見出している。永遠回帰の世界パースペクティヴは、自らを多様な世界パースペクティヴの一つでありながら、あらゆる世界パースペクティヴを多様なものとして肯定できることによって、それ自体が多様化の基準として生きる役割を演じている。それはこの世界パースペクティヴこそ根底において言語化できない否定性を生きる原パースペクティヴとして機能するものだからである。

東西思惟の新たな構造的統合化へ向けて　さらにまた対象性の論理と非‐対象性の次元との交差領域への問いは、東西思想の内的な統合化もしくは全体的な再構築の問題に対しても事象そのものから答える道を開くように思われる。もし現象学の思惟が、すでに東アジアの思惟の伝統のなかに遺産として残された非‐対象的な思惟の論理を、あるいは非‐現象的な次元への思惟の道を、将来の人類の思想に活かすための仲立ちを果たすことができるとすれば、その試みは、東洋の思惟と西洋の思惟とを文化の型にはめて対比させるという、従来の文化類型論的な解釈図式から離れて、改めて、われわれの経験の底につねにいつも機能している深層次元の構造を本格的に解明するという作業を通してでしかないのではなかろうか。もとよりわれわれは、すでにこの課題に着手した、数少ないが、先駆的かつ先覚的な、卓越した試みを識っている。いまや時代の歩みは、この課題が避けてとおることのできない「時代の課題」であることを告げている。

（1）　ちなみにドイツ哲学会一九八七年度大会の共通テーマは「(統)一性と(数)多性(Einheit und Vielheit)」であった。それらの成果は、一九九〇年に、F. Meiner 社より O. Marquard 編集による同じ表題の論文集として刊行された。このなかにハーバマスの以下の論文も掲載されている。J. Habermas, Die Einheit der Vernunft in der Vielheit ihrer Stimmen.

（2）　解釈学の展開については、拙稿「解釈学の論理とその展開」『現象学と解釈学』上巻、現象学解釈学研究会編、世界書院、一九八八年、参照。

（3）　ニーチェの一八八〇年代の遺稿のパースペクティヴ主義における解釈の思想を論じた研究は多いが、以下の二篇が注目に値する。J. Figl, Interpretation als Philosophisches Prinzip, Berlin/New York, 1984 ; H. Schmid, Nietzsches Gedanke der tragischen Erkenntnis, Würzburg, 1982(邦訳近刊、国文社)。

（4）　B. Waldenfels, Möglichkeit einer offenen Dialektik, in: Phänomenologie und Marxismus, Bd. 1, Suhrkamp, 1977, S. 146 f.

（5）　生活世界概念は学問論的な議論のうえで広範囲に定着したばかりでなく、社会理論の分野でも日常(Alltag)の概念と重なって、行為的世界の具体的な諸相を記述するうえで大きな役割を果たしている。

（6）　L. Landgrebe, Phänomenologische Analytik und Dialektik, in: Dialektik und Genesis in der Phänomenologie, Phänomenologische Forschungen 10, 1980, S. 78 f.

（7）　「生き生きした現在(die lebendige Gegenwart)」を扱ったC草稿は、一部公開されているが、全体としては未公開である。下記著作に未公開部分が多く引用されている。K. Held, Lebendige Gegenwart, Den Haag, 1966; 新田他訳『生き生きした現在』北斗出版、一九八八年; G. Brand, Welt, Ich und Zeit, Den Haag, 1955; 新田・小池訳『世界・自我・時間』国文社、一九七六年。

（8）　E. Fink, VI. Cartesianische Meditation, Erster Teil, hrsg. von H. Ebeling, J. Holl und G. v. Kerckhoven, Dortrecht, 1988; 新田・千田訳『超越論的方法の理念——第六デカルト的省察』岩波書店、一九九五年。

(9) Held, a. a. O., S. 81; 前掲訳書、一一一頁。
(10) ebenda; 前掲訳書、第三部、および本稿第三節参照。
(11) フッサールの他者論の全体的な結構については、拙著『現象学』岩波全書、一九七八年、第五章を参照されたい。
(12) 視点のアポリアに関しては、以下の拙論を参照されたい。「自己性と他者性」『他者の現象学』新田・宇野編、北斗出版、一九八二年; Phänomenologie als Theorie der Perspektive und die Aporie des Gesichtspunkts, in: Japanische Beiträge zur Phänomenologie, hrsg. von Y. Nitta, Freiburg/München, 1984.
(13) Vgl. Hua. XV, Beilage 18.
(14) Vgl. Held, Das Problem der Intersubjektivität und die Idee einer phänomenologischen Transzendentalphilosophie, in: Perspektiven transzendental phänomenologischer Forschung, Den Haag, 1972.
(15) 前掲拙著『現象学』一七九頁。
(16) 前掲拙稿(注12掲載の独語論文)S. 81.
(17) 前掲拙稿(注2掲載の解釈学論考)第5節「ヘルメスとアンチ・ヘルメス」を参照されたい。
(18) Vgl. Y. Nitta, Der Weg zu einer Phänomenologie des Unscheinbaren, in: Zur philosophischen Aktualität Heideggers, II. Im Gespräch der Zeit, hrsg. von D. Papenfuss und O. Pöggeler, Frankfurt a. M., 1990.
(19) 本書第10章参照。
(20) Vgl. K. K. Cho, Bewußtsein und Natursein, 1987, Freiburg/München, S. 300.
(21) 本書第9章参照。
(22) Waldenfels, Ordnung im Zwielicht, Suhrkamp, 1987; Ders., Der Stachel des Fremden, Suhrkamp, 1990.

5　現象学の方法的展開

序　「事象そのものへ」の道としての現象学

1　事象とはなにか

現象学は、「現象の学（ロゴス）」として、事象そのものに迫る思惟をその方法とする学問であるといわれるが、このことはなによりも、フッサールが研究格率として掲げた「事象そのものへ！」(zu den Sachen selbst !)という標語に読みとられるであろう。あるいはハイデガーが現象の概念を「自己を示すこと(Sich zeigen)」として語ったことにもうかがわれる。ハイデガーによれば、現象学は「自己を示すもの」への接近の仕方であり、現象学の「ロゴス」とは、「それ自身の方から見えるようにすること」である。したがって現象学は「自己を示すものをそれ自らが現われてくるままに、それ自身の方から見えるようにすることである」(M. Heidegger, Gesamtausgabe〔GA. と略記〕Bd. 2, S. 46)。すでによく識られた現象学の方法的思惟の性格を表わすこうした言明から、現象学の思惟における「事象の自己所与」「自己提示」についての一般的な理解が広く普及している。だが、事象とはいったいなにか。どういう仕方で事象が自己を示してくるのかということになると、かならずしも一般によく理解されているとはかぎらない。

というのは、「事象そのものへ！」という標語は、直接的な所与に戻って、思弁的解釈を導入することなく、先入見を退け、あるがままに記述を行うという実証的な方法を、かならずしもそのまま意味するものではないからである。

たしかに実証性の重視は、一九世紀の実証主義の登場以来、学問全般の反形而上学的な方法精神として広く普及していった。この動向は、構築された理論から生きられた経験に還帰し、生成のただなかから知の原初の発生を問うという「生」の思想とも重なりあって、時代の傾向を形づくるが、しかし直接性を重視するあまり、極度の要素還元主義に陥ったり、流動性を重視するあまり、単純に相対主義に走ったりすることは、知の枠組みをふたたび硬直させるか、または貧困化するかの危険を招いたのである。

一方で生きられた知の発生の現場に戻りつつ、他方で学問的な知の全体を再構築しうるような方法は、知の発生に根をおろし、学知としての厳密性を失わないような方法的思惟でなければならず、そのような方法にしてはじめて、知の新たな課題に答えることができるであろう。方法によって到達される知の基本構造と、それを浮かびあがらせる方法としての知とのあいだに成り立つ回帰関係は、事象を見えるようにすること(Sehen lassen)がそのまま事象の自己提示(Sich zeigen)となるという次元を開くことを必然的に迫ってくるのである。「事象そのものへ!」の標語は、この意味での哲学的な方法の自覚を語ったものといえる。

フッサールの現象学は、生きられた経験のなかに働く知の基本的構造こそ、学全般を体系的に基礎づけうるような原理となる機能を有しているとして、そのような生きられた知の原理的な機能を志向性(Intentionalität)の名で呼び、志向性こそ意識の本質であるとして、それが含んでいる機能を徹底的に探ろうとした哲学である。志向性は形式的には「なにかに向けられていること(Sich-auf-etwas-richten)」として規定されるが、このような関係機能のなかに、知の全連関を有機的に形成する原理的な働きが隠されていることが洞察されたのである。このように、現象学は、生きられた意識体験のなかにまさしく知というものの原初の構造が機能しているということから、すべての知の多様な層位性が体系的に基づいてくる仕組みが解明できるという点で、すなわち「生の哲学」の根源的直接性の要求と「学の哲学」としての認識批判の厳密性とのそれぞれの一面性を克服し統合しうるという点で、他のさまざまな潮流に比して、際立った卓越性を発揮している。

とくに新カント学派に代表される認識論的な関係、つまり外からアモルフな現実に合理的な枠組みを投げ入れて成り立つごとき、主観 - 客観関係の抽象性に対して、まさに生きられた関係としての知の場面形成機能が、知の「相関関係(Korrelation)」として多様な層位性の内的な組織化を可能にしていくことに注目すべきである。この場面形成の磁場の働きのなかに作用極と対象極とが相関項(Korrelat)として取り込まれているのである。さまざまな関係の場面が形成されるということは、知識に視点性格が刻印されていることである。場面の外への区切り(Ausgrenzen)と場面の内部での区切り(Eingrenzen)とが視点においておのずから決定されてくる。この区切りは、意味的な差異性(ヴァルデンフェルス)とよばれるべきものであり、フッサールの用語でいえば、「現われるもの(Erscheinendes)の現われること(Erscheinen)」に含まれる二重の関係を形成するものであろう。現われは現われるものの現われである(両契機の同一性)が、しかし現われは現われるものそのものではない(両契機の差異性)からである。フッサールは、すでに『論理学研究』において、「志向されている対象(Gegenstand, welcher intendiert ist)」と「志向されているままの相における対象(Gegenstand, so wie intendiert ist)」という二種の対象の概念をあげている(Logishe Untersuchungen〔LU. と略記〕§ 17)。志向性とは「あるものをあるものとして(etwas als etwas)」規定していく意味規定作用、または意味思念作用であり、ひとつのものがさまざまの意味規定において出現する仕方がそのままこの作用として成り立つのである。

ところがすでに意味として対象化されたもの、すなわち構成されたものは、それ自身ひとつのまとまった意味対象でありながら、明晰性の点でさまざまな与えられ方をする。同じ意味が知覚の対象となるか、想起の対象とされるかでは、その明晰度が変わってくる。対象がありありと具現的に(leibhaftig)与えられる仕方を、フッサールは原的な明証性と呼んでいるが、明証性にはその度合いがあるわけである。明証という概念は直観的に充実される与えられ方を表わす概念である。直観とは、志向された対象が現実の対象として「現にそのようにある」ということが確証されることであり、そのことは、志向作用が現実に関わる作用として自己を実現しようとすることでもある。志向性は、その作用がそれ自身、自己(自体)能与作用として、対象がそれにおいて自己を与えるという「自己所与(自体所与)」を実現しようとする運動性を備えているのである。志向が充実に向かうこの動性に、フッサールは理性の目的論的な運動の原型をみている。

2　現象学的思惟における方法的自覚

この志向性の機能の本質的な連関の全体として意識を主題化することへの努力、これが『論理学研究』以後のフッサールの方法論的な自覚と結びついている。志向性への問いは最初は認識問題から発しているが、志向性が「知の原型」として次第に意識の根本的性格を刻印されていることが明確にされるにおよんで、それを主題として展開する方法そのものに着手していくのである。方法は事象そのものが自己を示してくる仕方であり、事象を主題とすることによって、必然的に方法への問いを展開すること自体が、哲学にとって不可欠の、しかも細心の仕事とされてくるのである。ここに、フッサールの現象学が、同時代の哲学の関心と重なりつつも、これらと対決していかざるをえなくなる理由が見出される。事象そのものは、決して自然的な意識においては、その本来の姿において問われることはできないからである。とりわけ経験に直接的に与えられるものに還ろうとする実証主義とは、その要素還元的な操作のもつ非 - 相関的な見方の独断性に対して対決せざるをえない宿命にあった。同時代思想へのこのような対決は、『論理学研究』では心理学主義批判として行われ、さらに『イデーン』期では自然主義との全面的な対決をはかる方法論の構想へと導かれ、やがて後期の著作『危機』では、現代の学問の危機の歴史的由来への問いへと深められ、「近代科学の客観主義」との対決の地平が学問論的に切り開かれることになった。

3　現象学的思惟の深化と方法の変化

現象学の思惟の深化はそのまま方法の変化に現われてくる。事象が自己を示す仕方にかんする分析がだんだんと変わってくるのである。一九一〇年代に世に問われた『イデーン』期の仕事をみると、第一巻では、まず志向性の純粋な本質連関である純粋意識を主題として獲得するための方法、すなわち「現象学的還元」が唱えられ、それに引き続いて志向性構造の本質の記述的分析であるノエシス・ノエマの相関的分析論が企てられた。さらに第二巻では、志向性分析に立脚した領域存在論の構成、第三巻ではさらに第二巻を踏まえた諸分野の学問のシステム的展開などが扱われている(ただし第二巻、第三巻の刊行は当時差し控えられた)。通常、イデーン期とか中期とかいわれるこの時期の現象学は、フッサール自身によって、のちにその方法的見地から静態論的現象学と名付けられている。現象学の主題となる意識の最深層に機能する時間意識の分析が、志向的分析論と切り離されてすすめられたことが一因となり、意識分析が意識の時間的流れの動態性を捨象して遂行されたのである。

ところが、一九二〇年代にはいると、時間的生成の相において志向的分析が具体的にすすめられ静態的分析から動態的分析へと、フッサールの用語でいえば発生的溯行的分析へと移行する。いろいろな面でイデーン期までフッサールを縛っていた時代的な拘束からの脱却がはかられる。たとえばヒュレーを生化して対象を客観化して把握するという、いわゆる統覚理論や、総じて作用志向性だけに志向性の機能をみていた認識論的な枠組みからの脱却がはかられる。意識の志向性機能は、対象方向に重層的であるばかりでなく、作用に先立ってヒュレーそのものが意味として自己を構造化する仕方など、意識が有機的な生として活動し機能する仕方が取り出されてくる。

この変化はなによりもまず、第一に現象学的還元そのものの理論のうえに決定的な転回となって現われてくる。第二に、現象学が、世界の現象学とでもいうべき、世界現出の全域にかかわる問いであることが次第に明確にされてくる。第三に、そのことによって、明証の構図そのものに決定的な変化が生じてくる。明証の全体的な構図に照らして、目的論的な世界構成の全体的な見取り図が読み取れるようになったといってよいであろう。またこうした全体的な世界現出への問いのなかで、たとえば、後期著作『危機』の、科学的世界と生活世界の関連構造の問題系も位置づけられるのであり、近代科学の客観主義への批判的視座がその事象構造から形成された模様を理解することができるのである。

一　現象学的還元とはなにか

1　志向性の主題化としての現象学的還元——イデーン期の還元論

現象学的還元とは、志向性を主題化する操作であり、志向性を本質とする純粋意識を純粋なままに獲得するための方法論、すなわち志向性という関係機能をレアルな連関から救いだして、その純粋な機能において考察するための方法論である。

ところが意識の反省の方法というだけでは、志向性をその純粋な機能において考察することが困難であるとされる。

作用は遂行状態にあるかぎり自己を忘却するゆえに、反省によって自己忘却から覚醒し、自己にもどろうとする。このような視(Sehen)の方向の転換を遂行する反省という操作だけでは、心理的な意味での反省にとどまってしまい、志向性の構造を主題とする反省の次元に入りこむことはできないとされる。つまり反省を行う作用は、それだけではレアルな連関から脱却できない。それゆえ志向性を主題化する哲学的反省が可能であるためには、まず先‐哲学的状況にある知の在り方に対する徹底的な考察が必要とされる。反省をして、この先‐哲学的な状況から離脱させる操作とはいったいなにか。ここでフッサールは、時代の哲学的反省論への批判も含めて、反省の方法論そのものを哲学の理論として徹底的に展開する。そのときに使用される、先‐哲学的状況にある知の基本性格を表わす概念が、自然的態度(natürliche Einstellung)という概念である。総じていえば自然的態度とは遂行態にある意識態度であり、フッサールはこれを「自然的実践的に経過する人間の全生活の遂行形式である」(Hua. VII, 249)と語っている。

態度(Einstellung)という方法論的概念は、対象を規定したり、解釈したりする場合の、一般に特定の知的関係を持続的に保持する場合の基本的な姿勢を言い表わすのに用いられている。こうしたところから、この自然的態度概念もまた、志向性の「場面保持機能」の積極性を生かした方法的概念であるともいえるが、還元論では逆に、そのなかに閉じこめられて、他を自己に独断的に回収する「排除機能」のもつ自己盲目性の面を強調している。総じて還元論では、この態度概念は、人間の本性に深く根をおろした習性的な構えを表わすものとして用いられ、独断的な世界解釈を含めた、さまざまの先入見の発生母胎となる、先‐哲学的な、先‐現象学的な状況全体への関わり方を言い表わそうとしている。フッサールは、自然的態度の語において、哲学的反省以前の素朴性または(意識の)自己忘却性を、対象への帰依性(Hingegebenheit)として論じている。対象帰依性とは、対象の方向に没入し、関わっている対象の意味と存在をつねに何らかの型にはめて習慣的類型的に理解し、すべてのものを自明性(Selbstverständlichkeit)の枠のなかで取り扱っていることである。そのかぎりで、自然的態度とは、そうした関わりかた自体に甘んじ、その態度自体を自ら不問に付している自己盲目性のことにほかならない。

フッサールによれば、こうした態度が、同時に、すべての対象やその全体にかんする実体化的な解釈の起源となるのであって、まずなによりも、この態度から徹底的に脱却しないかぎりにおいて、どのような哲学的な世界解釈やその主体の自己反省といえども、この習慣化した対象への帰依性の魔力から脱却することができないのである。それゆえ意識の志向性の本質を哲学的に主題化することは、単なる視の方向変更という反省論的な操作だけでなく、上記の意味での自己盲目性、すなわち対象存在の即自性への帰依の意識に基づくさまざまな知の絶対性の主張を破壊するための「批判的解体の方法」をともなわなければならない。これが現象学的エポケーとよばれる手続きにこめられた先入見排去の方法の思想である。『イデーンI』のエポケーにかんする有名な叙述「われわれは、それ〔定立〕をいわば作用のそとに置き、われわれはそれを排去し、それを括弧に入れる」(Hua. III, 1, 63)は、まさに視の転回が先入見排去の方法を顧慮して遂行されるものであることを言い表わしている。

2　超越論的還元と世界の問題

だが、還元によって克服されるべき自然的態度のもうひとつの根本性格として挙げられるのは、自然的態度に働く「世界に拘束されていること(Weltbefangenheit)」である。フッサールは、晩年のある遺稿のなかで、自然的態度には意識の隠蔽性と世界の存在の隠蔽性という、二つの別々の隠蔽性が働いていると語っているが(Hua. XV, 388 f.)、『イデーン』期では、二つの契機が相互に制約しあってのみ働くことからして、はっきりと論じ分けられていない。それゆえこの二契機の本質的な関連がしだいに気づかれていくことによって、とくに世界被拘束性からの脱却ということが重要な還元契機として論ぜられることになり、還元は超越論的還元として世界の問題に急速に関わっていくのである。

還元はたしかに世界の実在的関連から志向性を純粋なる相において取り出すことであるとともに、世界関心の機能を停止して、自然的態度では見えてこない世界の与えられ方を主題にするという意味で志向性の機能全体を主題化することなのである。アノニムな志向性は、世界の現われかたを問うときにのみ、その隠れた全連関を見せはじめるのである。

それゆえ世界関心からの関心の切り替えは、世界の枠組み――『イデーンI』では世界定立は「一般定立(Generalthesis)」と呼ばれている――を隠れた全体として前提しているかぎり見えてこない世界の与えられ方を見えるようにするための操作である。ところが世界関心からの脱却は同時に、主観性を世界への被拘束性から解放するという意味で超越論的主観性の主題化なのである。超越論的主観性とは、世界の超越(意味としての成立)がそこにおいて行われる、世界意味の構成の場所である。それはさきに志向性の連関全体としての純粋意識と呼ばれたものであるが、しかしもはや静態的な反省によって捉えがたきものとして、顕在的かつ潜在的に機能し、能動的かつ受動的に世界を構成し続けているわれわれの生そのものなのである。それゆえに超越論的還元が世界を全体として現象化する方法として実施されるためには、同時に主観性の自己理解が根底から徹底的に変革されねばならないということがいわれるのである。このようにフッサールは、「無際限な生の連関」(Hua. VIII, 154)を主題化するための強力な意志によって実施されねばならない決断、すなわち「生の全連関に関わる決断」(Hua. VIII, 159)を普遍的エポケーと呼び、その「自己責任の絶えざる思慮としての自省」(Hua. VII, 285)を宗教的回心に比している。

3　デカルト的方途と非‐デカルト的方途

フッサールの還元理論には、世界への被拘束性からの方法的な脱却に関して、二つの考えがみられる。ひとつは、還元の方法的実施に先立ち、世界の非‐存在の可能性に対して、意識の存在の絶対的不可疑性を論じ、この明証上の先決定によって、まず最初に純粋意識の領分へと飛躍的に突入する還元を理論的に説いた、いわゆるデカルト的方途である。もうひとつは、世界の存在に関する一切の決定を保留して世界の存在がどのように与えられるかは還元の進行をまって明らかにするしかないという考えを方法に生かした、非‐デカルト的方途である。

世界の存在にかんする明証上の先決定的な見方を導入する前者の立場は、観念論的世界解釈として世界を意識の能動的な作用によって構成された対象的な意味の総体とみなすのに対して、後者は世界の存在を、意識への対象的依存性としてでなく、あくまでも意識の全連関において現出する世界として考察するのであり、意識の志向性へのフッサールの理解の深まりとともに、還元理論からもこの観念論的解釈が姿を消し、フッサールはデカルト的方途から遠ざかっていく。デカルト的方途にこめられた「第一哲学」の構想からの離反は、後期フッサールの現象学のいわば生動的な展開に大きく寄与するものである。(1)

還元によって次第にその全貌を見せはじめる「世界の与えられ方」は、さまざまな形態をとり、けっして一様ではない。全体としての世界の現われ方は、一挙になされるのではなく、つねに個々の主題的な対象の構成があい交替し、世界に向かう超越運動は漸進的でありプロセス的であるにとどまるが、しかし世界はいつも、個々の対象構成にそのつど随伴して、非‐主題的に構成されている。こうした世界の現出の仕方を問うことがまさに意識の全連関を世界経験的生として露呈していくことにほかならない。その方法が超越論的還元なのである。

非‐デカルト的方途には、たとえば現象学的心理学からの道、形式論理学からの道などさまざまな還元の形態が属している。これらは「真の哲学への到達手段」(Hua. IX, 288)として「超越論的現象学の予備学」の役割を果たしている。そのなかで、後期著作『危機』で語られた「科学的世界から生活世界への還帰」を経由して、改めて超越論的主観性へと視を転ずる道がある。この方法的な道は、以下に述べるように、「遡行的反省」という発生的現象学の方法の確定によってはじめて可能になったものである。

4　発生的現象学の意識分析の方法

『イデーン・I』では、現象学的還元に引き続いて、志向性の分析論がノエシス・ノエマの相関的な分析として企てられた。そのときノエマ的意味には、ノエシス的作用との相関関係から、意味を構成する志向作用の痕跡がいわば刻印されており、ノエマ的な指標として、過去の志向作用へ帰っていくノエマ的反省を可能にするための役割を果たすことが言及されている(Hua. III, 101)。現象学が静態的立場から発生的な立場に転化していくとき、このノエマ的指標に方法としての決定的に重要な役割が与えられている。

なぜなら意味の歴史を溯行していく「手引き(Leitfaden)」の役割が果たされるからであり、これによって意識の潜在的な連関の全体が次第に露呈できるからである。指標の解読によって、先立って構成された歴史をさかのぼるという方法は、まさに解釈学的な状況がここに生じていることを告げている。それは一面では過去を蘇らせる想起作用と深くかかわるという問題をもつとともに、高次の学問的意味対象から、そこに隠されている意味基層への還帰の通路を開くという点でも、方法としては画期的な威力を振うものであった。まさに理念化された高次の対象世界である科学的世界から、それの基盤となる経験の世界(生活世界)への還帰は、この意味歴史の溯行的解読の方法を還元に生かして具体化したものであるといえよう。もとより意識分析論としては、以下に述べる世界経験の基底を探った感性論的世界論（詳しくは本章第二節参照）の展開にも大きく寄与している。

5　世界経験の目的論的性格と、明証の構図の変化

世界の現われをその全域において問うことは、ひとつには、フッサールの意味での存在論的課題としては、意味の構造体としての世界の諸領域をそれぞれ主題的に考察する諸学問を、システム化するための学問論的な基礎作業（領域構成）を行うことであるが（第二節の2参照）、志向性の分析の課題としては、世界経験の全幅にわたって、すなわちその感性論的アプリオリの機能する受動的構成の段階から、相互主観的に構成される高次の世界現出にいたる全圏域を構造化し、これを目的論的な運動として解釈してみせることであろう。フッサールの残した遺稿が公開されるにつれて、世界経験のこうした諸層がその全体的なつながりをみせはじめている。その詳細はここで立ち入らないが、ごくおおまかにいえばつぎのような相が提示されている。

世界は全体としては、つねに非‐主題的に「地平的にしか与えられない」か、それとも、実現さるべき目的（テロス）ではあるが、けっして達成されることのない課題にとどまる「理念として機能する」かである。世界が地平として与えられるという場合、個々の知覚物に随伴する規定可能な意味の場（具体的な内容をもつ地平機能については、第二節で考察する）に類比的な仕方で、「地平の地平」として暗黙の仕方でつねに与えられるということである。だがそのような性格づけはまだ不十分な表現であり、この語はさらに二つの与えられ方を含んでいると解すべきである。

ひとつは、個々のものがそれを「地盤」として現出してくるという意味で、世界がいつもすでにまえもって与えられているということである。このことは世界や世界内部的事物の経験が世界そのものの原初的出現に支えられて、そ

れと同時に成立するということを意味する。フッサールはこの根源的な非‐主題的な原事実性の意識を、「世界が在る」という受動的な存在信念(passive Urdoxa)として語っている。身体の「絶対的ここ」の自己意識と一体になって働く「現(Da)」の意識であるといってよいであろう。

もうひとつは、世界が地平的にしか与えられないということは、さまざまな世界経験は、どれもがつねに全体としての世界構成の運動のなかに組み入れられるということである。世界現出の諸形態は、それに相関する複数の主観性によって構成される。そのひとつの形態として科学的世界が構成されるのである。このような世界構成の過程の全体は、究極的な目的としての極理念に向かう目的論的な運動として生起する。だから世界の概念は、その背後に戻りえない「原明証性」、絶えず地平的に働く「推定的明証性」、絶対に実現することのない「十全明証性」という、経験のなかに働いている明証のトリアーデ構造の三つの契機に対応して、それぞれ「地盤」として、「過程」として、「目的」として語られていると解すべきであろう。(2)

だがこのようにして構成されていく世界は、現われとしての世界以外のなにものでもない。別言すれば、可視的圏域としての世界である。だがこうした地平的現われそのものを成立させる条件が、「私がここに現に在る」という原明証性であるとすると、それはけっして地平のなかに、あるいは地平として現出するものではない。フッサールは、そのような経験のもろもろの生きられた諸制約が、それ自身、可視の世界を出現させる不可視の機能として働く仕方を、身体の現出零点を媒介とした環境世界の現出、私を否定する他者の非‐直接的な出現、自己の非‐自己化としての時間の生起などにみているが、(3) これを問うに適切な方法をまだはっきりと見出すにいたっていない。この問題は、第三節で論じたい。

二　形相的還元とその問題性

1　イデア視の方法

フッサールは、本質を主題的に構成する方法を本質直観(Wesensanschauung)またはイデア視(Ideation)の方法ともよんでいる。現象学的還元に対して形相的還元の名で並び称せられる場合もある。イデア視は、決して一挙に本質としての対象を直観するような把握の仕方をもたず、以下の三つの段階を踏んですすめられる操作である。

㈠自由変更(freie Variation)の操作──任意の経験対象が類例体(項)として選ばれ、無限に多様な変更を自由に加えていくための出発点とされる。自由な想像作用が、「別様でありうること(anders sein können)」のあらゆる可能性にしたがって、可変項を絶えず交替させつつ、開放的なプロセスを形成していく。このように任意性、多様性、開放性に貫かれた自由変更の操作によって、類例項の偶然的性質が排除され、事実的なものの拘束から解放されていくのである。

㈡非‐変更体の受動的構成──開放的プロセスのなかで多様な可変項が重なり、その相互の差異を貫いて非‐変更的な同一体が「受動的に構成され」てくる(EU., 414)。この同一体こそすべての可変項を担い、変更そのものを可能にする遊動空間なのであり、いわゆる本質と呼ばれるものにほかならない。逆にいえば、本質は任意の個体に個別化される、一般的な対象性であるから、このように自由な類例化のプロセスすなわち「任意性の意識において表象される個別体の地平」を踏まえて、帰納的推定的に接近していくしかないわけである(Hua. XI, 404)。

㈢本質対象性の主題的構成——この多様な変更を貫いて、互いに合致し、共通する一者として浮かびあがってくる本質対象性を、あらためて主題的に把握するのが、いわゆる本質直観である。そのかぎりでは本質直観は、本質看取(Wesenserschauung)とも呼ばれるように能動的な作用であるが、形相的還元の手続きそのものには、しばしば誤解されたような、最初から本質を一挙に対象として捉えるような考えはみられない。ただし構成された本質対象性は、それ自体、反復する同一的な形相としての性格を有する(Vgl. EU. 87, e)。

2　本質対象性の領域的分類と諸段階

しかしすべて本質対象性と呼ばれるものが、こうしたイデア視の手続きによって構成されるわけではない。たとえばさまざまの論理形式、数学的な関係その他、いわゆる実質的内容を捨象した形式的本質と呼ばれる対象は、形式化(Formalisierung)の操作をとおして導出されるのであり、これに対して、イデア視の操作によって構成された本質対象性は、実質的本質と呼ばれる。実質的本質は、一般性の程度に応じてさまざまな上下の包摂関係を形成している。フッサールの領域構成の試みは、現象学の志向性分析論を踏まえた学問論的な基礎づけの意図で構想されており、領域の分類も、個々の個別科学の研究分野をあらかじめ局限し、相互に配列するためのものである。大きく「自然」と「精神」の二大領域に分けられるが、さらに自然のほうが物理学的意味での「物体的自然」「身体」「心」に分けられる。フッサールは、世界の領域的構成の仕事とともに、これら領域にふさわしい方法的態度を検討し、たとえば自然の領域に向かう自然主義的態度、精神や精神がかかわることすべてに向かう人格主義的態度を論じている。

だが、この時期の領域の構成の思想は、「すでに展開しきった主観性を前提として」構想されているために、いくつかの未解決の問題をともなっている。そのため、たとえば本質の主題的構成の「あとから性」と個々の対象意味に対する本質の「先行性」との間の矛盾をどのように解決するかという問題が新たに発生してきた。このことがあって、当時『イデーンII』の刊行がためらわれたといわれている。

だがフッサールの本質の構成に対する考察は、次第に、かつ大きく変わっていく。まず本質の構成が、主題的構成に先立って生起している模様が経験のなかに見出されていくのであり、それによって本質概念が広がりとさまざまの襞を見せてくる。これらの問題群や、なによりも、本質のもつ対象への制約機能が、生の流れのなかでどのように働くのかという、本質構成理論の最大のアポリアの解決をめぐって、フッサールが歩んだ道を以下に考察してみたい。

3　本質意味の非 - 主題的な先構成——意識に現前する領野の意味的な構造化

フッサールの一九二〇年代の意識分析の仕事のなかで圧巻ともいえるのは、まさしく受動性(Passivität)の分析である。この仕事は感性的世界のロゴスへの問いとして展開されたものであり、カントにちなみ超越論的感性論(transzendentale Ästhetik)の名で呼ばれているが、すべての学問の基礎となる経験の底層において、世界が原初的に現われてくるその現場を取り押さえようとする試みである。この問いは、「〈純粋な経験〉の世界としての、ある可能な世界一般のエイドス的問題を扱う」が、ここでいわれる世界一般のエイドス、すなわち感性的世界のロゴスとは、「それなしには、単なる経験において、かつカテゴリー的活動に先立って、統一的に客体が現出したり、総じて自然の、つまり世界の統一が受動的総合的統一として構成されたりすることができないような、普遍的アプリオリ」なのである(Hua. XVII, 297)。この感性的世界のロゴス、すなわち世界の普遍的アプリオリによる世界の受動的構成は、以下の二つの重要な機能において考察されている。

まず第一に、それは時間や空間という世界の現出形式のもつ秩序機能である。時間と空間は、世界の原秩序

(Urordnung)として世界内部的な事物の「個体化」の原理として働き、同時に個体が個体として時間空間的な位置システムに配置されることによって、世界の現実性連関が形成されていくのである。世界の出現が世界の現実の連関の形成と一体となっているという思想がここに読み取られる。

第二に、意味として個別化された与件が、その意味内容のうえでたがいに等質的であるか、異質的であるかに基づいて、融合したり、対照化を引き起こしたりする。この「意味の受動的な自己構造化」を、フッサールは、「原連合(Urassoziation)」と呼んでいる。たとえば赤い円と赤い三角形とは、色の点では同等であり、たがいに融合し、対化(Paarung)を引き起こすが、形の点では対照化を引き起こす。そのとき、色と形が意味のうえで区別されてくるのであり、すでにここに意味の一般性の誕生を目撃することができるのである。意味の構造化とは、このようにして共通するものが個別に即して明確化され、たがいに相違したものが切り離されるという仕方で起きる。経験の現前野は、自我の対象化の作用が始まる前に、いつもすでに意味の親近性と疎遠性によって構造化されて意味の連関を形成している。これが一般的意味の非‐主題的な自己構成にほかならない。ということは、世界の原初の出現は、与件の意味化を引き起こす仕方で生起するということにほかならない。フッサールの以下の言葉は、もっと注意されてしかるべきたぐいのものであろう。「意識野の統一は、いつも意味の連関、意味の類似性や対照化によって樹立されており、もしこうしたことがなければ世界はけっしてそこにないであろう。」(Hua. XI, 406)

それにまた、すでに世界経験のなかに本質意味のこうした受動的な自己構成が生じているからこそ、のちに本質を対象として主題的に構成することが可能となるのである。(4)

4　地平志向性と本質一般性――現象学と存在論の関係の再検討

地平の現象は、すでに述べたように、主題的対象を規定するときに起きる非‐主題的な随伴現象である。「規定可能な未規定性」としての「意味の枠」が、あらかじめ対象の意味としての輪郭を描くのである。ということは、対象を類型的一般性によって取り押さえる働きがあってはじめて、対象を個々に詳しく規定することが可能になるということである。このように意味を先行的に投企する地平志向性の働きがあってこそ、主題を規定する作用である作用志向性の活動の場が与えられるのである。この場合、類型的意味の非‐主題的な、随伴的な仕方での受動的な構成は、一般性の点で諸段階を形成している。フッサールは「動機づけられた可能性」が特定の意味への期待志向(たとえば建物の前面の赤色に動機づけられ裏面も赤色であると予料する場合)であるのに対して、地平としての「開かれた可能性」は、特定の意味を先行的に予料するのでなく、「色一般」という未規定的な可能性が「意味の場」として投げられていることだといっている。その意味で「本質」一般性は、地平志向性の働きのなかで、対象化された主題的意味としてではなく、対象への規定関係を導く「規則構造」として働くのである。

意味の先行的な投企という現象の分析において、現象学は解釈学の伝統と交差し、解釈学にとって重要な方法的役割を演じている「理解の循環現象」というテーマを、人間の経験の基本機能の分析という面から支えることになるのである(第三節の2参照)。またそれ以上に、現代の学問の方法への貢献となっているのは、この地平現象の固有の機能のなかに学問全般の現象学的な基礎づけを読み込むという、フッサールの構想であろう。たとえば「世界、自然、空間、時間、動物的存在、人間、心、身体、社会的協同体、文化などの諸概念」(Hua. I, 180)という、さまざまの領域的概念によって、学問的主題を規定する意味の場所が投企されることは、まさにこのような一般的意味による地平の持続的な形成の機能によってはじめて可能となるからである。

しかし、本質対象が規則構造であるということから、フッサールの本質の理論を、いかに従来の直観主義という誤解から解放してみても、やはり彼の場合、その学問論的な意図からして、経験のなかに働く極限形態としての本質一般性に重点がおかれていることは否めない。ところがそれに対して、われわれの日常的な経験にあっては、エイドス的な極限への関係で満足できるような場合は限られている。だいたいフッサールが類型的一般性という経験的な一般性を語るとき、すでに学問の基礎としての領域的本質概念からはみ出してしまっているのである。今日、構造概念と呼ばれるものは、状況に依存し、諸条件の配置の変換に応じて可変的な流動性をもつ布置的構造性を表わす概念、いいかえると状況依存的偶然《コンティンゲンツ》性をもつ概念である。フッサールの本質一般性の受動的構成の理論も、その点で、身体性とか他者経験との連関から、その適用枠がきわめて緩やかになっていく可能性をもっている。

ヴァルデンフェルスによると、イデアリテートの限界は、反復できないもの、方法的に排除されるが捕獲することのできない、不可逆的なものの同時的な質料性のなかにある。(5) とすると、エイドスはあらかじめ投企されるような意味一般性としてでなく、すでに非‐主題的先行性の箇所で叙述したように、つねに発生しつつあるものとして、つまり地平に先立つ、世界との原的な出会いのなかで発生してくるものとして考察されねばならない。世界の出現と世界への応答、そこに本質の隠れて機能する原初の場所があるのでなければならない。フッサールの受動性の分析は、まさにこの出来事に触れているといわねばならない。

三　フッサール以後の現象学の方法的展開

1　展開の多様性をめぐって

　フッサール以後の現象学の展開は、けっして一様な方向を辿っているわけではない。フッサールによって着手された諸問題を新たな角度から取り上げなおすという、あるいはフッサールを越えて新たな場面を開くという試みは、多岐にわたっている。実存哲学として展開された存在論の方向（前期ハイデガー〔の一面〕、サルトル、メルロ＝ポンティ）、広く科学論に及ぼした影響、記号論と批判的に交錯する差異論的展開、認識論（認知科学の議論を含めて）、社会理論への展開（シュッツ）などがそれであるが、こうした諸動向のなかに、哲学の根本的な立場の変更という点で、存在論的な転回や行為論的な転回をみることができるであろうし、さらに最近の動向として、他者性の問題系への著しい傾斜とか自然哲学（あるいは生命哲学）への回路の模索など、新たな位相も見えはじめている。

　こうした流れや振幅を展望するとき、とくに方法論的な視角にしぼってみれば、解釈学との交差域における現象学からの寄与と、次第に明確になる解釈学との対決という事態を見逃すわけにいかない。いいかえれば地平被拘束的な思惟の運動と、そこからの脱却を図る非‐地平的な思惟との相克という出来事である。この問題にからまってくることは、従来、フッサール以後の現象学の哲学としての思惟の立場によってそのつど唱えられていた、フッサール批判の図式、すなわち「近代の自我の立場から、意識の存在（現存在）の立場への乗り越え」という、フッサールへの対決の解釈方式こそ、そのつどの新たな歩みを推進した効力はあったにしても、現象学の思惟が本来動いている次元をむしろ隠すものであったということである。

現象学の思惟は、すでに論じたように世界の現われを「現われ」として問うことであり、そのことはとりもなおさず、思惟そのものがこの現われが成り立つ場を切り開いていくことであるが、そのとき現象学の思惟は、現われが自己を示してくることそのこととして、自らの事象的な由来を自ら立証しなければならないのである。この自己立証（自己言及）の厳密な論理を欠くならば、現象学は、もはや哲学としての営為を放棄することになろう。この事象からの由来を自ら語る哲学的営為こそ、まさしくフッサールとハイデガーに通底する思惟の道であるといわねばならない。そもそも現象学が時代の哲学として卓越した試みとして異彩をはなっているのは、まさにこの点にあるといえるのではなかろうか。

現象学の思惟が、その絶えざる深まりのなかで到達しつつある次元は、まさにこの知の根源的な成立の運動の次元であるが、次第にこの次元こそまさしく、現われが同時に隠れの生起と一体になっているという事態にほかならないことが目撃されるに及んで、この事態をどのようにして語るかという課題が、現象学の思惟に課せられてくるのである。まず最初に、そこにいたるまでの現象学の歩みをふりかえってみたい。

2　解釈学的展開——前期ハイデガーの方法的思惟

存在の意味への問いを自らの哲学の基本的な問いとして、基礎的存在論を構想したハイデガーは、自らの哲学の方法的立場を解釈学的現象学と称している。ハイデガーはディルタイの解釈学から学んだ事実的自己の事実性を改めて存在論的に基礎づけようとし、存在理解をその在り方とする存在者（現存在）の存在を主題化するために、現象学を方法として生かそうとしたのである。だが、フッサールからは「事象そのものへ」という研究格率に導かれた厳密な方法に徹する思惟の訓練を学んでいるものの、彼の用いた現象の概念は、かならずしもフッサールの現象学から直接に継承したものではない。むしろアリストテレス研究をとおして、現象学の現象の概念、「自己を示すこと（Sich zeigen）」がギリシア人の思惟のなかでアレーテイア（真理）、つまり「現にあるものの非‐隠蔽性」として思惟されていることに注目し、その存在論的意味を探ろうとした。序で述べたように、ハイデガーによると、現象学とは「自己を示すものをそれ自らが現われてくるままに、それ自身のほうから見えるようにすること」である。すなわち現象学の現象とは、「さしあたって自己を示すものの蔭に隠れているもの」がその覆いを取りのぞかれ、顕にされたものにほかならない。そのかぎりで現象学の方法は真理への接近の仕方とされるのである。だが前期ハイデガーの主著といわれる『存在と時間』においては、現象学の方法によって取り出されるのは、存在者からその存在へ向かって越えでる現存在の存在である。そしてその場合、まさしく問われている「存在の意味」こそ、「さしあたって自己を示すもの」である「存在者」の蔭に「隠れているもの」とみなされている。ところがこの方法論的構想には、地平の現象にあたるもの、すなわち理解の生起にかんする解釈学的事態が事象内容として現象学の方法を決定的に制約しているということがうかがわれる。なぜなら「さしあたって自己を示すものの蔭に隠れているもの」は、とりもなおさず「随伴的に与えられているもの（Mitgegebenes）」にほかならないからである。「共に（Mit-）」の仕方で、つまり非‐主題的に、「あらかじめ（Vor-）」理解されているものが、主題的に取り出されるという解釈学的事態がここに見られるであろう。

この解釈学的事態が由来する存在論的事象として取り出されたのが、現存在の「先‐構造（Vor-Struktur）」である。ハイデガーは、理解の循環に「最も根源的な認識の積極的な可能性」があるとして、以下のように語っている。「決定的なことは、循環から外に出ることではなく正しい仕方でその中にはいりこんでいくことである。理解のもつこの循環は、任意の認識の様式がその中を動く堂々巡りではなく、むしろ現存在そのものの実存論的な先‐構造の表現である」(GA. Bd. 2, S. 203)。この先‐構造は理解そのものの根本構造である「として‐構造(Als-Struktur)」に関係づけられていて、このAlsは命題論的Alsから区別され、解釈学的Alsと呼ばれている。ここでハイデガーによって現存在の先‐構造として語られていることは、まさに意味の全体的連関の先行的投企という、地平現象についての存在論的な次元での解明なのであり、そこで着手されている意味の先行的所有(Vorhabe)、先行的見透し(Vorsicht)、先行的把握(Vorgriff)などの分析は、解釈学的方法の存在論的基礎づけに属している。

ハイデガーによって主題的に分析された、地平投企による意味の場の形成機能は、解釈学と現象学との交差域を形成するものであり、とりわけハイデガーの存在論的な地平論は、ガダマーの『真理と方法』における地平融合論を始めとする、現代学問論の地平論的展開を支える役割を果たしているのであり、今日の解釈学の方法の圧倒的な広がりにとって大きく貢献している。地平の現象こそ、知の生成、増幅、変容などを生じる知の運動として、経験知や科学知の形成に働く本質的な過程性格を表わしている。

ところがここで見逃してならぬことは、ハイデガーが、この地平の機能に哲学の究極的な自己基礎づけの方法を見出そうとしたことである。ハイデガーの解釈学的現象学が、解釈学の理解の現象を哲学の問いそのものの根本的な展開の仕方にみていることは、たとえば哲学の思惟の歩みが、まず最初に存在一般の漠然たる理念の投企に導かれて始動し、やがてその理念を主題化するにいたるという、避けがたき循環の運動を呈するという、問いの展開の構想にも読み取ることができる。さらにまたこの循環の出来事は、自己理解と歴史的追理解との相互運動のなかにも見出され、実存的思惟が自らの歴史性を共に思惟する仕方としても語られている。

しかもハイデガーは『存在と時間』以後、存在論そのものの地平論的基礎づけを図るようになり、やがて『根拠の本質について』のなかで、超越論的に発生する根拠づけとして、「世界投企」「存在者のなかに捉われていること」「存在者の存在論的な基礎づけ」を挙げ、この存在論的基礎づけそのものが必然的に地平的超出(horizontaler Übersteig)として行われることによって、それ自身「投げられた投企(geworfener Entwurf)」の形をとってくることを論じ、存在者の存在への不断の超越に、存在論的投企そのものが基づいていることを明らかにした。このように、ハイデガーのいわゆる前期思惟は、地平的超越を明らかにする思惟自体が地平的に遂行されるという、徹底的に地平に拘束された思惟(horizonthaftes Denken)の性格を刻印されている。

3　地平的思惟からの脱却としての思惟の道——後期ハイデガー

ところが哲学的根拠づけを地平の投企の運動のなかに求めるかぎりにおいて、根拠は無-根拠となり、必然的にニヒリズムの体験に陥っていくのである。そこから彼によって、「歩み戻り(Schritt zurück)」と呼ばれる、思惟の転回が始まったともいえるであろう。この思惟の転回を方法論的側面から考察するならば、当然、地平被拘束性からの脱却という出来事を、思惟自身が自らの由来を経験する仕方に起きた変化として取り上げねばならないであろう。もとより解釈学的な場面への決別がハイデガーの思惟に起きたことは、ハイデガー自身によって確認されていることである。思惟が向きを変えることは、現われ出ることの由来(Herkunft)の内へと向かうことである。ハイデガー自身、思惟が「超越論的地平的表象作用の形態をとる思惟(das Denken in der Gestalt des transzendental-horizontalen Vorstellens)」から脱して、「地平への超越論的関与から解き放たれてあること(Losgelassen aus den transzendentalen Bezug zum Horizont)」(Gelassenheit, S. 51)について語っている。地平は意味の場であるかぎり、半可視性(Halb-Sichtbarkeit)の性格を免かれえない。半可視性の圏域は、いわば対象的可視性の母胎として、なかば「開かれた性格」を有するが、しかしそれはわれわれの方から眺めた開けにとどまっている。現われることは、現われてこない動きによって初めて可能となるということ、まさに現われの場の成立が、そこから身を退ける動きに貫かれていることは、現われと隠れとの同時的な生起という、けっして可視的圏域に還元して語りえない出来事なのである。ハイデガーは、「明るんでいる隠れ(lichtende Verbergung)」の語によって、このような存在の真理の現成を語っているが、ここでは後期ハイデガーの思惟のなかにこれ以上立ち入ることは避けたい。

ただハイデガーのいう「顕現せざるもの(目立たないもの)の現象学(Phänomenologie des Unscheinbaren)」という言い方には、現象学の思惟が深まりゆくときに、どういう経路を経てであれ、この次元にさしかからざるをえない事情を告げているように思われる。ただハイデガーには、存在の言語の動きが存在の根本動向として起こるという思想があり、そこから存在史的な対話という、思惟への呼び声に呼応して思惟が、自らの由来へ向けて帰っていく仕方が語られており、あくまで存在の言語的な機能が重視されている(6)。

これに対して、解釈学的思惟に重心を置かなかったフッサールの現象学の思惟の根本趣旨を生かして、その思惟の次元を深めていくことができるとするならば、別の形での思惟の自己脱却の形をとるであろうし、また現われと隠れの生起する働きを、おそらく時間性や身体性や他者性の経験の深層次元の非 - 現象的な非性の機能に見出していくことができるであろう。いずれにしてもこの方向を辿る現象学的思惟は、もはや「解釈学的 - として(hermeneutisches Als)」の機能する場面に拘束されない、むしろ「像理論的 - として(bildtheoretisches Als)」(後期フィヒテ)とでもいうべき機能の働く次元に、思惟自身が入りこんでいくことによってのみ、この問題をなお哲学の思惟の事象として、思惟しつづける道が開けるのではなかろうか。現象学的思惟は、世界の現われを問う思惟であるかぎりにおいて、この次元へと思惟を深めざるをえないのである。

4　思惟の蔭としての「操作概念」——E・フィンク

フィンクは、一九七六年の論文「フッサールの現象学における操作概念[7]」のなかで、哲学の思惟が主題となる対象に向かうときに、主題化を遂行するために操作される方法的な概念が、主題概念の蔭に身を隠すという、方法につきまとう不可避的な自己匿名的な機能を論じている。フィンクは、一九三二年に、まだフッサールのもとにあった時期に構想した『第六省察[8]』のなかで、すでに、この匿名的機能にあたるものを「現象学を行うこと(Phänomenologisieren)」の超越論的機能そのものに見出している。匿名的機能といっても、それは、世界を構成する超越論的主観性が、世界を構成するかぎり、匿名的にとどまっているという意味での匿名性とは区別される。この匿名性の場合、超越論的還元によって主観性は匿名態から解放されて、現象学的思惟の主題へともたらされることができ、世界意味を構成する超越論的生として主題化される。ところが、それに対して超越論的傍観者(transzendentaler Zuschauer)として、構成的生を主題化するために現象学的還元を行う主観性の匿名性は、けっして現象学による主題化の作業の対象の圏域に姿を現わすことがなく、原理的に非‐主題的に機能しつづけている。超越論的還元において、方法上の独自の自己関係性が成立するために、世界構成的生のなかに裂目として一種の自己分裂が起こるが、現象学を行う主観性の匿名性は、けっして思惟によって匿名性から解放されることのない、構造的な匿名性なのである。もとより超越論的傍観者と世界構成的主観性とは人格的連携にあるが、両者は厳しく区別される。

フィンクは『第六省察』で、この裂目としての自我分裂、自己差異化を主題化し、現象学を行うことそのことを論ずる「現象学の現象学」を提唱した。そのなかでフィンクは、カントにならって、主題的現象学を超越論的原理論(transzendentale Elementallehre)、現象学を行うことの現象学を超越論的方法論(transzendentale Methodenlehre)と名づけ、フッサールの『デカルト的省察』で展開されなかった、現象学的思惟の学問論的な基礎づけを試みた。この考察は、同時に、自我分裂の次元の方法論的な確定の試みによって、現象学的反省を、非 - 主題的な機能としての反省の無限反復の悪循環から救出しようとした試みでもあった。

この「現象学的還元の現象学」は、「超越論的方法の方法論的問題としての最初の問題であるだけでなく、いわば全方法論を含む基本問題(9)」であるが、しかし当時、現象学の立場を擁護するためもあって、フッサール以上にラディカルに思惟の超越論性を論じている。だが、このメ・オントロギーの立場は、かならずしもフッサールの反省の反省論的根拠を探った「生き生きした現在」の仕事とは重なりあわないがゆえに、フッサールからの批判を受けている。

『第六省察』のこの考えは、フィンクがのちに、ハイデガーの思惟に接近し、さらにフッサールの世界の思想を呼び戻しつつ、彼自身の独自のコスモロギー的な現象学を構想するにいたるときに、固有のかたちで保持されている。つまりそこではフッサール自身の現象学のなかに働く形而上学的思惟が、フッサールが超越論的主観性という主題概念に立ち向かうときに、非 - 主題的に匿名的に働く操作概念とみなされることになるのであるが、このようにもともと思惟に伴う二つの機能、現われと隠れの相互制約の機能を、いわゆる存在論的場面にではなく、思惟の方法論的な制約として論じていくところに、フィンク独自の鋭い洞察をうかがい知ることができる。

5　顕現性と非 - 顕現性の交差域への道――世界、自然、生命

フィンクの現象学は、ハイデガーの後期思惟における存在の真理の思想を世界の顕現の運動として捉え直そうとする試みでもあった。フィンクにみられるギリシアのコスモスの思想と近代の意識の理論の独自の統合の試みは、別の見方をすれば、フッサールとヘーゲルをつなぐ近代的思惟の底に、主観主義的意味での意識主観の閉域を越える方向

を探る試みであるともいえる。こうした現象学的思惟経験のギリシア的由来を問う動きは、フィンクにつづいて、K・ヘルトなどにもみられる、現象学の現代的展開の一つの方向である。顕現性の契機と非‐顕現性(退去性)の契機との相互否定的にして相互依帰的な自己運動への着目は、明らかにハイデガーの真理論から決定的な示唆を受けつつ、現象学的にこの運動を世界経験そのもののなかに具体的に読み取っていく試みであるといえる。

だが現われと隠れとの同時生起の出来事は、ギリシア的世界の顕現の理論とは別に、生ける有機的自然のなかに人間が身体をとおして帰属する仕方そのものへの問いのなかでも目撃されてくる。とりわけメルロ＝ポンティの後期思惟は、このような「原‐現象」への問いによって、「見えるもの」と「見えないもの」との交差する循環的運動の構造を鋭く取り出している。人間が自然を対立的に考察するに先立って、人間はつねにすでに自然のなかに組み込まれて、自然とのあいだに発生する固有の有機的な交差運動に巻き込まれていることをどのように語っていくかは、すでに一九世紀の有機体理論以来の哲学の課題であった。だが、たとえば現象学に接する哲学的人間学(シェーラー、プレスナー、ポルトマンなど)の有機体理論は、この課題に十分に答えているとはいいがたい。その点で、時代をさらに溯るシェリングの自然哲学が、自然の自己創発的運動のなかで、意識が自然を再構築することによって、この自然の自己創造の運動と意識の自己分裂的運動とをつなぐ道を見出そうとしたことは、注目に値する洞察であったといわねばならない。シェリングの自然哲学は、身体とりわけ感覚の所与に、自然が意識に根源的に関わる通路を探っている。今日、これを現象学的に取り上げれば、自然が意識に対していかに直接に自己を与えると同時に自己を隠すのか、という根源的な知識発生の現場に起こる差異化の現象として展開できるであろう。[10] この問いは、世界の現象学というよりも、現象学の自然哲学的展開として、身体性と感覚の現象学であり、また現代のシステム論とも重なりあう面をもっている。

だが生の根底で起こる差異化の原‐現象は、生命の自己形象化の運動であるとすると、自己形成の運動は、形象化された自己をつねに乗り越えねばならない。ここに世界の顕現を生命の痕跡とみて、これを退けようとする思惟方向が開かれてくる。M・アンリの「生の現象学」は、超越の距離化の運動とその場所である地平とをもたない、超越論的生動性（transzendentale Lebendigkeit）への還帰を説いているが、その場合、こうしたわれわれの存在は、触発された受容性（affektive Rezeptivität）として、自己自身へのいかなる距離ももたない、いかなる可視性をも許さない純粋な内在としての生そのものであるとされる。アンリによれば、現象学の現象の概念は「自らを示すこと」ではあるが、それはけっして可視化することと同じことではない。生の自己現出は、「触発されてあること」として、情動性そのものに生きることである。その意味で、生命の現象学は質料性の現象学である。(11)

フランス現象学を貫くベルクソンの生の思想の継承には、たとえばドゥルーズのように、時間と空間、意識と世界との対立の根底に、原‐対立として持続そのものの自己差異化をみようとする見方があるが、これに対してアンリの場合は、むしろ持続を意識の暗がり、根源的な隠れそのものとみなして、いかなる差異化であれ、それを距離の発生として退けるのである。また感覚と身体の現象学は、フッサールやメルロ＝ポンティの場合では、現われの条件としての働きを問うているが、アンリでは、ヒュレー的自己現出に対して反省的態度で臨むことは、すでにそれを取り逃がすことである。この徹底したギリシア的顕現性への拒否は、ある意味で、世界概念へのとらわれの拒否から出発したフッサールの方法的原‐精神を継ぐものといえるであろう。アンリによれば、コギタチオの遂行こそ、生の原‐顕現性であり、ロゴスを世界現象性にみることは生における根源的現象性を隠すことにほかならない。一般にポスト・モダーンの議論にみられるように、「隠れ」の位置がややもすると、見られた側で語られようとしているのに対して、アンリの「隠れ」への洞察は鋭いといわねばならない。しかしいかなる意味での超越も距離も拒否されることになれば、自らの哲学的言明そのものの可能性もまた放棄される危険が生じてくる。言語、またはなんらかの像化作用を介することなく、語りえざるものを語ることはできないというアポリアはどう解決されるのか。ベルクソンのいうイマージュ言語にあたるものがなお残るのであろうか。ニーチェのいうように、仮象は、それを否定するものを語るためには、それ自体必要とされるのではないのであろうか。

以上にわたって、現象性の現象学から非‐現象性の現象学への道が、一方では世界の顕現性のなかに、非‐顕現性を読み込んでいこうとする方向と、他方では世界を影とみなし、可視性の契機を誤った自立性の契機として、これを退け、生の不可視な根源的直接性に引きこもろうとする方向とに分れていることがつきとめられた。前者は、いわばノエマのなかにノエシスを取り込んでいく、思惟のコスモロギー的な展開方向であり、後者は生の暗い底に帰ろうとするメタ・ノエシス的な展開方向である。

おそらくは、両契機を内に取り込む仕方で、われわれの根源的な世界経験が生起しているのではないか。たとえば、被‐触発性の契機は、「回答性[12](Responsivität)」としての契機でもあることにおいて、世界への通路としての役割を果たしているのではなかろうか。世界の可視的な現われは、たしかに生の直接性を蔽うかもしれないが、反面、世界の原理的にパースペクティヴ的である与えられ方にこそ、おそらくは「われわれが世界において在る」という厳然とした根源的事実性が刻印されているのである。それは、世界がそれ自体、自立的な存在であるということとはけっして同じことではない。また顕現することは、たしかに隠すことではあるが、それは或る仕方で隠していることをひそかに告げているのである。眺めは己れを隠すものへの合図を送るということを、ハイデガーは、ヘルダーリンの或る詩の解釈で語っている[13]。そのことはまた、自己否定的な自己像化の機能を語るには、「語る」という像化の働きそのものを遂行しなければならないということにも、あい通じているのではなかろうか。

(1)　拙著『現象学とは何か』紀伊國屋新書、一九六八年、講談社学術文庫、一九九二年、六五―七六頁。
(2)　拙稿「フッサールの目的論」『フッサール現象学』立松弘孝編、勁草書房、一九八六年、一五六―一六四頁。
(3)　本書第4章参照。
(4)　フッサールは語っていないが、この受動的自己構成は自由変更のなかに起こる受動的自己構成とは区別さるべきであろう。前者は経験のなかでつねに起きている機能であるのに対して、後者は本質の主題的構成へと向かうプロセスのなかで起きるものだからである。フッサールが自由変更のなかに受動的総合の機能をみようとしたのは、かなり後期の考察においてである。
(5)　B. Waldenfels, Phänomenologie unter eidetischen, transzendentalen und strukturalen Gesichtspunkten, Sinn und Erfahrung: Phänomenologische Methoden in den Humanwissenschaften, hrsg. von M. Herzog und C. F. Graumann, Heidelberg, 1991.
(6)　Vgl. Verfasser, Der Weg zu einer Phänomenologie des Unscheinbaren, in: Zur philosophischen Aktualität, II: Im Gespräch der Zeit, hrsg. von D. Papenfuss und O. Pöggeler, 1990, S. 43/54.
(7)　E. Fink, "Operative Begriff in Husserls Phänomenologie (1957)," in: Nähe und Distanz, 1976.
(8)　do., VI. Cartesianische Meditation, Teil 1, Die Idee einer transzendentalen Methode, hrsg. von H. Ebeling, J. Holl und G. v. Kerckhoven, Dortrecht, 1988.
(9)　G. v. Kerckhoven, Die Idee einer transzendentalen Methodenlehre in phänomenologischer Absicht : Eine Voranzeige zu Eugen Finks Entwurf einer VI. Meditation zu Husserls Méditations cartésiennes, Phänomenologie im Widerstreit: Zum 50. Todestag Edmund Husserls, hrsg. von C. Jamme und O. Pöggeler, Suhrkamp, 1989.
(10)　本書第10章参照。
(11)　M. Henry, La methode phénoménologique, Phénoménologie matérielle, 1990, aus der ins Deutsch übersetzen Texte Radikale Lebensphänomenologie, Freiburg/München, 1992 ; K. Rolf, Leiblichkeit als Lebendigkeit, Freiburg/München, 1992.
(12)　Waldenfels, a. a. O., S. 82.
(13)　M. Heidegger, '...dichterisch wohnet der Mensch...', in: Vorträge und Aufsätze, Pfullingen, 1954, S. 200 f.

第二部　現象学と近代哲学

6　主観性とその根拠について——クザーヌスと現代

序

近代的知の特性は、何といっても知がそれ自体において方法的知であることに見出されるであろう。まず第一に、知は学そのもの(scientia generalis)の形式をもつ。学は、個々の存在者に関する断片的知の集成ではなく、存在者全体の構造に関する精確な方法的考察であり、世界の意味連関の主題的構成である。その意味で近代的知はまず何よりも世界知(Weltwissen)である。第二に知が知自身の発生と成立条件を自らに明らかにすることを自らに課するものである限り、知は自己知(Selbstwissen)もしくは自知(Sichwissen)である。知が自らの根拠に向かう自己帰行は、哲学的反省において実施される。反省が方法として使用される事象的理由は、いかなる思惟も対象に直接に向かう直向的思惟であると同時に、この素朴性からふり返って、この思惟を実施する主観そのものを思惟できるという思惟の自己関係性に基づいている。哲学的反省は、自己自身をまだ知らない日常知の素朴性を止揚しつつ、自らにとって未知である根拠へ向かって知自身が辿ろうとする知の自己帰行である。しかし、哲学的反省の仕方で実施される知自身による知の根拠の照明は、必ずしも知の根拠を知自身のなかに知自身として取り出すことを意味しない。

反省が哲学的方法として近代哲学の内部で中心的位置に置かれた理由は、自らを思惟する思惟のもつ優れた明証性にある。この明証性は、「知ること(Wissen)」としての意識の働きが意識自体にとって直接的に与えられることを意味する。この明証性格に基づいて、哲学的反省は、認識の構造の分析や認識の成立の条件を主題的に取り出すことに赴いた。カントが、経験に依存しないでしかも経験を規定しているアプリオリな諸制約を取り出すことを認識論の課題としたのも、哲学的反省が優れて明証的であることに基づいている。ところが、こうした反省を方法的基盤とする近代哲学の進行のなかで、経験（知）の基礎づけとしての哲学そのものの妥当性がさらに根拠づけられねばならないとする方向が開かれてきた。自知は、自知の知へと自らを深め、自らを絶対化しようとする。すなわち知は「知そのものの中にある知の絶対的根拠についての知」であり、知が主観性そのものの知であることから、知は「主観そのものの中にある主観の絶対的根拠についての知」とされてくる。このことはドイツ観念論の説く絶対知の思想に窺われるところである。

しかしながら、自らの発生と根拠とを自らに対して透明化しようとする知の自己帰行は、知の根拠を知自体の中に取りこむことを唯一の帰結となしうるかどうかは疑問であり、逆に、知の自己帰行の徹底化によって、すなわち知の究極的な反省の次元において、知が自らをその根拠から区別することによって、知にとって隠された根拠の真相をそれとして語り出すことができるという事態も考えられるであろう。このことに関連して、次の三つの点を指摘しておきたい。

第一に、反省が近代的知の自己省察の方法として確定されるに先立って反省概念が歴史的に登場してくる仕方が考察されねばならないことである。この方向への関心は、ヨルクのキリスト教的意識態度への研究を継承するレーヴィットや、ハイデガーの本来的自己存在の分析を踏まえたG・クリューガーなどによってすでに示され[1]、彼らの解釈によって反省論の前史の一角が明らかにされた。レーヴィットは、近世哲学の世界概念の由来をキリスト教的世界概念の中に探り、人間の内的自己経験をキリスト教的回心に見出しているが[2]、それより先、クリューガーは、「哲学的自己意識の由来」を「神の前に立つキリスト教的に理解された人間の無力感」にみようとしている。クリューガーは、人間が自らの存在を問う反省という出来事は、存在者との関係の破綻からであるという実存論的視点に立っているが、結局、彼が言おうとするのは、十分に反省された自己意識が自らの権能(Macht)を精確に想い知るのは、自らの無能(Ohnmacht)を経験するからであるということなのである。[3] この Macht と Ohnmacht の関係は、やがて近世哲学における知の二重構造(世界知と自己知)のなかで何らかの形で生き続けているものと考えられる。

第二に、近世初期の「絶対者の形而上学」にこの関係が継承されるとき、反省は、あくまで世界知の方法的拠点を探求するための方法的措置にすぎないものとして限定され、「絶対者」や「根拠」は、「意識の問題論」の内部にではなく、むしろそれの成立の前提として独自の位置におかれることになる。例えばデカルトの「神」の問題にそれが見出される。[4]

第三に、この近世初頭の形而上学にみられる知の根拠としての「絶対者」の問題は、現代哲学の展開とともに知の発生への徹底《ラディカル》した問いがすすめられてくるにつれて、知の成立条件と知そのものとの関係として改めて見直されて、現代的視点から再び問い直されようとしている。例えば、フッサールの現象学における「地平(Horizont)」の現象の発見、ハイデガーの思惟における存在者と存在との存在論的差異の問題、あるいは「身体」の両義性をめぐるメルロ＝ポンティの分析、あるいは哲学的解釈学において中心的役割をもつ作用史的意識の未完結的エルアイクニス的性格についてのガダマーの叙述など、現代哲学における知の問題論は、知の成立にはつねに知自身にとって隠された「暗い」根拠がつきまとうこと、知はこの根拠との「差異」の現象であり、「隠れた」根拠の可視像であることを、それぞれの仕方で問おうとしている。こうした現代の問いをさらに深めるためには、一方では事象に即した分析に徹することが何よりも必要とされるが、他方では、近代的知そのものの本質を絶えず問い返すことが促されるのである。

その限りにおいて近世形而上学への新しい問い直しもまた必要とされる(5)。このような「問い返し」は、単なる閉鎖的な哲学史的関心から発するものでなく、それが必要なのはむしろ逆に知の開放性のために従来通用してきた歴史的解釈の固定化を絶えず破壊しなければならないことに基づいている。

ここで扱うのは、近世初頭のクザーヌスの形而上学的思想のなかで、絶対者がいかに思惟されたかを「知の二重構造」の問題論との関わりにおいて問うことである。とりあえずクザーヌスに関する現代の諸解釈を手掛りとしてこの問いを問い始めることにしたい(6)。

一　クザーヌス研究の近来の動向

クザーヌスが哲学史のうえで近代的理性の本質を洞察した先駆者として解釈され始めたのはそう古い時代のことではない。シュライエルマッヒャーの弟子H・リッターあたりからだといわれているが、クザーヌスの時代特有の歴史的精神状況を顧慮しつつ、近代科学の哲学的根拠への関心からクザーヌスの哲学の神学的形而上学的意義に目を向け始めたのは新カント派の人たちであった。H・コーエンは、「無限者への神学的関心」と「科学的ルネッサンス」との結合の仕方を認識することは「魅力的な研究」であるといっている。この仕事を継続したE・カッシーラーによって、従来のクザーヌス解釈のひとつの定式が与えられたといってよいであろう。すなわちクザーヌスによると、人間の認識は測定作用(Messen)に基づく。すべての測定作用は尺度(Maß)と測定されたもの(Gemessenes)とを比較することである。もとよりクザーヌスは、無限者である神が比較を絶したものであることを語ろうとしているのである。比較しつつ測定する有限的認識の領野では、すべてのものは対立的なものとして規定されるのに対して、無限者に向かう認識は対立したものを反対の一致(coincidentia oppositorum)にもちこむ。自然は、無限的である神の被造物であるにも拘わらず、人間にとっては精確に認識しえぬものであり、人間の認識は精確さに向かうために現実に対して無際限に接近してゆく過程をとらざるをえなくなる。ところが、この対立的なものを貫いてゆく人間の認識は、それなりに無限の進歩を許すものである、という思想がそこに導き出されてくる。H・ハイムゼートはこの点について次のように述べている。「人間においては現実の認識は、本質的に、漸次的展開であり、終ることのない近似化であり、無限の努力である。しかし事物そのもののそれ自体完結した把握ではない。(7)」クザーヌスは、この未完結的無限性の過程のなかに、人間の認識主観が欠陥的(defizient)主観であることを洞察し、人間精神が精確さそのものについては原理的に無知にとどまり、事物の真理(絶対的何性)が純粋に把えがたきものであることを言おうとしているのであるが、新カント派のクザーヌス評価は、そうした本来のクザーヌスの意図とは別に、むしろ自然認識を無限過程とする規定を積極的な成果とみなそうとしている。こうした点で、クザーヌス研究は第一次世界大戦後新しい局面へと移行せざるをえなくなってくるが、この新しい研究視野のもとでクザーヌスの思想のなかに、ドイツ観念論へいたる哲学思想の内的必然性が問われてくるようになる。ガダマーは、一九四〇年代のクザーヌス研究のなかから、三つの形而上学的問題が現われてきたことを報告している。(8) ㈠汎神論問題、㈡精神の、神の模像性、㈢語としての存在、がそれである。とりわけ第二の問題は、思惟の近代的本質の始まりとして最も重要な意味をもつ。というのは、中心周辺的なもの(Zentralperspektives)の思想がそこに登場してくるからである。この思想は近代絵画成立の根底にある近代的思惟そのもののありかたを表わす「立場」「視点」の思想であり、近代的知の本質に刻印される「映像(Bild)」論の成立とも深く関わっている。ガダマーによると、事物の与える外貌《アスペクト》すなわち映像が立場に対して依存し関係づけられているという事態のなかには、視者が視(Sehen)において自己自身に出会うということが含まれている。映像の本来の姿は、精神と自己との出会い、精神の自己遭遇(Selbstbegegnung)である。さらに精神は、一方では関係項として関係構造の中にひき込まれてゆくが、他方ではこの相対的なものを越えて世界の像(Weltbild)を構築してゆく創造的な営みである。そこに人間精神と世界とに関する新しい関わりの仕方が見出されてくるのである。しかし、それにも拘わらずクザーヌスの人間論の展開の意図は、「人間的自我をイエス・キリストにおける神の受肉から理解させること」にあった。その意味では「望まれざる仕方」で近代的な方向が形成されつつあったともいえるわけである。ガダマーの報告するこのようなクザーヌス研究の近来の動向は、今日さらに引き続いて継承され、より徹底した形で究明されることによって、現代の哲学の問いと重なりあう次元を開くにいたっているようである。

クザーヌスの思想が近代哲学の新しい出発方向を開きえた理由をひとことでいえば、古代及び中世の実体論的伝統からの脱却にあったといってよいであろう。しかも「実体」概念からの脱却は多面にわたっている。まず第一に、「実体」から「関係」もしくは「機能」への転回である。先述したパースペクティヴ論、映像論にそれがみられる。これはすなわち近代思想の核心に位置する「現出論」(Erscheinungs-Lehre)がクザーヌスにおいて成立したということであろう。とりわけ絶対者の「縮限(contractio, Kontraktion)」の思想を介して、世界の有限的無限性が導き出されるときに始めて、現出の概念が成り立つ。世界それ自体というものはない。ひとつの同一の世界がつねに「現出する」という仕方で、そのつどひとつの全体として現在的であるのが、世界の全体の所与性の仕方であり、しかもそこにはつねに視者の立場が中心的契機として属している。G・ベームは、この現出の概念を「無限に一義的にして同時に無限に多義的な、世界の所与性の仕方」として規定している。(9) 自然(世界)認識の未完結的無限性、決して充たされることのない不定無限の現象は、世界の地平的所与性の思想と結びついている。またさらに、世界が決して「実体」としての全体とはなりえずにつねに「現在的でありかつ不在である全体」であるという思想のなかに、「構造」

の概念への隠された道がすでに用意されていたともいえるのである。

第二に、「実体」から「知性」への転回がクザーヌスの「神」観念において見出される。偽ディオニシウス・アレオパギタの神学思想及びドイツ神秘主義者M・エックハルトの思想に深く傾いたクザーヌスは、神を存在可能(possest, Seinkönnen)としての神とし、神にあっては存在することが理解することであるとする。[10] 神は自らの思惟の遂行(Vollzug)であり、自己自身を展開し表明(宣明)する(manifestieren)動的な「生ける神」であり、したがって純粋な、nicht seiend な主観性として規定されるものである。そこから、この純粋な主観性としての神に対して、神の「模像」としての人間の精神がもつ関わりが、全く独自の意味を帯びてくるのである。このようにして人間の世界認識の本来の意義とその限界、さらにはその成立根拠の問題がかつてない仕方で問われ始めてくるのであって、今日の「知の問題論」へのひとつの重要な示唆がそこに含まれているのである。

二　同一性と差異性——現出論の成立

クザーヌスは神に「他のものではないもの(non-aliud, das Nicht-Andere 以下 NA と略記)」という名を与えている。神は「比較を絶したもの」として他の何ものによっても限定されえないからである。それを表わす命題は「NA は NA 以外の他のものではない(non-aliud est non-aliud quem non-aliud)」である。[11] それに対して被造物としての存在者は、他性(Aliudität)もしくは相異性(Andersheit)をその存在仕方としている。神はすべての多性に先立つ一性(unitas, Einheit)であり、すべての存在者の中に絶対的仕方で存在する。神は事物の「絶対的何性(quidditas absoluta)」である。ところが有限的事物は相異性の次元では、それのもつ何性の点で相互に区別される。

すなわち事物はそれぞれ互いに相異するところの「縮限された何性(quidditas contracta)」をもつ。『知ある無知』のなかでクザーヌスは次のように語っている。

「すなわち、神は、広大無辺で測られないものであるがゆえに、太陽のうちにも月のうちにも存在しない、たとえ、〈それらがあるところのものをなすもの〉として、それらのうちに、絶対的な仕方で存在するにしても。これと同じように、宇宙は、太陽のうちにも月のうちにも存在しないが、それらがあるところのものをなすものとして、それらのうちに、縮限された仕方で存在する。太陽の絶対的何性は月の絶対的な何性とは別なものではない——なぜなら、万物の絶対的な存在性すなわち絶対的な何性であるところのものは神自身であるのだから——。だが、太陽の縮限された何性は月の縮限された何性とは別である——なぜなら、事物の絶対的な何性は事物それ自体ではないが、事物の縮限された何性は事物それ自体であるから——。それゆえ、宇宙は縮限された何性であり、この何性は太陽のうちでと月のうちでそれぞれ別な仕方で縮限されているがゆえに、このことから、宇宙の同一性は、一性が多性において存在するように、相異性において存在する、ということが明らかになる。したがって、宇宙は、太陽でも月でもないけれども、太陽のうちでは太陽であり月のうちでは月である。しかし、神は、太陽のうちでも太陽ではなく月のうちでも月ではない、むしろ、多性と相異性なしに、太陽や月であるところのものをなすものである。[12]」

神と宇宙、事物の絶対的何性と縮限された何性、この区別を説くクザーヌスの思想はよく識られたものではあるが、しかし二つの区別された存在原理の関係そのもののなかにひそむ存在論的意味を探ろうとした試みはこれまで十分見られなかった。H・ロムバッハは、上記のクザーヌスの叙述のなかに、クザーヌスの思想の最も特記すべき核心を見出し、NAと相異性という二つの区別された存在の仕方が語られているとして、そこから同一性(Identität)と差異性(Differenz)という別々の存在論的次元を引き出そうとしている。次元を異にする二つの原理はもとより同一次元における対立とはちがった関わりあいをもつが、それをロムバッハは次のように解釈する。第一に差異性は「同一性の展開形式」であり「同一性の差異化」である。第二に「絶対的一性」(同一性)が直接に多性(差異性)を創造するのでなく、むしろすべての多性の一性(統一)、総体性を創造する」[13]。いいかえると神は宇宙すなわち世界を媒介として始めて事物とひとつになるのである。クザーヌスによれば、世界もまた一性であるが、多性に先立つ一性ではなく、すべての多性の統一としての一性である。神と世界とは内容的に同一であるが存在の仕方の上で区別される。「絶対者にとって絶対的最大的な仕方で帰せられるものは、縮限態にとって縮限された仕方で帰せられる」のである。世界が縮限された仕方で存在するということは、世界が個々の存在者においてのみ在るということにほかならない。ということは、個体が決してそれ自体で存在する実体ではなく、すべてのものを自らへと縮限し、すべてのものを自らに映すことによって、それぞれが全体の代理的な表現(Repräsentation)であるということである。その意味で個体とは他のものへの関係であるといってよく、したがって関係の全体は個体の総計であるというよりも、むしろ個体に対する可能性の先行的根拠である。

個体すなわち相異せるもの(das Andere)は、クザーヌスによると絶対者の別の存在の仕方であり、絶対者の現出(Erscheinung)である。ロムバッハ及び彼の弟子K・ヤコービはこの面をとらえて「差異性存在論は、同一性存在論の現象学(Phänomenologie)である」[14]といっている。絶対者と世界とは内容的に区別されないが、形式的には無限の裂目を介して懸隔している。しかしこの世界を媒介してのみ絶対者は事物とひとつになる。すなわち現出するのである。近代哲学における「現出」の概念の確定は、絶対者と世界とのこのような把えかたによって始めて可能になったといえるであろう。世界をメディウムとする神と事物との合一において「反対の一致」が成り立つ。すなわち、

「神における事物」の神が最大であるとすると、「万物における神」の神は最小であり、神は同時に最大であり最小であるからである。ところが世界が多性の統一であるにしても、この統一はつねに個体において全体が代理的に表現されるという仕方をとらざるをえない。その意味で世界は、差異性の次元であり、機能連関であり、実体的全体ではない機能としての全体すなわち構造にほかならない。

もし近代哲学が、残存する実体論的思惟の余す処なき克服の過程であるとするならば、クザーヌスによってこの方向への第一歩が踏み出されたことを「現出」論の成立の由来という視角から問い直すことは十分に意味があることであろう。ロムバッハは次のように述べている。「存在者が機能的に考えられるときに、根源的一性と単純性を攪乱する可能性が理解されよう。クザーヌスが同一性と差異性との関わりの解明に対するこの前提を看ていたということは、彼の、余りにも偉大な精神史上の功績である。[15]」構造存在論を提唱するロムバッハの哲学の出発点は、志向的相関関係のなかにすべてを解体するフッサールの現象学を「全近代哲学の秘められた憧憬」であったとし、さらに志向性の根拠を問うハイデガーの基礎的存在論によって「自由が深淵である」ことが洞察され、いまや「哲学の現代」は「近代哲学の終焉」にいたったという認識である。[16]だが彼は世界をフッサールのように「地平」とみなすこともハイデガーのように「開けたところ(das Offene)」として思惟することをも拒けている。というのは、それらの存在概念がまだ実体存在論を十分に払拭し切っていないとするからである。しかしここでは彼の構造存在論そのものについてこれ以上詳しく立ち入るべきではなかろう。[17]クザーヌス解釈に現代の哲学の課題に答えるためのひとつの新しい方向を開いたという点では、ロムバッハの仕事は注目されるべきであるが、しかしここにひとつの重要な見落しがあるように思われる。というのは、彼が、主観性や自我を関係構造の中に解消して、事物の「私への存在」を事物の相異性と同一視しようとする差異性存在論の立場でだけ、人間精神を問題にしているからである。彼自身主張するように差異性存在論は同一性存在論を前提としてのみ成り立つ。ということは、自己を顕現する神は現出ではなくむしろ現出の存在であって、この絶対的根拠への問いは同一性存在論として成立するということである。したがって人間精神による世界構成をその根拠へ向かって問うことは、同一性存在論の立場に立つことでなければならない。クザーヌスにとってはむしろこの方向が究極的な目的であったことはいうまでもないのである。

たしかに現出の概念や世界の有限的無限性の思想は、無限の一性が多性へと展開し、展開された一性が無限に多くの「視点」に分散することを意味する。「現出」の次元の成立は、精神(mens)の視、すなわち精神のモナド的表出構造に基づいている。このことをベームは次のように述べている。「近代哲学の現象学的全様式は現出の存在論にその根拠をもつ。意識の経験の学は、精神を、無限に多面的である知覚上の個体《ディスダー》(そこにあるこのもの)の〈無限的有限性〉へと深め、精神の統一へとつれ戻すのである。現象学は、別の規定をすれば、基体(subjectum)のパースペクティヴィテートの領分を、根本的に担う根拠へと仕上げることである。(18)」ところが、現出を精神に結合させることこそ、まさしく精神の視において生起することなのである。精神の視の成立の根拠を問うことは、クザーヌスが近代哲学に決定的に関わってくる問題、すなわち主観性の根拠の問題を問うことであって、そのことは同一性と差異性の問題を却って深く見直させることになるであろう。

三 視の不可視的前提――映像論の成立

人間精神の視は測定作用であり、この働きは事物を知にもちこむが決して事物の何性に及ばない。知にもちこまれたもの(Gewußtes)は、精神によって形像化されたもの(Gebildetes)であり、「思考上の有(ens rationis, Gedankenwesen)」である。それは「展開された精神」として精神の所産であり、数学的構成が何よりもこのことを示している。算える働きは、数の究極的単位である一（性）の展開である。事物を「知られたもの」として構成することは、すでに含有的であるもの(complicatio)を展開すること(explicatio)であり、知はいつもすでに知られたものの含有されている仕方を明確にすることである。このようにして事物は、精神の区別し比較する働き、すなわち算える作用や測定作用によって合理的連関を形成する。近代的知の客観性、数学的性格、確実性は、知が「形成されたもの」として主観に対立し、いつもすでに識られたものだけが改めて認識され、その限りにおいて自らを知るという点に成り立つ。クザーヌスが精神の創造作用をこのように考察することのなかに、近代科学の認識主観についてのひとつの確定の仕方が語られたことは、これまでの多くのクザーヌス解釈が強調しているところである。

しかしクザーヌスが人間精神の創造作用を語るとき、精神が「神の模像(imago Dei, Ebenbild des Gottes)」であり、また逆にいえば思惟の純粋な自己遂行である神が主観性の原型として考えられていることを見逃してはならない。『隠れたる神についての対話』のなかで、クザーヌスは、神(Deus)の語がギリシア語の theoro、すなわち「私は視る」に由来していること、さらに視が色を捉えるためにはそれ自体色をもたないものであること、そして視と色あるもの、すなわち「可視的なもの」との関わりが神と万物との関わりかたであることを語っている。[19] ここに語られているような神がそれ自身において視であるという思想にこそクザーヌスの哲学の本来の出発点があるという解釈は当然可能であるばかりか、きわめて重要な意義をもつ。W・シュルツは、神の視において視者(Sehender)と視られたもの(Gesehenes)とが結合されるという出来事に三一性を指摘し、次のように述べている。「視られたものを欠く視者としての視者もなく、視者を欠く視られたものとしての視られたものもない。視者と視られたものは視において合一している。[20]」

クザーヌスは『神を視ることについて』のなかでも「神はすべてを視るがゆえに神と名づけられる」と語っている。すなわち神の創造は存在者を視ることにおいて産出することなのである。ところが人間の精神からは、神の存在創造的視の仕方は逃れ去ってゆくので、人間は神の創造についてはただ映像的《ビルトハフト》(比喩的象徴的)な仕方でしか迫ることはできない。というのは、「形像化(Bilden)とは、それ自身可視的でないものの可視像を形成することである」からである。そしてここで重要なことは、この形像化の権能である唯一の原像(Urbild)が神であるということである。ここに、可視的なものは、すでにいつも原像のなかに不可視的であったものが影像的(abbildhaft)に展開されたものであり、逆に、不可視的原像は可視的になったものとしていつもなお影像(Abbild)のなかに保管されているという関係、例の現出とその存在との関係を見出すことができるのである。神と存在者とは、不可視的な創造的視者である神と可視化された神として、ともに視としての神において合一されるのである。このような神の視がvis entificativaであるのに対して、それ自体が神によって視られたものである人間の視はvis assimilativaとして、神によって視られた存在者に自己を同化することである。この同化作用としての人間の形像化作用は、いつもすでに与えられた存在者を概念的に捉える仕方をもつ。『精神についての素人考』のなかでクザーヌスは次のように語っている。「対象の把握のための概念的な力である精神の力は、何か感性的なものによって触発されないときは、それ特有の活動にいたらない。精神の力は、感性的な表象の媒介による以外は触発されえないのである。[21]」人間の形像化的視は、つねに存在者の質料的所与を前提としてのみ可能である。しかし、それにも拘わらず、いやそれであるからこそ、存在者に同化するということは、同時に形像化作用自体が神の視に同化してゆく働きとなってくる。シュルツは、この意味での同化の営みに、近代的世界認識が神の世界創造のイデーを指導的イデーとしてそれに導かれていることを読み取ろうとしている。すなわちシュルツによれば、近世哲学における人間の世界構築の試みは、根底において神の世界創造の模倣でありまたその反復を意味するものであったとされるのである。だとすれば、神への同化作用を、一方では神的主観性と人間的主観性との間に横たわる深淵を前提として成り立つものとしながらも、逆に他方では絶えずこの断絶を乗り越えて二つの主観性が合一しようとする傾向を内に秘めるものとして考察することもできるであろう。

ところで度々繰り返すように、クザーヌスの真意は、人間精神を認識主観として確立することにあったのではなく、むしろ対立的なものにとどまらざるをえない人間が、いかにして対立を越えた神を視るか、ということである。『存在可能について』のなかでクザーヌスは「吾々が、神が世界を視るという神の知にまでいたらないと、精神は安らぎをえない[22]」と語っている。ところが、精神は事物の何性を視ることができないばかりか、自分自身の何性をも視ることができない。「理性的精神は、彼自身の何性、本質性に到達することができない[23]」のである。「精神は眼をもっているが光の中にいないので視ない。精神は視ることのうちにある喜びに充ちた生を欠くので、辛酸と苦悩のなかに自分を見出す。これは生というより死である。[24]」たしかに精神はもともと他のものに関わっていて自己に関わっていないが、それでも自らを規定しようとする可能性をもつ。しかしながら、本来、自己を視ることのできない精神が自己自身を経験するとき、自らについての映像を形成するだけである。それにも拘わらずクザーヌスは、人間が根源的な自己存在へと帰入する仕方を「超出(transzensus)」と呼び、形像的認識から脱して、いいかえると知としての反省的自己把握を越えて、自らの存在の根拠である「神を視ること」の道を探ろうとしている。クザーヌスが語ろうとするこの道は、人間の視にとって不可視的な神すなわち「隠れた神」を視ることであるとともに、神の視が人間の視にどのように関わるかという神の視そのものを問うことでもある。というのは、クザーヌスの言葉「汝を視ることは、汝が、汝を視るものを視ることに他ならない[25]」には、「人間が神の視に属し、神が人間の視に属する」という二重の事態が語られているからである。クザーヌスの思想の核心とされるこの問題について、さまざまな解釈が可能であるが、ここではまずシュルツやベームに代表される解釈を追ってみることにする。

さきに引用した文章「神はすべてを視るがゆえに神と名づけられる」のなかの「視ること（visio dei）」が、神の視が主語的所有であると同時に客語的所有であることをも含んでいることをシュルツもまた指摘している。しかし彼は、前述した二重の事態の後半部に当たる「神が人間の視に属する」ことに注目して、神が人間の視のなかに「止揚しがたい本質根拠」となっていること、人間の視には「それ自体としては不可視の本質根拠である神」が前提とされていることをとくに重視している。神は、「私の内で私に対して私の視の権能を与える機能」であり、「私をして始めて或るものへ向かわせる媒介的中心」であり、「私に最も近いものとして私とともにさすらう私の影」である。[26] ところが、神が私の影であり影像であるとすると、私は原像ということになるわけであるが、それにも拘わらず、クザーヌスは、この事態を徹底的に考え抜いてこの規定を逆転させ、神が原像であり私がその影であるとした。[27] すなわち二重の事態の前半部に当たる神の視の側からもう一度このことを基礎づけ直したというのが、シュルツの解釈である。「超越（Transzendenz）は影像である」という第一命題は、「超越は原像である」という第二命題へと弁証法的に逆転する。この逆転がクザーヌスのその後の歩みのなかで生起したとするわけである。[28] シュルツによれば、近世形而上学の主観性を徹底的に考え抜くと、二重の方向が出てくる。すなわち序論でも言及したことであるが、存在者に関しては全権能《マハト》を有し、自己自身に関しては無能《オーンマハト》であるという事態がそれである。近世哲学の説く人間主観性の成立にとって、この主観性を凌駕する超越のイデーが必要であったのであり、この超越のイデーは、デカルトやカントにおける神の問題から、ハイデガーの語る存在――シュルツによればそれはクザーヌスの思惟において神と名づけられたものの徹底化である――にまで及んでいるが、結局それは「有限的主観性に属する他のもの」なのである。[29]

たしかに人間精神が（経験的自己認識を含めて）世界認識にとどまるものである限りは、人間精神にとって認識の根拠自体は認識不可能な「超越」にとどまるであろう。しかし不可視的な「超越」そのものへの視は、クザーヌスではいかに語られたのか、形像化的自己認識がいかにして否定的に脱却されるのか、それを問うことは、シュルツのいう「逆転」がクザーヌス自身の思惟のなかでどのような根拠から生起してくるのかを明確にすることでもあろう。

四　絶対的主観性と差異性

クザーヌスの神は「生ける神」として自らを顕現する神であり、神の自己展開はあくまで自由な活動なのであって、決して神の必然性ではない。たしかに存在者は可視的になった神であるが、しかしその事実性を行為の能力(posse facere)としての神に負うているのである。W・クラーマーのいうように絶対者の行為は、絶対者にとって必然的ではなく可能的な行為であり、Können であって Müssen ではない。シュルツの解釈はこの点を見逃しているといわざるをえない。神と世界、神と人間とはそれぞれ解体不可能なものであるにせよ、だからといって神の行為をシュルツのように必然的とみなすのは、あくまで世界や人間の側からそれをみているからである。神を主観性として考えるときに、神を「有限的主観性にとっての他のもの」としてではなく、むしろ有限的主観性こそ「神によって測り知れざる自由のなかで受け取られた、神自身にとっての他のもの」[30]であることを看過してはならない。クザーヌスが、絶対者、無限者を Non-aliud と名づけるのは、神をあくまで絶対的自己遂行として思惟しているからである。

絶対者が Non-aliud として規定されるということは、絶対者が、純粋に自らのもとに在ることから自らの外に出てゆく働きとして、それ自らがこの規定の働きそのものであることを意味している。例えば月の絶対的何性について定義されるとき、「月は月以外の他のものではない」のは、自らを自己自身への関わり(sich zu sich verhalten)として取り出すこと、しかも他のものではないという仕方での自己への関わりとして取り出すことである。このように自己への関わりには、他者に反対する区別が属しているが、そのさい他者がすでに与えられているのではない。むしろ逆に、他者は、この自己への関わりにおいて同時に措定されているといってよいであろう。したがってNAの措定は、同時に、他者への移行であり、自己自身の外化である。優れたクザーヌス研究者であるメッケが、「神が比較を絶したものであり、測り難きものであるということは、彼岸に向かって求められるべきことではなく、むしろ、神は自ら自己を表わすこと(Sich selbst darstellen)、自ら自己を表明すること(Sich selbst manifestieren)のなかに臨現わしている[31]」といっているのも自己遂行としての神が自己表明(Selbstrmanifestation)を本質とする主観性であることを語ったものである。E・フレンツキは、この主観性としての神がクザーヌスによって紛れもなく絶対的主観性として思惟されていたことを指摘している。ということは他者の措定は同時に自己への関わりへの否定であり、さらに措定された他者が否定されることによって、他で在ることが最初の自己への関わりに帰ってゆくという三重の動性をそこに見出そうとすることにほかならない。「NAはNA以外の他のものではない(nicht anderes als)」という「NAの定義の遂行は、自己自身を定義してゆく絶対的主観性の遂行である[32]。」存在者の存在(絶対的何性)の規定は、この三重の動性としての存在にほかならないのである。

しかしこのような考察のもとでは、すべての存在者は絶対的主観性の自己遂行の運動のなかにその契機としてひきこまれてしまうことになろう。事実、クザーヌスの後期著作『存在可能について』『視の極致[33]』などでは、絶対者は存在者全体を包括する総体性(Totalität)であるという考えが際立ってくる。フレンツキは、クザーヌスの思惟の歩みは絶対的主観性の完結への道であったとして、絶対者の絶対性を自己権能化(自己支配 Selbstermächtigung)にみている。このことは、クザーヌスが、伝統的な Akt-Potenz 論すなわち現実性を実現された可能性とし、可能性をまだ実現されていない現実性であるとする考えを離れて、可能性と現実性との等根源性の思想に達したことから理解されねばならない。現実性が果たすことは、それを「貫いて(durch)」、可能であるすべてのことが現実的となり、また現実的であることである。可能性もまた、それを「貫いて」、現実的であるすべてのことが現実的でありうることでなければならない。この「交錯(Durch)」という意味で、現実性は現実化し、可能性は可能化するのである。[34]そうすると絶対者はもはやactus purusではなく、可能性と現実性との同一性である。しかも現実性が自己自身の可能化を現実化し、可能性が自己自身の現実化を可能化するという意味において、現実性も可能性もそれぞれいつもすでに自己自身を支配する権能をもっているわけである。「吾々は現実性の自己現実化と可能性の自己可能化という二様の出来事をひとつにして自己権能化と名づける。[35]」自己権能化としての主観性は、自己自身に無能ではない絶対的主観性として、存在者の総体性の要求であり、したがってすべての有限性を自らのうちにとりこんでしまう。とすれば、シュルツのいう逆転がクザーヌスの思惟のなかで起きたことは、ほぼ確定的であるといってよいであろう。しかしそうなると、他性あるいは相異性がそれこそ同一性と区別された他性であることを喪失して、有限的なものの単なる一規定に化してしまい、差異性の次元は抹殺されてしまうことになる。逆に差異性が差異性として残る限り、総体性要求は阻止されることになる。

ところが、クザーヌスでは、絶対的主観性の思想のなかでも具体的他者と「他で在ること」とは区別されているのである。そうするとNAが「他であるもの」の「他で在ること」に他ならないとしても、NAがそのまま具体的他者そのものであるということにはならない。つまり具体的存在者は絶対者の自己遂行には属さない。差異性は、この場合、具体的な存在者とその存在との差異性として残り、クザーヌスの絶対的主観性の思想をよぎる影となっている。フレンツキは、この差異性を「絶対的主観性が引き裂かれる深淵」であるとして次のように述べている。

「クザーヌスにとって絶対者の総体性は確定している。だが同様に、NAが具体的他者ではないことも確定している。クザーヌスがこの差異性をそれの性格と射程において見抜かずに、しかも実際にそれを確定して実施したのだとすると、その限りにおいて〈NAは具体的他者ではない〉という命題のなかの〈ない〉は、両義的である。それはいかなる〈ない〉でもないが、にも拘わらずそれそのものであるといえる。こういう形で〈ない〉は浮動している。それゆえクザーヌスの思惟は絶対的主観性の問題論に対して未決定のままである。(36)」

絶対的主観性が完結するということは、そこに人間の主観性が完全に合一化されて、神を視る「人間が神の視に属する」ということが完全に果たされ、精神の自己遂行がそのまま神の自己遂行とされることである。そのためには人間精神は形像化的認識を否定し知から「知ある無知」へと完全に移行しきってしまわねばならない。ここで形像化的自己認識からの離脱にとって重要と思われる二つの問題に注目しておきたい。第一は、キリスト論に媒介された「超出」、第二は、「語りえないもの」を理解するための「謎映像(Rätselsbild)」の問題である。クザーヌスでは、絶対者は世界なしにありえないのと同様に、人間の本質なしにもありえない。その理由は、人間が「神が自己を現出しつつ顕現する場所」であるからであり、人間はその意味ですべての被造物のなかで優位性をもつ。そのことはキリスト論において語られる。キリストにおいて神が人間と成る出来事は、神が単に「他であるもの」として顕現するだけではなく、神自身が自ら顕現するという出来事だからである。人間はこの出来事をとおしてすべての存在者が神の顕現であることを見抜くことができ、この洞察がクザーヌスのいう「超出」にあたるわけである。しかしそれは人間の認識自体の転向、すなわち吾々自身の「越えゆき(Überstieg)」として起こらねばならぬものである。この思想はクザーヌスの鏡の思想によく表わされている。神の顕現は神の真理の反映であり、その欠如なき完全な無制限的反映がキリストである。ところがすべての被造物は縮限された、さまざまに彎曲した鏡であって、そこではすべてはあるがままに現出しない。しかるに被造物の鏡のなかで特別の位置を占めるのは、精神という資質をもつ生きものであり、彼らだけが自らの鏡であることを視るのである。[37] クザーヌスによれば、人間だけが有限的なものの在りかたを脱して自らの「鏡であること」としての精神の光を視ることができ、またこの光が「神の賜物」であること、神の光に照らし出されていることを視ることができるのである。しかし知から「知ある無知」への転回の可能性をそこに探ることができるにしても、転回が果たしてどのようなものであるかは答えられてはいない、それはむしろ第二の謎語の問題に関わってくる。

クザーヌスは、『知ある無知』では絶対者への探求は「象徴における探求」であるとし、さらに『推測について』[38]では文字どおりもはや言表とはいえない推測によって、あらゆる対立を否定して極度に単純な一性を洞察しようとする。象徴は絶対者の代理的表現であるが、問題は象徴においての絶対者の現成とそれ自体における絶対者の現成とは区別されているところにある。もし推測を含む絶対者についての言表のもつ有限性が、最も単純な一性に属する相異性であると理解できるならば、そのとき始めて絶対者の自己遂行のなかに「神を視ること」がとりこまれるであろう。ところが謎映像は、一般に記号がそうであるように「何ものかを指し示すもの」として機能し、それ自体が存在者として表象されるものでなく、したがって真理そのものではないのであるが、しかし他方ではひとつの存在者としてそれは端的に何ものでもないということはできないのである。このように、「語りえないもの」つまり言語を絶した絶対者そのものを語る謎語には、絶対者に対する差異項としての具体的存在者の場合と全く同一の両義性が成り立つことになるのである。例えばクザーヌスが『存在可能について』のなかでINという謎映像について語るとき、たしかに謎語を絶対者の自己顕現であるとする考えがそこに明確に読み取られるのである。[39] ところが、謎映像がひとつの存在者として無ではないものである限り、すなわち絶対者ではないものをとおして絶対者が語られるのだとすると、謎映像は絶対者をつねに直接的にではあるが隠しつつ指示するものであって、要するにすべての絶対者についての叙述は、ことごとくひとつの仕方にすぎないものになる。したがってクザーヌスの場合、原像と影像との関係が完全に逆転し切ってしまったのではなく、絶対者と否定性との関係になお問題を残している。

クザーヌスにおける絶対的主観性と差異性の問題論は、クザーヌス解釈にとってだけではなく、近代哲学のその後の歩みに決定的ともいえる影を投げかけている。フレンツキは、クザーヌスが、一方では絶対的主観性から、他方では具体的他者から出発しながらそのことに気づかなかったという点に、クザーヌスの思想のもつ両義性の発生をみているが、要するに吾々の関心は、近代哲学の展開のなかでこの二つの相反する方向が極端化してくることにある。差異性の問題は、つきつめていえば現出を絶対者そのものに属するとみるか、それとも絶対者(存在)と現出との間に深淵を見出すかの問題である。ロムバッハは、両義性を存在論的次元の相違として捉え直して、差異性の次元の位置づけを試みたが、しかしそれをそのまま領域的存在論的場面として確定してしまったために、差異性をめぐる二つの主観性の関係そのものに迫ることができなかった。シュルツは、差異性をあくまで有限者の側から捉えて、絶対者(超越)を「有限的主観性に属する他のもの」として規定することによって、ここから自然的自我と絶対的自我との間の差異性を導き出し、ドイツ観念論の絶対的反省に対する批判的視点を手に入れた[40]。このようにして彼は方法的措置としての反省と絶対的反省との区別を主題化することができたが、有限的世界が映像として成立することがなぜ理解されるのかという問題を十分に究明しえていない。いわば映像論を展開する視点と哲学的反省との関係が不問に付されている。

近代の哲学の歴史のなかでこの問に積極的に答えようと試みたのはもとよりドイツ観念論であったが、そこでは現出が絶対者の外化であり映像であるということを理解する二つの試みが展開されている。ひとつは、現出が絶対者の自己把握もしくは自己構築であるということから理解する方向（ヘーゲル）であり、もうひとつは絶対者の現出はあくまで絶対者とは切り離されたものであるとする方向（後期フィヒテ）である。フィヒテは、後期の知識学（とくにWissenschaftslehre von 1804）のなかで、「語りえないもの」に向かう反省の徹底によって生起する「反省の自己否定」において、知が自らを絶対者の外化であり現出であり映像であるとして自己理解すること、そしてこの自己理解は、知が自らを絶対者から区別することであるということを語り、差異性の問題論の展開に対して注目すべき思想を叙べている。クザーヌスに始まる現出論と映像論のひとつの徹底化された形態がそこに姿を現わしている。[41] ドイツ観念論における反省の二つの究極的形態は、そのまま絶対者自体を、Sichbegreifend に自己を展開し、その展開の契機である否定性を自らに含む絶対的主観性とするか、それとも全く区別を含まない、unbegreiflich な、全く単純な一性とするかの決定的な相違に基づいているが、この両方向に展開しうる萌芽がすでにクザーヌスの思想のなかに見出されるといってよいであろう。

（1） Graf P. Yorck von Wartenburg, Bewußtseinsstellung und Geschichte, hrsg. von I. Fetscher, Tübingen, 1956.
（2） K. Löwith, Gott, Mensch und Welt in der Metaphysik von Descartes bis zu Nietzsche, 1967; Ders., Der Weltbegriff der neuzeitlichen Philosophie, 1960.
（3） G. Krüger, Die Herkunft des philosophischen Selbstbewußtseins, in: Freiheit und Weltverwaltung, 1958, S. 43.
（4） Vgl. H. Fahrenbach, Endlichkeit des Bewußtseins und absolute Gewißheit bei Descartes, in: Subjektivität und Metaphysik, Festschrift für W. Cramer, 1966, S. 64-91; F. -W. von Herrmann, Husserl und die Meditationen des Descartes, Frankfurt a. M., 1971.
（5） 現代の哲学者のなかで、超越論的哲学から超越者の形而上学への転回を、近世の絶対者の形而上学への新しい復帰の形で提唱するのは、W・クラーマーである。彼の理論の核心は、絶対者と規定性との関係を、ヘーゲルのように絶対者とその契機との関係とはしないで、後者を偶然的存在者として絶対者から切り離すことにある。自己規定作用としての絶対者において起こる二重の自己差異化の理論のなかで、スピノザ主義やヘーゲル的思惟の克服が試みられている。ヘーニヒスワルトの弟子であるクラーマーは、もはや従来の新カント派の問題圏域を越えて、現象学との新しい接点に立っている。W. Cramer, Das Absolute und das Kontingente, 1959; Ders., Grundlegung einer Theorie des Geistes, Tübingen, 1957.

なおクラーマーの哲学理論については次のような優れた批判的解説がある。H. Wagner, Ist Metaphysik der Transzendenten möglich? in: Subjektivität und Metaphysik, S. 290-326; D. Henrich, Besprechung von: W. Cramer, Das Absolute und das Kontingente, in: Philos. Rundschau, 6. Jg., Tübingen, 1958, S. 257-263.

(6)　本来クザーヌスの専門的研究者ではない筆者が、とりわけ緻密な考証的研究の蓄積を必要とするこの研究分野に少なからず粗放の感を免れえないEingriff を企てたのは、ほかでもなく「現象学及びドイツ観念論の反省理論」を主題とする研究の途上で、現代のクザーヌス研究の新しい視角によって照明され始めた、クザーヌスの近代意識精神史的意義を顧慮することが避けられないことに気づいたからである。

(7)　H. Heimsoeth, Metaphysik der Neuzeit, 1967, S. 16.

(8)　H.-G. Gadamer, Nicolaus Cusanus und die Philosophie der Gegenwart, in: Kleine Schriften III, Tübingen, 1972, S. 84.

(9)　G. Boehm, Studien zur Perspektivität —Philosophie und Kunst in der Frühen Neuzeit, Tübingen, 1969, S. 157.

(10)　W・シュルツによると、近世哲学の神の観念は二つの系譜をもつ。ひとつは、オッカム・ルターとデカルトを結ぶ「純粋な意志権能」としての神の観念であり、もうひとつはエックハルトとクザーヌスを結ぶ「存在可能」としての神観念である。W. Schulz, Der Gott der neuzeitlichen Metaphysik, Pfullingen, 1957, S. 12 f.

(11)　Nikolaus von Kues, Non-aliud (Das Nicht-Andere), in: Philosophisch-theologische Schriften, II, Wien, 1966, S. 446. クザーヌス全集として、E・ホフマンと彼の弟子R・クリヴァンスキーによって着手されたNicolai de Cusa Opera Omnia が刊行されつつあるが、本論稿ではL・ガブリエル編集の上記三巻本、いわゆるデュプレ版を使用した。以下引用箇所を Schriften I, II, III として示す。

(12) De docta ignorantia (Die wissende Unwissenheit), in: Schriften I, Wien, 1966, S. 340-342. 引用文は邦訳ニコラウス・クザーヌス『知ある無知』岩崎・大出訳、創文社、一九六六、七六年、一〇〇頁による。但し訳文中の原語は省略した。

(13) H. Rombach, Substanz, System, Struktur, 1965, Freiburg/München, Bd. I, S. 175 ; Bd. II, S. 486.

(14) ebenda, Bd. I, 225; K. Jacobi, Die Methode der cusanischen Philosophie, Freiburg/München, 1969, S. 277.

(15) Rombach, a. a. O., S. 211.

(16) Ders., Die Gegenwart der Philosophie, Freiburg/München, 1962, S. 79.

(17) Vgl. Ders., Strukturontologie, Freiburg/München, 1971.

(18) Boehm, a. a. O., S. 158.

(19) Dialogus de deo abscondito (Der verborgene Gott), in: Schriften I, S. 308. 参照、ニコラス・クザーヌス『隠れたる神』大出・坂本訳、一五頁。

(20) Schulz, a. a. O., S. 18.

(21) Liber de mente. 但しカッシーラーの訳による。E. Cassirer, Individium und Kosmos in der Philosophie der Renaissance, 2. Aufl., 1963, S. 225.

(22) Trialogus de Possest (Das Können-ist), in: Schriften II, S. 312.

(23) De venatione sapientiae (Die Jagd nach der Weisheit), in: Schriften I, S. 136.

(24) Idiota de sapientiae (Der Laie über der Weisheit), in: Schriften III, S. 434.

(25) De visione Dei (Die Gottes-Schau). 但しヴィルペルト版に基づくフレンツキの読解による。E. Fräntzki, Nicolaus v. Kues und das Problem der absoluten Subjektivität, 1972, S. 72.

(26) Schulz, a. a. O., S. 20.

(27) この問題についてシュルツの重視するクザーヌスの文章はデュプレ版では以下の箇所に見出される。De visione Dei (Schriften II), S. 160.

(28) Schulz, a. a. O., S. 30.

(29) ebenda, S. 28.

(30) Jacobi, a. a. O., S. 110.

(31) E. Metzke, Nicolaus von Kues und Hegel, in: Coincidentia Oppositorum, 1961, S. 247 f.

(32) Fräntzki, a. a. O., S. 138.

(33) De apice theoriae (Der Gipfel der Schau), in: Schriften II は一四六四年に、Trialogus de Possest は一四六〇年に書かれている。それに対して De docta ignorantia は一四四〇年、De filiatione Dei は一四四五年に書かれている。Dialogus de deo abscondito は一四四〇年から一四四五年の間に書かれたものらしいことがクザーヌス研究者によって報告されている。

(34) Fräntzki, a. a. O., S. 144.

(35) ebenda, S. 149.

(36) ebenda, S. 171.

(37) Vgl. De filiatione Dei (Die Gotteskindheit), in: Schriften II, S. 622.

(38) De coniecturis (Die Mut-Mußungen), in: Schriften II.

(39) Schriften II, S. 334-336.

(40) W. Schulz, Das Problem der absoluten Reflexion, Frankfurt a. M., 1963, S. 18-26.

(41) フィヒテの映像論 (Lehre vom Bild) が映像論として主題的に展開されている後期著作として、一八一〇年及び一二年の知識学、一八一〇年及び一三年の『意識の事実』、一八一二年の『先験的論理学』などを挙げることができる。

7　自己意識と反省理論——フィヒテと現代

序

近代哲学は反省(Reflexion)を哲学の方法として使用しているだけでなく、方法としての反省が哲学の基本的事象である自我や理性の本質から導出されるという点で、方法と事象との間に内的回帰関係を発生させ、近代哲学は反省哲学としてしばしば自己完結的方向へと展開した。反省哲学に対する今日のトタールな批判は、この自己完結的な、閉鎖的な立場に向けられている。世界の全体を一望のもとに見渡す絶対的視点に対する批判とか、あるいは世界の意味全体を産出する機能としての絶対的主観性に対する批判は、反省哲学の本質から生ずる絶対性の要求に対する批判である。

反省哲学に対する現代の批判は、他方では、反省のもつ表象作用としての措定的性格に向けられている。反省は、個々の存在者を対象として規定してゆく表象作用それ自体を対象化してゆく作用であり、表象作用を行う主体そのものへ向けられた表象作用である。ハイデガーは、この意味での表象作用を、対象の成立の可能性の制約としての存在論的表象作用とよび、この作用の客体である主体の主体性こそすべての表象されたものを表象作用において保証する確実性であるとしている。すなわちここには、デカルトの「われ思惟す《エゴ・コギト》」における自己確実性を方法原理とする近世形而上学全体を、表象作用(Vor-stellen)的思惟の立場とみなす近代解釈が働いている。

たしかに近代的知は、古い知の在りかたに対して、scientia generalisとしてその本質において方法的知である。知られたもの全体は、個々の存在者とは異なって、唯一的存在者として「世界」という性格をもつ。世界という合理的連関の全体に関する知は、同時に、すべて知られうるもの全体の成立の根拠を自ら問わねばならない。この自らを知ってゆく知が哲学的反省なのであり、近代哲学の反省は近代的知の方法的本質に深く根差している。しかしながら、哲学的反省は、あくまで対象関係的知に対する批判的作業として働くものであり、知の世界関係を前提として始めて知の自己関係が成り立つのである。いうまでもなく近代哲学の認識論はこうした枠の内におかれている。

もともと反省という語は多義的であり、必ずしも近代哲学に固有の方法だけを言い表わすものではない。たとえば、最も単純な反省として次のようなものが挙げられるであろう。まず最初に対象に向かっていた思惟が、さまざまの対象や出来事などについて知識を得たうえで、歩を返してこれらの対象や出来事の間に成り立つ基本的関係、たとえば対象間の同等性とか同一性といった関係を考察する場合がそうである。この場合、対象に関する内容的知としての認識が拡大されるのではなく、むしろ認識に対する反省知が得られるのである。さらに対象や世界に向かっている意識が自己自身を振り返って、意識の体験作用とか意識内の諸事象に目を向ける場合も、総じて経験的《エンピリッシュ》な仕方でも起きうる反省であるといえよう。しかしこうした単純な反省ではなく、近代哲学では知そのものの方法的本質から一種の反省的構造が浮かび上がってくる。H・ワグナーはこの構造を四肢的構造として、(a)主観(知識や思惟の主体) (b)客観 (c)主観の認識作用 (d)認識内容(思惟されたもの)を挙げている。反省において、すでに活動しているが気づかれないものが始めて把握でき、またはじめの対象も消失することなく四肢構造のなかへ組み入れられる。さらに四肢構造のどの項にどのような意図で反省視をさし向けるかによって、たとえば理論的性質をもつ妥当性反省や、現象学的構成的反省や科学批判的反省などの諸形態が区別されるのである。(1)

いずれにせよ、反省は近代的知の方法的機能としての批判的役割を果たしているわけであるが、しかしなぜ近代哲学が反省哲学と称されその自己完結性や反省作用の措定性性格が批判されるのかが問われねばならない。その理由は、何よりも知の自己関係の原理が「自己確実性」におかれていることにある。自己確実性とは「私が思惟する限り、私は存在する」という直接的な自己意識のことである。この自己意識は事実として検証することもできなければ、演繹的に導出することもできない。それゆえこの直接的自己意識は決して主題的な自己認識ではなく、それ自体としては抽象的であり、空虚なものでさえあるということができる。マールブランシュ以来、しばしば指摘されたように、それだけを取り上げてみれば、自己意識は一種の感情なのであり、私は存在し思惟するということを感情することにすぎない。したがってこの直接的自己意識がその自己確実性のゆえに哲学的反省の出発原理とされるためには、自己の措定(Setzen des Selbst)を自我の本質として捉える立場が確立されねばならない。いうまでもなくこの自我の自己確実性を自己措定としての自我の本質に見出し、「措定判断」にすべての知や判断の基礎をおいたのはフィヒテである。

ところが自我の本質が自己措定として語られるとなると、この自我の本質を捉えること自体が自己措定としての自我の作用によることになり、必然的に、説明されない自我を前提として自我の本質を説明するという循環現象が発生する。この反省理論につきまとう循環は、自我の反省と反省される自我との間に或る距離が保たれ、絶えず対象関係(認識)を介在させている限り、顕在化してこない。この循環のアポリアが顕在化してくるのは、哲学的反省が自我の本質と重なりあい、回帰関係が主題化されるときである。したがって反省哲学は、自己意識を反省の原理におく限り、反省論のアポリアを自ら解決してゆかねばならない破目に陥らざるをえないのである。

一　反省の循環の問題

ドイツ古典哲学において反省概念を最初に明確に規定したのはカントである。『純粋理性批判』のなかで、カントは「反省概念の多義性(Amphibolie der Reflexionsbegriff)[2]」について語っている。カントによれば反省は、自我が自己自身に与えられる仕方だけでなく、「区別への関係」を意味している。反省は「あらゆる比較と区別の名称」である。もとより比較とは、対象を表示するカテゴリーではなく、むしろ事物の概念に先立つ表象の比較のことであり、思惟的考察としての反省によって遂行される。この規定には自我の自発性を意味する形式機能が含まれている。自我は形式として自己規定の能力をもつが、カントの場合、この意味での「われ思惟す《イッヒ・デンケ》」は、先験的統覚の綜合的統一における思惟作用とは区別されている。統覚の根源的綜合統一は可能的直観に関わるものであり、意識の同一性を自我自身が表象できるのは、諸表象に自我表象が伴う場合に限られる。言いかえると認識に関係してのみ自我の同一性ということが言われるわけである。それに対し単なる「われ思惟す」の思想は、自我を他の自我から区別させる内容を決して与えるものではない。統覚の綜合的統一がすべての可能的内容の一般的な知的形式であるのに対して、単なる「われ思惟す」は単なる論理作用にすぎず、いかなる内容をも与えないのである。論理的な自我の措定作用「私は私を思惟する」は、カントによれば同語反復であり哲学の上ではproblemlosにすぎない。カントは『純粋理性批判』のパラロギスムスの箇所で、自我が対象関係を欠如した場合、自我について何ら概念をもつことができない、もし直接に自我の概念を手に入れようとするとわれわれは自我の周囲を不断の循環を描いて廻ることになると言っている。その理由は「自我についてわれわれが何らかの判断を下そうとすると、どんな場合にもすでに自我という表象を用いなければならないからである。」カントのいうこの循環は、要するに認識の前提となるものをそれ自身客体として認識しえないということ、つまり認識の前提を自己認識という仕方で根拠づけることができないということであるが、しかしこの循環はつまるところ反省論における循環を意味する。

カントはその意味では反省の循環現象に気づき、それを慎重に回避したのだともいえよう。しかし、それにも拘わらずカントの先験的哲学の立場は、純粋な自己関係としての自己意識を原理として対象関係を成立させるという自我論的原理に立脚している。W・ヴェッカーの指摘するように、カントは、反省モデルの循環構造を批判しつつも、反省モデルの枠内で implizit に自己意識の表象を保っていた。ヴェッカーのいうように実践哲学における自由と義務との結合という事態に、自己意識における自己対象化という反省モデルが使用されているのに対し、理論哲学の立場では、反省モデルを拒否しつつもなお自己意識の原理的機能を保つために、結局、「われ思惟す」が同伴《ベグライテン》するというメタファーを使用せざるをえなかったのである。だから Begleiten という表現は決して自立的な自己意識の否定として解釈してはならない。すなわちメタファーのなかには「純粋な自己意識の機能を、自己意識における自我の反省的対象化の拒否と一緒にして受け取っているカントの意図が反映している」[3]。以上のようにカントでは自己意識に対する二重の構えが見出されるが、このことは、対象意識から分離された純粋な自己意識の自立化への傾斜と同時に、反省の絶対化の方向への動きの抑制がなされていたということを意味する。

フィヒテは、対象意識や対象性一般を純粋な自己意識から導出させる方向を徹底化する。一七九四年の『全知識学の基礎』(以下『基礎』と略記)の叙述は、第一根本命題として語られる自我の端的な自己措定の作用、すなわち A＝A という論理的同一性の表象の根底にある「われ在り」から出発する。自我の自己措定は事行(Tathandlung)とよばれるが、この事行を「抽象化的」反省によって抽出することから叙述が開始されるのである。措定された自我は、外部から与えられた存在ではなく、自己自身によって措定されたものである。事行について叙べた次の有名な文章はそのことを十分に語りつくしている。

「自我は自己自身を措定する、そして自己自身による単なる措定作用によって、自我は存在する。そして逆に、自我は存在する、そしてその単なる存在によって、自我はその存在を措定する。——自我は行為するものであると同時に行為の所産である。活動的なものであると同時に活動性によって産み出されるものである。行為とその所産(Tat)とはひとつのことであり、まさに同一である。したがって、われ在り《イッヒ・ビン》はひとつの事行の表現である。[4]」

一七九七年の『知識学』は、自己措定について次のように述べている。

「自我の概念あるいはその思惟は、自我の自己自身への行為において成立する。また逆に自己自身へ向かってゆくこのような行為は、自我の思惟を与えそれ以外の何らの思惟を与えない。……自己自身へ帰ってゆく思惟の概念と自我の概念は汲みつくしあう。自我は自己自身を措定するものであってそれ以上のものでなく、自己自身を措定するものは自我であってそれ以上のものでない。[5]」

したがって事行は、決して異質のものに向かわない純粋な活動であり、自己意識という純粋な自己関係の本質を言い表わしている。事行は、自ら内面に向かい内面にとどまる行為として「自らに帰ってゆく活動性(die in sich zurückgehende Tätigkeit)」であるが、この in sich の語に語られているごとく、自我は、事行において思惟する自我と思惟される自我とに分裂し、措定する自我と措定される自我との間の差異を形成する。フィヒテは、事行において自我の非対象的な自己意識の生動性を語ろうとしたにも拘わらず、ここに自我の同一性と差異性に関して、例の反省理論のアポリアが逆に鋭く露出してくるのである。というのは、二つの自我の差異の発生にとって、産出する行為としての自我のほかには、所産としての自我にとって何の素材もありえず、所産が純粋に行為そのものからのみ由来すべきであるとするならば、そこでは自我は自己において自己を分割しなければならぬことになり、この自己分割が全く別の自我への分割でない限り、単純な活動としての自我はいったいいかにして自己を分割しうるのか、という問題が生じてくる。さらにまた、産出行為としての自我と所産としての自我との間の差異を、両項の間に成り立つ関係であるとすると、自我の同一性にゆきつくには、必然的に関係項の無限系列化に陥ってしまう。それゆえに自己措定における二つの自我の差異をめぐって、たえず措定する自我そのものが前提されつつもそれを対象化しえないという反省論のアポリアが発生する。[6]

D・ヘンリヒも指摘するように、反省の循環の解消のために、フィヒテは一七九七年の『知識学』において、自己措定とは自己に関して措定された像 (das gesetzte Bild von sich) を措定することであるとして、次のように新しい定式を樹立した。「自我は、自己を、端的に、自己を措定するものとして、措定する。[7]」この定式は、九四年の『基礎』の第一根本命題の拡大された定式である。とするとフィヒテはこの新しい定式によって、一、すでに措定する自我のなかに、自我が措定されたものに対して自発的であるとともに受容的であるという二重の措定性格が見出される。二、もし自我がその像を受容できるはずだとすると、措定された自我像は無であってはならず、自我の像もまた自我の自立性に対してひとつの存在契機をもたねばならない。すなわち自我の像は受容されうるために自我に対して作用するものでなければならない、つまり措定された自我の像もまた二重性格をもつ。三、このようにして措定する自我と措定された自我との関係が方向性を失って、無限系列化を免れる、[8]ということを含意させようとしたことになる。したがって、措定作用の産出的活動と所産との同時的な直接性を表わす「として (als)」によって、一応循環現象は解消したかにみえる。ところが、措定することによって措定されることをいかに同時に意識するといっても、やはり自らを直接に視るというのではなく、措定されたものを媒介として自己を視るのであって、ここには自我の模像が模像であることを自我がいかに知りうるか、模像を越えて自我がいかに自我であるのか、という問いは何ひとつ答えられていないのである。それどころか、「反省モデル」を介して自我が自己について語ろうとする限り必然的に陥るアポリアが、むしろ逆にここでは一層際立って立ち現われてくるといわざるをえないのである。

ヘーゲルのフィヒテ批判のひとつのモチーフがこの循環のアポリアの解決におかれていたことはいうまでもない。循環は、結局対立に固執し続けるところに発生するからである。ヘーゲルは対立を悟性の立場に帰し、この対立を合一して同一性に帰る運動を理性の立場とし、反省する悟性を自ら越えて反省を理性的反省に高める。絶対者としての主観は対立を越える力をもたねばならず、この力をもつ自己のエレメントが反省である。ヘーゲルでは主観性の本質が絶対的反省である。主観は、媒介されていない直接性(措定)からその否定へと、知と対象との同一性から区別性へと移行し(他在の措定としての反省)、さらに否定の否定によって媒介された直接性にいたる(「絶対的他在における純粋な自己認識」としての絶対的反省)。この自己生成の運動において、主観性は反省をエレメントとして自己を実現する。ヘーゲルでは反省の無限系列化は悟性(意識)の立場で発生するものであり、理性(精神)の立場において克服されるものなのである。

しかしながらヘーゲルによるこの解決は、反省の対立性の克服を意味するものであっても、反省の措定性格自体の克服を意味するものとはいえない。むしろ意識の立場に立って反省を徹底化し、反省の限界を見定めることによって反省の立場を根拠づけることはできないものであろうか。というのは、ヘーゲルと同様に反省論のアポリアに気づき、これを自ら克服しようとしたフィヒテのその後の歩みに、ヘーゲルとは全く異なった解決の仕方の可能性を見出すことができるからである。しかしその問題に先立って、反省のもつ知的機能の隠れた意味を形而上学の本質との関わりからもう一度見直してみる必要がある。

二　反省の役割と形而上学の本質

従来の反省解釈は、反省を「確実性」の原理に立脚する知の自己措定であるとみなしていた。自らを知る知の存在は、端的に否定されえないからである。すなわち知と存在との不可分離性がすべての確実性の源泉とされたわけである。たしかに反省の、方法としての確実性は明証の原理に基づいているにせよ、しかし反省を駆り立てるものははたして確実性なのであろうか。いやむしろ確実性による方法の根底には、逆に不確実性の意識ともいうべきものが働いているのではなかろうか。たしかに反省が反省される自己意識を余すところなく照明することができるとすれば、方法としての確実性は事象としての確実性に回帰しておのれの確実性を保証できることになるであろう。このように反省は完全なる自‐知に達することによってのみ確実性を原理として主張できるわけである。ところが意識の立場では反省する自己が反省の対象となりえないというパラドックスが反省論につきまとうのである。それゆえにこのパラドックスの解決を図るためには、まず反省において確実性の自己回帰の運動を駆り立てるものが何であるかを明らかにしておかねばならない。

W・シュルツは、彼の優れたヘーゲル論(9)のなかで、反省が西洋形而上学の根本原則「思惟と存在は同一である」に対する反対動向であると語っている。というのは、この原則は全形而上学を支配するにも拘わらず、形而上学そのものにおいて疑問に付されるからである。形而上学は反省においてこの原則を疑問に付しつつ、かつ真理とみなそうとする内的出来事なのである。反省は存在への直接的結合、すなわち存在と思惟との統一の原則を止揚することであるので、反省によって存在者全体は浮遊状態に陥り、思惟は「形而上学」になり確固たる地盤を失うことになる。

シュルツは、形而上学の歴史のなかに反省の三つの段階を見い出している。第一の段階はギリシア的思惟において反省が存在への他者すなわち無として現われてくる段階である。第二の段階はキリスト教的思惟において反省が存在者への他者すなわち存在として現われてくる段階である。神の事行は創造としての行為において無を否定する。ここでは反省は存在者を創造してゆく存在として無を越えてゆくことである。この段階において、神と世界との区別をとおして存在(神)と存在者(世界)との差異が措定され、存在に対して存在者が浮遊状態に陥る。もともと形而上学の根本の問いである「なぜ総じて存在者があり、むしろ無ではないのか」という問いは、存在と存在者との差異において存在者を疑問に付するキリスト教的思惟によってはじめて可能となった問いなのである。

さて以上のような無や存在の現われにおいて反省を確定する先行段階を踏まえて、第三の段階に当る近世形而上学においては、反省は自己自身を確信して主観性の思惟的反省として現われてくる。この段階で反省は、反省自身が無でも存在でもなく例の原則そのものを止揚することを明確にする。ところが近世形而上学においては、反省する主体は、存在者への関わりを止揚することによって生ずる自己自身への不安によってひそかに支配されている。それゆえシュルツによると存在結合を止揚する反省のもつ存在喪失の不安から、デカルトは神へと歩を返し、カントは存在結合的な認識の立場を守り、存在関係を未決定にしておく形而上学を拒否したのである。

ところがヘーゲルはこうした先行する全哲学を逆転してしまい、無や存在、主観的反省の内部で起こる存在止揚をすべて承認し、思惟と存在の同一性を、反省として規定された思惟と存在の同一性として回復した。このことは『論理学』における反省の箇所で、存在と無とが決して対象としてではなく、最初から反省そのものの原初的規定となっていることに読み取れるのである。すなわち存在が反省の原初的規定であるとすると、媒介は単に主観と客観との対立の克服としての反省ではなく、「単に存在する《ザイエンド》だけでそれゆえに空しい《ニヒティヒ》思惟」から「概念的に把握されそれゆえもはや空しくない存在」への媒介となり、この媒介の終りが「自己自身に透明になった存在」である。この思惟はいかなる意味においても対象的なものに結合しない、すでに絶対的精神の次元における思惟であり、思想の内的展開の仕方の思惟として円環思惟（Kreisdenken）である。この円環思惟は結局『論理学』における二つの始端（Anfang）すなわち単なる存在のもとでの始端とすでに媒介された始端（すなわち終末）との区別を、いいかえると直接的媒介と媒介された媒介との区別を蔽ってしまい、いつもすでに実施されている円環《クライゼン》として、In sich, Aus sich, Durch sich という神の思想を、思惟する反省である精神に移した。このいかなる意味でも実施不可能な円環思惟が反省を絶対化した形態なのである。

シュルツの右のような見解は、反省そのもののもつ、存在者との直接的関係を破る否定的働きの面を重視し、そこから発生する不安を反省の絶対化へのひとつの動機としている点で、興味深い指摘であるといえよう。だからといって近世形而上学が絶対的反省へと自らを帰結してゆくというのはひとつの断定にすぎない。そればかりでなく、彼の考察では知としての反省の存在根拠と対象知との関わりにある存在（存在者）との区別が或る意味で明確にされていない。したがって絶対的反省のなかに取りこまれる存在はこの場合両義的であるといわざるをえない。

シュルツ自身が規定した反省の本来的機能は人間の行動《フェルハルテン》の原初的形態である。人間の行動は存在者との直接の関わりを破壊する裂目であり、両者の断絶を意味するものだからである。ただしこの行動は自己への行動（ふるまい）として孤立したものでなく、つねに存在者への行動と相互に錯綜しあってのみ意味をもつ。だから絶対的反省というものはなく、あるのはただ反省する人間の「悪しき無限性」だけである。(10) このように人間の本来の反省の形態を、「世界‐内‐存在」である人間の世界関係に内属するものとして捉えている見解は、まさしく現代の現象学的反省論の立場と一致するが、知の根拠としての反省の規定をめぐる問いとしてはさらに問いを深めるべきではなかろうか。人間の思惟のもつ世界関係性が決して放棄さるべきでないという指摘は正当であるが、しかし反省に存在破壊的機能を認めるにしても、さらにすすんで知としての反省の根拠の問題に照明を当てて、絶対的反省そのものにこの機能を探るべく考察すべきではなかったか。シュルツは、後期のフィヒテやシェリングもヘーゲルと同様に、それ自体概念的に把握できない絶対者から、知の規定を概念的に把握しつつ展開しようとするのは、アンチノミーであることを叙べているが、(11) 果たしてこのような一律化する解釈は正鵠を射たものといえるかどうか。むしろ逆に反省的思惟の自立性を反省自身が否定する思想は、ヘーゲルとは異なった道をすすんだ後期観念論にこそ見出されることができるのではあるまいか。

ともあれ、反省が仮りに確実性を方法的原理として確定するにしても、反省そのものをゆり動かすのは存在への懐疑もしくは否定である。しかも反省が存在や否定を自らの内に規定としてとり入れるのではないのならば、反省はむしろ否定の立場を貫徹しなければならないことになる。この意味での反省の徹底化を企てたのが後期のフィヒテであるといえよう。

三　反省の自己否定

フィヒテは、知の絶対性を探求するために反省そのものを徹底化する。自我の本質が自己措定であり事行とよばれたのに対し、この自我の本質を対象とする哲学的反省は知的直観である。知的直観は事行を直接的に意識することにほかならない。しかし知的直観はつねに感性的なものと結びついているのでこれを排除すべく抽象を必要とする。ヤンケによると九四年の『基礎』の叙述は、外的反省(哲学的反省)を除去し内的反省(事行)に代えてゆく過程であり、自我の最内奥のものである絶対的反省への道である。[12] 哲学のオルガンとしての外的反省を、自我の在りかたとしての内的反省とひとつにしてゆく歩みは、「哲学する眼としての出来事」であり、哲学的自省の自己貫徹である。一八〇一年の『知識学』は次のように叙べている。「知は自らを、知として、絶対知として反省する。すなわち決してそれは、それがわれわれに対して学問的反省においてあったように、外的に自らに対してあるのではない。[12]」フィヒテではこの知は、知として絶対的であるという意味で、絶対知ではあるが、絶対者ではない。もともと知は知の対象によって規定されているが、同時に知には、つねに知自身の知が、知の自己規定としての自由が属している。この二つの規定を合一してゆくのが絶対知であり、一八〇一年の『知識学』は、絶対知に存在と自由との不可分離性という規定を与えている。絶対知のこの自知性が絶対的反省である。「絶対的反省は、知がその起源の深みまで自らを透明にしてゆく絶対知の自己貫徹である。[13]」知すなわち視ること(Sehen)の自己を視る眼が絶対的反省なのである。

ところが絶対的反省は、絶対知を、このようなものとしてみつめることによって知そのものを分裂させるのである。この「として(als)」は先述した九七年の『知識学』の定式のなかのあの「として」であることはいうまでもない。この「として」が知の中心として媒介機能を果たすということをフィヒテは徹底的に問いつめてゆく。ヘンリヒによると、九八年の『知識学』の新しい定式を吟味することによって、フィヒテは九四年の『基礎』の定式のなかにひそんでいた知の根拠を思惟する思想へ赴いた。[14] ということは、この「として」の新しい把握によって、もはやデカルト的意味での反省の自己確実性も、それの哲学的精緻化ともいえる初期知識学の説く無制約的な自己措定も、結局は意識の根拠を形成するものではないことが洞察されたということである。「として」は、知の自‐知を措定し、主観に対立させ、したがって知の統一における対象からの拘束性と自由とを分ける。フィヒテは一八〇一年の『知識学』において、われわれの意識現象を五つの相に分けているが、主観と客観、思惟と存在を対立的に措定する第五の項が「として」であり、「として」によって他の諸項が集約されかつ分別されるのである。

それゆえ反省は確実性の源泉どころか、むしろ懐疑の源泉であり、その分離する力はつねに「として」の形で対立を形成する。したがって反省は実在性を把握することはできず、むしろそれを破壊する。知はつねに把握された存在の概念を、把握できない実在性から分離するのである。しかもこの「として」の形式は、存在者に規定性を与えることによって、これらを制限する作業を可能にする。したがって、反省哲学がもし自我の反省的自己意識を絶対的出発点とする限り、反省哲学は存在と実在性の点では全く空虚であり空しいものとならざるをえないのである。反省が権限をもつのは、反省によって対象化された領分に限定されるが、ところがもしこの存在の反射《レフレックス》にすぎないものを存在とみなすとき、反省哲学は取り返しのつかない根本的誤謬を犯すことになる。ここにF・H・ヤコービが近世の反省的哲学体系の陥る危機を指摘し、ニヒリズムの語を使用して、ドイツ古典哲学に対して神か人間かの二者選一を迫った事情があるといえよう。

フィヒテは一八〇一年の『知識学』において、絶対知と絶対者との関係をめぐって徹底的に思索している。絶対知が絶対的反省において自らの起源の深みにまで自己を貫徹することによって、自らの位置の確定を問うのである。この場合、反省が実在性を破壊するという事態は、絶対的反省と絶対的実在性との関係についてもいえることである。絶対知は自らを直観することにおいて、起源において自己を無化(Sichvernichten)するのである。無は、九四年の『基礎』のように否定量ではなく、知にとっての無である。絶対知は、絶対者が概念的に把握しえないものであり、絶対知の非存在《ニヒトザイン》が絶対的存在であることを洞察する。ヤンケは次のように叙べている。

「絶対的実在性あるいは原的実在性は、フィヒテにとっては、絶対者あるいは未分化の純粋な存在にとっての名称である。絶対知はたしかに知としては絶対的であるが、絶対者ではない。絶対知はむしろいつも〈として〉という反省形式においてのみ絶対者あるいは単純な存在に関係する。知は、存在を、いつも〈として〉の二分化形式においてのみ概念的に把握し論議する。[15]」

絶対知の起源への洞察が無知の知を産み出し、無知の知が、絶対者は知から自らを退けるものであり、永遠に自己自身と等しい存在である、ということを洞察する。一八〇一年の『知識学』はこのような洞察に達したといえるのである。すなわち九四年の『基礎』の無制約的命題を出発命題とする自我の自己措定は、結局その帰結を、九七年の『知識学』のあの「として」に見出すのであり、さらにこの「として」を徹底的に知の中心形式として考察するとき、この「として」の媒介者が自我であること、この自我が絶対的存在を映像（Bild）として措定するものであることが洞察されるのである。

もとより一八〇一年の『知識学』は、絶対知の自己表明の叙述が反省性によって可能となるという考えにとどまっており、[16]対立と区別を実施する知がいかに根底にひそむ存在から発生するのかという洞察に到達していない。つまり「存在と純粋な自己意識との連関」（ヤンケ）はまだ問われていない。この洞察は以下に考察するように一八〇四年の『知識学』に見い出される。[17]しかし、反省が存在者全体を浮遊状態におく（シュルツ）ことによって発生してくる反省ニヒリズムに対し、ヘーゲル的形態の絶対的反省や、あるいは反省を理性の立場として拒けて実践の立場に立つことだけが、その克服の試みなのではない。むしろ反省そのものの起源と終末にまで反省を徹底化し自己貫徹させるフィヒテの歩みにこそ、反省哲学の真の意味での自己克服の試みを見出すことができるといってよいであろう。

四　視の視、あるいは純粋な自己意識

一八〇四年の『知識学』の叙述は真理論と現出論とに分けられている。ここでは詳しくその叙述を追うことはできないが、真理論は絶対者にいたる上昇の道であり、絶対的抽象の道である。絶対的抽象とは、反省の終りに、反省の二分化の原理から由来するすべてのものを脱却する作業であり、このような抽象のあとに残る存在が、「決して自己の外に出ていない、それ自身完結した単純なもの」であり、「それ自身、不可視的である真理の光」であることが見出されるのである。そこでまず区別作用としての意識の活動すなわち概念的把握作用が克服される。なぜならわれわれが「在る《イスト》」を口にするとき、まず概念が措定され、そして無化されて、それ自体では概念的に把握できない存在が措定されるからである。ついで原概念《ウアベグリフ》が克服される。絶対者(光)について思惟されるとき、高次概念によって光とその意識の統一が説明されるが、この概念が原概念であり、フィヒテはこれを「交錯(Durch)」もしくは「錯綜(Durc-heinander)」ともよんでいる。光は光の意識を映像とし、それによって映像化されたもの(Abgebildetes)であり、この両者の統一が原概念である。しかしこの原概念は自己自身を産出する統一ではなく、単に分裂化の原理にすぎない。この区別こそ光を必要としている。この光が「生ける交錯」の形式において意識に現われる場合、光と光の表象との区別が明白となるのである。さらに引き続いて、意識に関する従来の考察の仕方である実在論と観念論が克服される。両者ともに、自己自身を産出してくる自立的統一を原理にしようとするにも拘わらず、ともに説明不可能な区別の成立を前提しているからである。自体(An sich)を原理にするにせよ、自己意識を原理にするにせよ、いずれも「として」を使用しているが、「として」の発生の根拠を説明しえないからである。このようにして「真理論」は、

意識において対立するものが絶対者においてひとつであることを明らかにし、「全く区別を含まない絶対的存在」を見出すのである。

それでは、いかにして絶対者は知の根拠でありうるのか。この問いは真理からの下降の道である現出論において展開されている。現出論は、まず絶対者が自らの現出の原理となる仕方を問い、ついで現出の体系すなわち現出の演繹、知の諸規定を形成する根本区別についての究明を企てている。それでは絶対者はいかにして知の統一と区別との原理となりうるのか。それは絶対者が存在であるとともに自らを根拠づけてゆく光であり、存在と内なる視（洞観 Einsehen）の同一性であるからである。この洞観が知の中に現出するからなのである。それはいかなる仕方においてであろうか。フィヒテは存在の、何ものによっても構築されえない統一を自己依拠（Von sich）の統一とよび、それによって自己自身によって可視的となるもの、すなわち存在と自己産出的知との統一を言い表わそうとしている。絶対者は自立的であるばかりでなく自らを表わすもの（Selbstdarstellung）である。この統一である絶対者が知の中に現出するというのは、知がこの自己依拠についての概念を手に入れることであり、フィヒテはこの概念を Von a-b とよんで、或るものに依存していることを知る知を言い表わそうとしている。この場合、この知が自己依拠を前提として成り立つことだけが意味されているのでなく、さらに重要なことは、知が、客観化されえない視によって貫徹されているということであろう。

ここでは、光が「自己を根拠づけること」として自己を外化するということ、しかし光は不変化的統一であるから知は自らを映像（Bild）として光から区別して自己を了解すること、そして知は自らをこの概念的に捉ええないものによって措定されたものとして自己を了解するということが語られている。すなわち絶対的存在が区別を含まないものであるとすると知は絶対的存在の現出（Erscheinung）でありその外化であらねばならないということ、つまり存在がそれ自らを絶対者として表示することによって自己を外化するということが知において起こる、ということが語られている。絶対者の現出は、自己自身を絶対者の必然的外化として知る知においてのみ可能なのである。この知は自己の根源を了解している知として哲学的知である。それ自体では不可視的なもの、把えがたきものが可視化することをフィヒテは映像または図式と名づけているが、存在とはまさしく「映像に入ってくることによって知の映像から身を却ける不可視のもの」（ヤンケ）なのである。しかし自己の起源を了解している知、自己を映像として知る視の必然性は、洞観（光）が、つまり客観化されえない視が知を貫徹することに由来する。ジープはこの視について、まず第一に、視が自らを無化することにおいて、自らを外化する絶対者を視るという意味では絶対的洞観であり、第二に、自らを視の外化、映像として視るという意味で先験《トランスツェンデンタール》的な知であり、第三に、理性自身の自己知である以上、視の視であると叙べている(18)。

フィヒテの一八一〇年代の仕事は、映像論や図式論すなわち現出論をめぐって展開されている。この最晩年の思想をここで取り上げることはできないが、フィヒテのこの仕事は、クザーヌスからライプニッツを経て、今日の現象学的思惟の展開方向にまでいたる、近代哲学の現出論としての自己確定の大規模な歩みのなかで、看過しえない、重要な、決定的な意義をもつものと思われる。ここではそうした次元を開くために反省哲学の自己克服という出来事がフィヒテ自身の思惟のなかで起きたということにだけ、すなわち反省の徹底化による反省の挫折（一八〇一年『知識学』）、そして知が自らを絶対者の映像として視ること（一八〇四年『知識学』）に、照明を当ててみた。一八〇四年の『知識学』は知の限界と根拠を問うことによって、自己意識の問題論に新しい方向を与えている。すなわち自己意識を絶対的原理におこうとした伝統的形而上学の立場を自ら否定し、自己意識の非自立性を明らかにしたからである。決して対象化されえない視として知を貫く視は、反省理論から解放された自己意識であり遂行態にある意識の自己了解の出来事を意味する。

ヘンリヒは、フィヒテの知識学においてもともと反省的自己関係の理論と、知とその根拠の理論とが隠された仕方で重なっていたことが後期のフィヒテの変貌の前提になっていることを指摘している。そして知にとって知られない知の根拠は活動する根拠であり、それが一八〇一年の『知識学』では「眼がそのなかにおかれている活動性(eine Tätigkeit, der ein Auge eingesetzt ist)」という定式に言い表わされているとし、この眼のメタファーの意味を探ろうとしている。ヘンリヒによれば、フィヒテは一八〇一年以来最後の一三年間この自己を捉えるまなざしの思想に眩惑され続けた。視においてのみ働くがしかし視からは産み出されないこの「視の視」こそ、「世界のなかに出ていかないで眼そのもののなかに光を拡げる別の視」であり、「自ら明るむ眼」なのである。[19]

ポトハストもまたフィヒテが眼を鏡の反対物として語った文章を解釈しつつ、フィヒテが眼のメタファーのなかに直接的自己意識としての知的直観を探り出そうとしていたことを指摘している。一般に鏡像はそれを視ている人にとってのみ映像であるが、自我においては鏡そのものが視るのであり、鏡が眼と化するのである。ポトハストによるとこのように自己を視る眼というメタファーの使用が読者に判り難いことをフィヒテはよく知っていたので「知的直観が自己自身のうちに住まうこと」という言いかたもしていたという。[20] ここにわれわれは、クザーヌスが神の視について語った言葉「汝を視ることは、汝が、汝を視るものを視ることに他ならない」を想い出すであろう。人間の視にとって不可視的である「隠れたる神(Deus absconditus)」を視ることは、決して形像化的視によるものではなく、人間の視のなかを神の視が根拠として貫くことによってのみ可能となるからである。[21] 神と人間とを内側からのみ結ぶこのドクタ・イグノランチアの思想を改めて問うことが必要であることは、ヘンリヒも指摘しているとおりである。[22]

しかしここではこの直接的自己意識の直接性の意味をどのように今日的視点から取り上げるべきかが問題である。

ヘンリヒは、この自己意識を反省に先行する知の成分としての「自己との親和性」として解釈する。[23] 意識が現われるときはつねに自己への知を伴うが、このアノニムな自己意識は、決して知としての自己所有ではない。もし知としてこれを所有しようとすればあの循環に陥ってしまうものなのである。ヘンリヒは、この先反省的な自己意識を反省理論から解放するには反省そのものの自己克服によるしかない旨を叙べているが、それを俟たずとも、フィヒテにみられる自己意識と反省の交替のドラマが語る近代反省哲学の根柢的な出来事が、今日、とりわけフッサールの晩年の時間論「生き生きした現在」における先時間的出来事としての自我の分析のなかで、事象分析としての比類のない精緻さにおいて、再び現われてくることをここに指摘しておきたい。[24]

また自己意識が対象化しえない仕方で自らの根拠を了解しているという事態のなかには、さらにそれ以上の含蓄があるといわねばならない。というのは、知としての反省のなかにつねに反省機能とは別の根源的な自己了解が働くということは、「隠れたもの」を「隠れたもの」として了解することだからである。このような機能は必ずしも今日の解釈学的思惟のように「隠れたもの」を主題的に顕在化する働きとは異なって、むしろ「隠れたもの」をそれとして気づく思惟であり、ハイデガーのいう「秘密に気づいている思惟」に近いといってよいであろう。しかしハイデガーのように表象的思惟を克服しつつ現成してくる存在の思惟というよりも、つねに知のなかで、反省的思惟のなかで、決して主題化されることなく自己を貫徹している根拠の知なのである。隠された根源への気づきを内に秘めたこの思惟こそ、解釈学的思惟の新しい可能性を示唆しているものといえないであろうか。

（1） H. Wagner, Reflexion, in: Handbuch philosophischer Grundbegriffe, München, 1973, S. 1202.

（2） I. Kant, Kritik der reinen Vernunft, Suhrkamp, B 316 ff.

（3）W. Becker, Selbstbewußtsein und Spekulation, 1972, S. 66–85.
（4）Fichtes Werke I, hrsg. v. I. H. Fichte, Berlin, S. 96.
（5）ebenda, S. 523.
（6）P. Reisinger, Reflexion und Ichbegriff, in: Hegel-Studien 6, S. 239 ff.
（7）D. Henrich, Fichtes ursprüngliche Einsicht, Frankfurt a. M., 1967, S. 21.
（8）Reisinger, a. a. O., S. 241.
（9）W. Schulz, Hegel und das Problem der Aufhebung der Metaphysik, in: Martin Heidegger zum 70. Geburtstag Festschrift, Frankfurt a. M., 1959, S. 67–92.
（10）Ders., Das Problem der absoluten Reflexion, Frankfurt a. M., 1963.
（11）W. Janke, Fichte. Sein und Reflexion, Berlin/New York, Hamburg, 1970, S. 19.
（12）Fichtes Werke II, S. 42.
（13）Janke, a. a. O., S. 36.
（14）Henrich, a. a. O., S. 25.
（15）W. Janke, Das empirische Bild des Menschen zur Fichtes Bestimmung des Menschen, in: Philosophische Perspektiven I, Frankfurt a. M., 1969, S. 233.
（16）W. H. Schrader, Empirisches und absolutes Ich, 1972, S. 158.
（17）一八〇四年の『知識学』に関して最近批判的に編集されたものとして左記のものが挙げられる。J. G. Fichte, Wissenschaftslehre 1804. Text und Kommentar, hrsg. v. W. Janke, Hamburg, 1966; Johann Gottlieb Fichte, Erste Wissenschaftslehre von 1804, hrsg. v. H. Gliwitzky, 1969; Johann Gottlieb Fichte, Die Wissenschaftslehre. Zweiter Vortrag im Jahre 1804, Hamburg, 1975.
（18）L. Siep, Hegels Fichtekritik und die Wissenschaftslehre von 1804, 1970, S. 71 f.
（19）Henrich, a. a. O., S. 25 ff.
（20）U. Pothast, Über einige Fragen der Selbstbeziehung, Frankfurt a. M., 1971, S. 70.

(21) 本書第6章参照。
(22) Henrich, a. a. O., S. 40.
(23) Ders., Selbstbewußtsein, in: Hermeneutik und Dialektik II, Tübingen, 1970, S. 279.
(24) 拙稿「現代哲学における反省概念について」(『現象学研究』Ⅰ所収、せりか書房、一九七二年)を参照されたい。

8　フィヒテとハイデガー

一　ハイデガーのフィヒテ解釈

フィヒテは、『一八〇四年の知識学』のなかで真理について次のように語っている。真理とは「最も明らかなものであると同時に最も隠されたものである(das allerklarste und zugleich das allerverborgenste)。そこにはいかなる明るさもないからである。」[1]『一八〇四年の知識学』を繙くとき、そこに漂うハイデガーの真理論への近さを感じないひとはおそらくいないであろう。それではハイデガー自身はフィヒテの哲学についてどのように語っているであろうか。ハイデガーがしばしば行なったドイツ観念論に関する講義のなかで、ヘーゲルやシェリングに較べてフィヒテに関するものはきわめて少ないようである。フォン・ヘルマンは彼自身による解釈を加えてハイデガーのフィヒテ論について報告しているが、それによるとハイデガーは早くも一九一六年の冬講義「真理と現実」のなかでいわゆる九四年の知識学(『全知識学の基礎』、以下『基礎』と略記)を扱っていたが、その後一九二九年の夏講義「ドイツ観念論(フィヒテ、ヘーゲル、シェリング)と現代の問題情況」(GA. Bd. 28)および一九三三年の冬講義「フィヒテの一七九四年の知識学」のなかでフィヒテが主題的に解釈されたとのことである。[2]この報告から察するに、ハイデガーはフィヒテの哲学に関する限り『基礎』を主要テキストとして選んでいるようであり、その限りで、彼のフィヒテ解釈は基礎的存在論の立場から絶対的自我の哲学に対して批判と基礎づけを行うという形をとっている。しかもこの批判は、暗にフッサールの現象学を媒介としたフィヒテ解釈となっていて、その意味では今日の現象学的フィヒテ解釈のひとつの典例ともなっているようであるが、その余りにも整然たる解釈は明快にすぎる感がしないでもない。もとよりヘルマン自身の解釈をとおしてそのように受けとられるまでのことであり、ハイデガーのフィヒテ論の原典が刊行されるまで本格的な検討は許されないわけであるが、しかしそこに紹介されているハイデガーのフィヒテ解釈（らしきもの）の論旨を述べるとすれば大体次のようなことになろう。

九四年の『基礎』は、周知のように経験的事実としての論理学の法則を手引きにして、反省の抽象化作業をとおして三つの原則（根本命題）を見出してゆく。ところで右の解釈によると、この三つの原則はそれぞれ超越論的自我の超越論的原行為《ウアハントルング》の命題的表現であり、自我の自我性の本質を三つの本質的観点から規定している。第一の原則は、自己自身を措定する（sich-selbstsetzen）という自我の最も根源的な行為を表現しているのに対し、第二の原則は、非我（自我にあらざるもの）を端的に自己自身に対して対立的に措定する原行為を表現するが、非我が対立的に措定されることは、対象を表象するものとしてではなく表象されるべきものとして捉えるという意味で、表象する知にとって最も根源的な根拠となっている。すなわち非我は個々の対象なのでなく、むしろ個々の対象の構成に対する超越論的な前提として、対立的《エントゲーゲン》であることの地平なのである。ところが第二原則によってひき起される矛盾——つまり一方では非我を対立的に措定することによって、自我において措定された自我が廃棄されることになるのに対して、他方では非我は自我のなかに自我が措定される限り、いいかえると自我が自己自身と同一的である限り措定されるという矛盾——は解決されねばならない。そこで自我によって措定された自我とこの措定された自我に対立して措定された非我との対立を消失させることなく、しかも自我の同一性を廃棄することもなく対立を綜合する行為を表現したものが第三原則である。フィヒテはここで制限（Einschränken）とか可分割性（Teilbarkeit）ということをいいだす。論理的な制限の行為を手引きにして、自我と非我とを統合してゆく可分割的な措定の行為である第三の原行為が見いだされるのである。措定された自我によって制限された非我によって制限された自我とが相互に制限しあうということは、自我のなかに措定された自我の実在性を、全体としてではなく、非我の対立措定によって否定されるその分だけ非我に移すということを意味する。この制限は合一を前提としてはじめて可能である。そしてこの合一において第一原則に表現された自我の同一性が維持されねばならないとなると、非可分的な絶対的自我とそのなかに可分的に措定された可分的自我の自己意識とは同一のものでなければならないということになる。

このように第一原則は絶対的自我の自己関係(Selbstbezug)を表わし、第二原則は表象された対象にとってその対立していることの超越論的地平としての世界を、したがって絶対的自我の世界関係(Weltbezug)を表わすのであるが、第三原則は、自我が非我の対立措定において同時に自己自身を可分的に措定するという仕方で自己の超越論的有限化(transzendentale Selbstverendlichung)を行うことを表わしている。このようにフィヒテの三つの根本命題には、自我の三つの超越論的本質が語られているわけであるが、「基礎的存在論」の立場からすれば、いうまでもなく超越論的自我の立場は世界-内-存在としての現存在の存在に基礎をおき、そこから派生したものにすぎない。意識の立場では意識の存在は意識に入ってこないおのれ自身の影であり、決して問われることがない。「シェリング講義」のなかでもハイデガーは次のように語っている。「フィヒテによれば自我が世界を投企する。『存在と時間』によれば自我がはじめに投げられたものなのではなく、現-存在がすべての人間存在に先立って存在しつつ投げられたものなのである。」(3) ハイデガーによると自我はもはや絶対的なものではなく、現存在からのみ思惟されたものであり、世界は存在者の総体ではなく、開示性全体の方位であり、有限性は決して絶対的自我の世界化的な自己客観化などではなく現存在の在りかたそのものである。そしてこうしたフィヒテ批判はそのままフッサール批判と重なり、近代自我哲学全般への批判ともなっている。

だが右のようなフィヒテ解釈はどこか腑におちないものを感じさせる。もとより解釈のもつアスペクト性を離れた客観的なフィヒテ解釈などあろうはずはない。そうではなく、ただ解釈が「言われたこと」(Gesagtes)の蔭に隠されている「言われなかったこと」(Ungesagtes)を顕にすることであり、この「言われたこと」が解釈の出発状況の構成契機としての先所与性であるとすると、何をもってフィヒテの知識学の本来の立場を表わす主要テクストとするかということに問題がある。要はここで語られているのは初期知識学に限られたフィヒテの立場であるということなのである。

二　後期フィヒテとハイデガー

ごく最近までフィヒテの哲学はヘーゲル哲学の影のなかにおかれ、ヘーゲルのフィヒテ対決がそのまま哲学史におけるフィヒテ解釈の方向を固定させていたが、一九六〇年代に始まったドイツにおける古典哲学の大規模な再検討のなかでフィヒテの研究もまた活潑化してきているようであり、フィヒテの、それもとくに一八〇一年以後の後期知識学の世界への展望がみるみるうちに開かれてきた。逆に『基礎』を中心とした初期知識学の含意するところが新たに見直されるようにもなってきている。ここでは後期フィヒテの知識学やそれに関する諸研究について詳しく論ずることは許されないが、なぜ『一八〇一年の知識学』以後の後期知識学、とりわけ『一八〇四年の知識学』が今日俄かに注目され始めたのかについてひとこと述べておきたい。

つまり後期知識学によって提起された問題は、近代哲学の根底に横たわる知の基本的構図の問題なのである。例えば『一八〇一年の知識学』は、知と絶対者との区別を、反省する知の自己否定という形で叙べている。知は自らを知として、すなわち絶対知として反省し、知の根拠まで絶対的反省を貫徹してゆき、絶対知の非存在が絶対者であることを洞察する。知は実在を対象として把握する立場であるが、この「として」(als)を知の中心形式として考察するとき、知において絶対者が自らを退けるものであることが洞察される。しかし『一八〇一年の知識学』は知の根拠からいかにしてすべてを区別する知が生成するのかを問わない。これに対し『一八〇四年の知識学』は、知が絶対的存在の現われ(Erscheinung)であることを叙べている。すべてを区別し概念的に把握する知は、「全く区別を含まない絶対的存在」を把握できないことによって自己を否定するにいたるが、この知の自己否定、自己無化をとおして自らを逆に絶対的存在の「現われ」として、また絶対者の「映像(Bild)」として了解するのである。フィヒテは、反省知の二分化の原理から由来するすべてのものを抽象化したあとに残るものを絶対的存在であるとし、「それ自身不可視的である真理の光」であると叙べている。存在は映像に入ってくることによって逆に知の映像から自らを退ける不可視のものである。この不可視のものである自らの根源を了解している知は、哲学する知として「自ら明るむ眼」として語られている。哲学する知としての視はたしかに「視の視」ではあるが、決して光を視ることはできない。むしろこの光を生きるのである。フィヒテが「自ら明るむ眼」とか「世界のなかに出てゆかないで眼そのもののなかに光を拡げる別の視」という言いかたをしているのは、まさにこのように思惟が、「隠されたもの」が「隠されたもの」として自ら顕現してくる働きのなかにおかれていることを言い表わそうとしてのことである。ここにハイデガーが存在の思惟とよぶものへの或る近さを読みとることができるといってよいであろう。

　フィヒテのいう知の自己否定は、否定そのものが対象の側からではなく知そのものの動きの内部で生起してくる、あるいは知の背後で生起してくるところにその徹底性をもつ。「隠されたもの」は対象としての存在者の蔭に隠されているのではなく、視ることそのことにおいて身を却けるのである。その意味でフォルクマン＝シュルックが形而上学の本質の歴史的完結形態を三つ挙げ、それをフィヒテの後期哲学、シェリングの哲学、ヘーゲルの哲学にみていることは興味深いことである。[4] いずれの哲学も、近代的表象知の立場、区別と対立の立場を否定的に克服しようとしているが、否定の起こる起こりかたがそれぞれ本質的に相違するのである。

ここでBild の語に託してもう少し話をすすめてみよう。「隠されたもの」は自らを像《ビルト》として外化することによって、まさにこのことによって自らを「隠されたもの」として告げるのである。ところがこの場合、いかにして「隠されたもの」を視る（あるいは了解する）ことができるのであろうか。そこに二つの根本的な事態が考えられる。ひとつは「隠されたもの」が自らを像として外化すること自体がこの「隠されたもの」を思惟すること（視ること）であるという事態であり、もうひとつは可視的な像をとおしてその背後に不可視のものを視るという仕方である。後者はいわゆるシェリング的方向ともいえるもので、今日でも知の対象性の背後に汲み尽しがたきものを探り、Urnatur とかコスモスといったことが語られるのは大体この方向に属している。そこでもう少しBild の語に固執して、今度はハイデガーがこの語をどのような場面で語っているかを注目してみることにしよう。この語はヘルダーリンの無題の詩を解釈した小篇のなかに見出される。[5] そのなかでヘルダーリンの詩が解釈されつつ詩作が天と地との間を測ることであり、尺度（Maß）を受けとることであると語られているが、この尺度がじつはBild にあたるといってよい。尺度は、未知なる神が未知なるものとして天をとおして顕現してくるところに成り立つといわれる。すなわち詩人が親しきものである天の眺めのなかに（未知なるものにとって）よそよそしきものを呼び出すとき、この天の眺めがBild となるのである。それでは「よそよそしきもの」とは何か。それは「自らを顕現することにおいて、まさに自らを隠すものを自ら隠すものとして現わにさせること」であり、未知なるものが未知なるものとして自己を贈っているまさにそのことなのである。ハイデガーは次のように叙べている。「像《ビルト》の本質は或るものを見えるようにすることである。それに対し影像とか模像とかはすでに本来の像の変種である。本来の像は眺めとして不可視のものを見えるようにし、この不可視のものをそれにとってよそよそしきもののなかへと像化する《アインビルデン》（想像する）ことである。」ここでは像はいわゆる写像理論におけるような不在のものへの指示機能として語られているのではない。可視的なものに即して不可視のものが不可視のものとして自らを告げるとき、この可視的なのものが不可視のものと一体となっていることが語られようとしている。ところが、それでもやはりどこかに可視的なものをとおして不可視のものを視るといった響きが残っていて、不可視のものが可視的なものの背後におかれているかのごとき観を呈し、それがハイデガーの思惟に対する或る種の誤解を誘う余地を残している。だがハイデガーが詩作とか詩作的思惟を存在の思惟として語るとき、存在と存在者とのあの相互依帰的な二重の襞（Zwiefalt）の動きのことを語っているのであり、詩作はまさに「自らを隠すもの」がそのようなものとして自らを贈ることとそのこととして生起するのでなければならない。ハイデガーの後期の思惟もまた「隠されたもの」の自己顕現の動きが思惟であるというフィヒテの洞察に通ずる「思惟の境地」に立っている。

しかしハイデガーとフィヒテの思惟の底にひそむ両者の近さよりも、むしろここでは両者の微妙にして決定的な差異の方に興味がある。ヤンケはフィヒテの思惟がプラトン的形而上学の独自の完結形態であるとして次のように叙べている。「フィヒテの思惟は「存在をその存在者への区別から（このような区別としてではないが）思惟し、真理を隠蔽性から（隠蔽性としてではないが）経験することによって、そのなかに形而上学の未だ知られていない真理の痕跡が見いだされるのである。[6]」だがこうした批判はハイデガーの側に立ってしまえばいわば当然ともいえるものであり、しかも或る意味では容易に下すことのできる種類の批判であろう。そうではなく、もう少し積極的な意味をもった両者の差異を見出すことができはしないであろうか。フィヒテでは知の自己否定は知の放棄ではない。むしろ知の否定によって知の立場が生きてくるのである。知の自己否定によって知の根拠が知を貫いてくるといってよいであろう。知が自らの限界を知において知るところに、現代にフィヒテが生きてくる理由がある。知の自己否定がそのまま近代的知としての科学へのトータルな否定の教説へと展開しないところに、現代の学問論的関心のなかでフィヒテが見直される理由があるように思われる。このことはまた、ハイデガーの思惟を今日の新しい哲学の学問論的な問題情況のなかで生かそうとしているいくつかの試みが、一致してフィヒテの思惟を顧慮していることにも確実に読みとることができるであろう。

(1) Fichtes Werke X, S. 205; J. G. Fichte, Die Wissenschaftslehre. Zweiter Vortrag im Jahre 1804, Hamburg, 1975, S. 150.

(2) F. -W. von Hermann, Fichte und Heidegger. Phänomenologische Anmerkungen zu ihren Grundstellungen, in: Der Idealismus und seine Gegenwart, Frankfurt a. M., 1976, S. 231-256.

(3) M. Heidegger, Schellings Abhandlungen über das Wesen der menschlichen Freiheit (1809), Frankfurt a. M., 1971, S. 357.

(4) K.- H. Volkmann-Schluck, Reflexion und Denken, in: Wirklichkeit und Reflexion, Pfullingen, 1973, S. 187-204.

(5) M. Heidegger,《…Dichterisch wohnet der Mensch…》in: Vorträge und Aufsätze, Pfullingen, 1954, S. 187-204.

(6) W. Janke, Fichte. Sein und Reflexion, Berlin, 1970, Vorwort XV.

9　深さの現象学

――フィヒテ後期知識学と否定性の現象学――

今日、近代の主観性の形而上学は解体されつつあり、同時に、反省哲学の世紀はすでに過ぎ去ってしまったとみられている。もとより、こうした解体作業は、決して、人間の主観の開示機能を無視して、或る何か全体的構造のなかに人間を一つの項として組み入れるという、素朴な客観主義に座を譲ることであってはならない。むしろ、主観性の形而上学の解体は、これまで主観の名でよばれてきたもの――意識であれ、精神であれ、生であれ、実存であれ――のなかに、隠されつづけてきた「主観性の他者 (das Andere der Subjektivität)」との関わりを改めて問うことを促しているとみるべきである。主観性にとっての他者は、もともと、決して主観性によって産出されたものではなく、むしろ主観性の自己規定を可能にするために、主観性にとって前提されているものである。ところが、それ自身は無規定であり空虚であるために、他者は、主観性によって規定されることによって、その本来の他者性として成り立つ次元を隠してしまう。なぜなら、主観性が他者に与える規定は、主観性が自ら他者のなかに置いた規定にすぎないからである。(1) 主観性の他者がまさに他者として主観性に関わってくる次元を問うことは、主観性哲学の絶対性要求から主観性を解放して、主観性そのものをまさにその根底から問い直すことにほかならない。

ところが、近代の反省理論の展開を追うときに、すでに、主観性の絶対化を拒けて、主観性の他者との関わりのなかで、主観性を根底から捉え直そうとする、数少ないいくつかの試みに出会うのである。とくに、フィヒテの後期の知識学は、反省を徹底化する道のなかで反省が最終的に自己を滅却せざるをえないこと、そして知に取りこむことのできない知の根拠を、知がどのようにして語りうるか、ということを徹底して考え抜いている。W・シュルツも最近の著作『揺動の形而上学』のなかで、次のように語っている。「フィヒテは、絶対的な、すなわち存在者から切り離された自我性の問題系を、主観性の哲学に対する現代の批判よりも、はるかに深く見抜いている。[2]」シュルツによれば、フィヒテが認識していたことは、「主観性の本来の問題は、それが一切を自らの上に置くということにあるのではなく、むしろ自我が自己自身を確定したり確保したりできないという点にある[2]」とされている。シュルツは、一切の規定の上を揺動(Schweben)している主観性の「寄辺なさ」(Haltlosichkeit)に重点を置いて、フィヒテの知識学が現代に、とくに現代の芸術に与えている意義を論じているが、それはかならずしもフィヒテの思惟によって踏破された知の限界領域を十分に伝えるものではない。むしろ、そういう揺動のなかでフィヒテが描き出そうとした知のシステムがいったい何を語ろうとしていたのかを、さらに一歩すすめて問わねばならないのである。そのとき、現代の思惟に共振してくるフィヒテの後期思惟の意義を語ることができるであろう。

一　後期知識学における「像」理論

フィヒテが、一七九四年の『全知識学の基礎』において展開した自我性の命題、とくに自我の端的な自己措定を表わす第一根本命題は、これまで、自己意識の確実性に基づく反省哲学の立場を表わす基本的テーゼとみなされていた。ところが、フィヒテの思惟の歩みとともに、初期知識学の説く自我の無制約的な自己措定が意識の根拠を形成するものではないことが洞察されてくる。フィヒテの思惟に生じた変化は、すでに一七九八年の『知識学』における、自己措定に関する新しい定式に見出すことができるが、[3] 決定的な転回は一八〇〇年頃に起きるのであり、一八〇一年の『知識学』では、絶対知が絶対的反省において自らの起源の深みにまで自己を貫徹することによって、この起源において自己を無化する＝滅却する(sich vernichten)にいたり、絶対知が、絶対者が概念的に把握しえないもの(Unbegreifliches)であり絶対知の非存在が絶対者であることを洞察するにいたることが叙べられている。一八〇四年の『知識学』になると、このように絶対者にいたる道が上昇の道すなわち真理論とよばれ、さらに真理の洞察に基づいて、絶対者がいかにして自らの現象(＝現出 Erscheinung)の原理となりうるかを問いつつ現象のシステムを形成する仕方を究明する下降の道すなわち現象論(Erscheinungslehre)が企てられている。こうした変貌にいたるフィヒテの思惟の歩みについてはすでに他の箇所で論じたこともあり、[4] また本稿の意図からしても、ここでは後期知識学の現象論に考察を限定することにしたい。

一八〇四年の知識学の現象論をはじめとする後期知識学の現象論または「像」論を導く根本洞察は、次の三つのテーゼに表われている。まず第一に、「絶対者(一者)のみが存在する。それ以外には何ものも存在しない」。これは反省の自己滅却をとおして得た根本洞察であり、実在が知によって概念的に把握できないものであることの、非概念把握的(unbegreiflich)な洞察の表現である。この洞察は、次の第二のテーゼと密接に関連している。すなわち、「絶対者の外には、絶対者の現象(または像 Bild)だけがある」。ここで「ある」といわれるのは「現に(da)ある」の意であり、総じて古典哲学において「意識の事実」といわれるものにほかならない。

そもそも後期知識学は、われわれが絶対者の概念をもつという事実の徹底的な解明なのである。フィヒテによると、知識学は「この事実から出発しなければならない、そして説明しなければならない」のである。知識は実在ではないが、実在の現象であり像である。そのかぎりにおいて実在と密接不可分の関わりにおかれている。現象の語は、ほかに視る(sehen)、可視性(Sichtbarkeit)、悟性などの語でも語られるが、まさに現象が現にあるの「現(da)」とは、意識の事実として、今日の表現を用いれば開示性を表わしていると解してよいであろう。それゆえ、現象(または像)の本質を解明するのは、まさに現象そのものを手掛りとするしかないのである。そしてこの現象それ自身を解明するのがほかならぬ現象そのものであることを言い表わす命題が、第三のテーゼ「現象は自らに現象する」また「視る(はたらき)が自己を視る」である。

現象の自己現象、視の自己可視化、または悟性の自己理解という語でも言い表わされるこの事態は、ひと言でいえば可反省性(Reflexibilität)の構造のことにほかならない。現象論としての知識学の叙述は、このような洞察に生きる「われわれ」によって遂行されるのであるが、この「われわれ」とは何か、知識学の立場そのものは何か、を問うまえに、現象論においては、知の反省的な自己規定は、いったん否定された知の全圏域が存在の現の原理としてふたたび取り戻されることであり、「絶対的一性にいたる可視性の全存在が反省される」(SW. X. 490)ことであることに注意しておかねばならない。上昇の道の途上で次々に克服された観念論も実在論も、それぞれの立場で発生する仮象を防ぐ仕方で適正に位置づけられ、とりわけ、自我が、これを知の究極的な始源とみなす仮象から救出されて、純粋な反省的な関係機能とみなされるのである。知の再構築とは知の像的本質に基づいて指示関係つまり像の重層性の全体を取り出すことであり、この意味で「知識学は、像の諸段階、諸関係にわたるシステム全体の分析である。」(SW. X. 365)

後期知識学の反省論は、すでに完結した事実的な知(感性的事物を対象とする自然的な意識)をまず出発点として想定し、知がここから身を引き離し(losreißen)、自己自身を模像化しつつ、事実知において不透明であった自己自身の構造を自らに透明化してゆく、自由な揺動(freies Schweben)として反省を語っているが、一八一二年の知識学では、現象論の出発点となる「絶対者の外には、絶対者の現象だけがある」という洞察に基づいて、まさにこの「絶対者の現象がある」という事実性から出発して、これを原現象(Urerscheinung)とよび、図式Ⅰとして規定し、ここから出発している(SW. X. 338)。原現象または原像(Urbild)は、絶対者そのものを映すゆえに、絶対者と同じように不変性、不易性をそのまま映している。したがっていかなる変化も生成もそこに見出すことはできない。

　ところが現象が現にあることによって「現象は自己に現象する(Die Erscheinung erscheint sich)」という、図式Ⅱとよばれる新たな局面あるいは冪《べき》(Exponent)が開かれてくる(ebenda)。この図式は、現象が自己に帰る反省的自己関係の形式をもつことを言い表わしているが、それは現象そのものが主観と客観とに分裂すること、「現象がそれに対して現象するもの(das, dem erscheint)」と「現象するもの(das Erscheinende, od. sich)」とに分かれることである。原現象が単に不変化を表わすとすれば、この図式は、自己を像化する生の所産として、変化や生成を表わしている。図式Ⅱは、現象がこのように主観‐客観性の構造をもつことだけでなく、現象の二重性とよばれるもの、すなわち像の形相的な存在と質料的内容とを表現している。像の形相的存在とは、像は実在するものではなくその代理的表象(Repräsentant)であるという像の性格――フィヒテはこれを像性(Bildlichkeit)とよんでいる――のことであり、いかなる内容も措定しないでひたすら像であることを表現するだけの契機である。像の質料的内容とは、像が実在する何か(Was)の像であること、つまり像が何かを映している、その「何か」を意味している。フィヒテはカントの用語を使って、前者を概念、後者を直観と名づけている。両者は相互に分離し別々の契機でありながら、像において一体となっている。

　現象の反省的構造すなわち可反省性(主‐客)と、像の二重性(概念と直観)は、四つの項から成るが、フィヒテは、この四つの項を一つに統合し、かつ分節している働きを、第五の項「として(Als)」に見出し、次のように表現している。「現象は、自己に現象するとして、自己に現象する(Die Erscheinung erscheint sichals sicherscheinend)」。これが現象の五重性を集約的に表わすものとして図式Ⅲとよばれる。上昇の道で、実在性を破壊する知の分裂化または区別化の原理とされたこの「として」が、ここでは「現象の本来の中心点」「本来の綜合的な合一点」(SW. X. 357)とみなされている。「として」は「視の座」であるかぎり、総じて通常の知にとっては、すなわち「存在する現象」にとっては、「かくかくのものとして(als das und das)」そのつど性質的内容を規定する働きを果たすのであり、「として」は「規定されたとして(ein bestimmtes Als)」である。

ところが図式Ⅲは、図式Ⅱが図式Ⅰの像、つまり像の像であるのに対して、図式Ⅱの像つまり像の像の像である。ということは、図式Ⅲは図式Ⅱ、まさに「現象が自己に現象する」ということの、すなわち「現象の自己現象」の像なのである。言いかえると、像の本質の像であり、したがってフィヒテは、図式Ⅲを「現象は原理(Prinzip)として自己に現象する」と言い換えている。ということは、図式Ⅱすなわち「現象の自己現象」の像として、形相的契機と質料的契機を合一しているということである。原理は「直観像と思惟像の合一として完結した主観‐客観性を表わす」[7]像なのである。「現象が原理として自己に現象する」ということは、決して原理を自体存在とみなすことではない。ここでフィヒテは「あらゆる誤謬は像を存在とみなすところに発生する」(SW. X. 365)と警告している。

たしかにわれわれは真理を欲する。しかしそのことは存在を欲することではなく、「存在に最も近くに在る像」を欲することであり、その像こそがまさしく原現象なのである。原理の自己現象といえども事実的に存在する現象にすぎないものであるから、事実的な真理にとどまっている。この事実的現象において、「原現象の像が原理として直接に現象してくる」(SW. X. 374)ことによって、言いかえると、「原理としての自己現象の〈事実〉が原現象の像として理解されるなら[8]」、像の真理は出現してくるべきなのである。このように知識学はすべてが神の現象であることを、現象自身に即して描き切ることであり、そのことをフィヒテは「知が自らを神的生命の図式として見るべきである」と叙べている。この意味で知識学は「絶対者の可視性の可能性の理論」なのである。

知識学は、「規定されていないもの」「像化されるもの」を、事実的意識から出発して、自ら規定してゆく仕事を行うが、この場合、像が自らの像を伴うゆえに、像が現に在りさえすれば像の自己規定が生ずる(SW. X. 361)、という「像の絶対的創造力」が推進力とされている(SW. X. 363)。

二　「生ける交錯」の思想

反省は視の自己規定であるが決して視を措定的に対象化するのではない。もし反省がそのような仕方で行われるなら無限反復に陥ってしまう。像の思想はそのような無限後退を阻止するための着想ともいえるのであり、知自身が自らの内部で「自己自身を証言する」(SW. X. 319)理論なのである。知自身が自らの構造を自らの内部から照らし出す、ということは、フィヒテによると、「われわれ」が活動性のなかに眼をさし入れ、この「さし入れられた眼(ein eingesetztes Auge)」が「世界のなかに出ていかないで眼そのもののなかに光を拡げる」[9]ことによって可能となるのである。この「自ら明るむ眼」の思想は、「像の絶対的創造力」の思想とともに知識学の理解にとって要石《かなめ》となっている。そこで、「われわれ」とか「活動性」、さらに「光」とよばれている事態はいったい何を言い表わしているのかを問わねばならない。

フィヒテは、後期知識学の叙述の途中で、しばしば「われわれは最終的には活動性(Tätigkeit)のなかにいる」と語っている。そして活動性は神的生命(göttliches Leben)であり、光であるとも語っている。この意味で生命は絶対的存在と同義であることは、次の文章からしても明らかである。「光の内なる生は、自己に依拠して(Von sich)、自己から発して(Aus sich)、自己を貫いて(Durch sich)純粋なる統一であり、いかなる分裂もない」(SW. X. 150)。もとより像の側からすれば、絶対者は不変化的統一であり、絶対にそれ自体規定されえないものであり、もっぱら像の重層システムのなかでのみ像としてのみ規定されるにすぎない。しかし光はじつは像において可視性の世界に入ってくるのであり、光は「すべてのものを可視化する不可視のもの(das alles sichtbar machende Unsichbare)」として、自らを像として可視化しつつそのことにおいて自らをあくまでも不可視にとどめるのである。光は原的な依拠(Urvon)であり、この依拠に貫かれることが知識学の現象論の叙述を可能にしている。

この根源的事態は、単なる「被反省相＝相貌」(Gesicht)であることと、それを生きることである「生ける交錯」(lebendiges Durch)との関わりにも現われる。「交錯」の語は一八〇四年の知識学の真理論(すなわち上昇の道)で、克服さるべき観念論の立場を表わすに用いられ、それ以来、像の本質を表わす語としてしばしば用いられている。交錯は、像と像において写像されるもの(Abgebildetes)との有機的統一を表現している。この有機的統一は、一方の項が他方の項なしにはない(eins nicht ohne anderes)という、両項の、否定を介した統一であり、この相互依属関係はまさに相互的であるがゆえに二重構造を有している。もっと形式的にいえば二項性の統一(Einheit der Zweiheit)であるとともに二項が貫通しあう統一(Einheit durch Zweiheit)である(SW. X. 154)。

ところがたがいに否定を介して対立しあう両項が統一性にもちこまれるのは、この構造が生きられるときなのである。というのは、この構造が反省によって見られているかぎり、両項は否定的に対立しあうだけであり矛盾の形を呈するが、それが生きられているかぎりはたがいに浸透しあい貫通しあい統一体を形成する(SW. X. 170)。

一八一三年の入門講義では、同じ事態が「〜であると言い表わすこと(Ist-Sagen)」の矛盾と解決という仕方で取り上げられている。かくかくのものが在るとわれわれが語るとき、この在る《イスト》(存在)の意味を問おうとするなら、しかもそのつどの内容を捨象して絶対的形式としての存在を問おうとするなら、まさに次のような矛盾した事態に直面する。「言い表わされる事柄(Was)は、言い表わされるという事実(Daß)に矛盾する。もし在る《イスト》が真に在るならばそれは言い表わされえないであろう。もしそれが確実に言い表わされるのだとすれば、それは真ではない。」(SW. IX. 43)

つまり在る《イスト》が言い表わすことに依存しない存在であるにもかかわらず、言い表わすことによってのみ見出されるという矛盾である。言い表わすことは、それ自身において完結した在る《イスト》に対して絶対的な外(Außen)である。それにもかかわらず言い表わすことにおいてはじめて言い表わすことから区別される。ということは、「～であると言い表わすこと」は、在る《イスト》を言い表わすことによって自らを否定せざるをえないということである。在る《イスト》を言い表わすことは、絶対的な外として、自己自身の内(Innen)である存在から自己を区別する。ところがこの内と外との分離であり分割である「言い表わすこと」そのことが、二つの契機を統一するのである。矛盾はまさに言い表わすことそのことによって、つまりそれを生きること、活動性そのことによって解消される。統一はまさに自己を自己から区別するという働きにおいて起こるのであり、この働きは両項の間を流動することである。

このことを光(根源的活動性)と可視性(像)との関係に移してみると、直接的な視(Sehen)において光が可視性と癒着しているのを、反省(視の視)が、可視性を形式として、光を「形式のなかに入りこんでくるとして(als eintretend in die Form)」、別々に引き離し、そのようにして光を可視化するのである。ところがこの別々のものが、絶対的生成である光が入ってくると「一撃のもとで(in einem Schlage)」合一し一つのまなざしと化する。この事態は、光そのものが自らと自らの可視性とを同時に可視化するという仕方で語られている。たしかに知識学は、反省の反省として自己自身をことごとく像化する道を歩み、可視性の全圏域を徹底的に渉猟するのであり、そのかぎりで、絶対的生（光）に生きることそのことは指示されているにとどまるともいえる。それゆえにこそ、生の意識は当為（Soll）として語られるのである。Soll は、内的エネルギーすなわち生そのものの現象（像）の最後の冪《べき》なのである（SW. X. 172）。知識学は、反省の絶対的止揚である生そのものを目指している。ところが、この営みは同時に、知識学を遂行するわれわれが、絶対的生のまなざしのなかに立っていることを暗黙のうちに前提としてはじめて可能なのである。そういう意味でフィヒテは、「われわれは光のなかに自らを開き、光と一体となっている」と語るのである。

一八〇四年の知識学の終りに近い箇所で次のように叙べられている。

「それ自体としての、絶対的な原活動性と運動が生ずる、と同時に、それの像としての、形成作用またはこの原活動性のあとからの形成作用が生ずる。ところがわれわれは、前者のなかに立つことはできないし、後者のなかに立つこともできない。むしろ両者の中間点のなかに立っていなければならない。まさに、他のあらゆる形成作用や直観を排除した、絶対的な、効力ある自己形成の作用のなかに立っていなければならない。」（SW. X. 309）

もし前者のなかに立つとすれば、われわれは知の立場を放棄して絶対者に絶対的に帰入することになる。フィヒテは『人間の使命』のなかでそのような立場を絶対愛と名づけ、「神が自己自身をわれわれのなかで愛する愛」[10]について、「この愛のなかで、存在と現存在、神と人間とがひとつになっている。まったく融け合い、閉じられている」（SW. V. 540）と語っている。これはフィヒテの究極的に目指すところであったにしても、知識学の立場ではない。逆に後者の立場に立つとすれば、絶対者または活動性なき反省論として、像の形式的な指示関係だけが残ることになる。

知識学が原的活動性とあとからの再構築の作業との中間点に立つということは、二つの別々の領域を接合するということではない。まさに両者の働きが同時に生起する、その現場に立っているということである。ということは、意識が、意識の他者との遭遇点において捉え直されて、可視性へと移行しつつある不可視の光の通過点として理解されることである。可視性の領域において一切が可視化されることと同時に、不可視の光そのものが自らを不可視にとどめるのである。光が不可視であるがゆえに、一切が可視化され、光そのものもまたその可視性の形式として可視化されるのである。このことが「同時(zugleich)」の意味である。[11] ということは、存在の意識とは、存在を意識することであると同時に存在が意識することであり、両者が別々にではなく、まさに一体となって生起するということである。

三　光のメタファー――系譜学的考察

ここで語られる光の思想は、決してプラトンの光の形而上学の意味で解されてはならない。プラトンでは、光は、認識と対象とをともに照らし出すのであり、光に照らし出された認識は明晰となり、対象はその輪廓を明確に浮び上らせるのであり、光は、曖昧さ、臆見の領分である暗さに対立している。しかしフィヒテの光の理論は、まさに光を生きるということに光の捉え方を説くのである。しかし光のこの思想は、その淵源をはるか否定神学の伝統のなかに有するのであり、光の語は、自らの思惟の遂行である神の、まさに自己自身を表明する(manifestieren)働きを表わすのに用いられている。[12]

この光の思想を、人間の世界認識の二重構造を解明する仕方で展開させたのがクザーヌスの光のメタファーである。クザーヌスにおいても、世界が不可視の神の可視像として神の記号であり痕跡であるという思想がみられる。神は、人間の認識にとって不可視のもの、すなわち「隠れたる神(Deus absconditus)」であるのに対して、世界は、「可視化した神(Deus sensibilis)」であり、神のなかに包蔵(complicatio)されたものが展開(explicatio)したものにほかならない。両者は内容的には同一であるにもかかわらず、その在り方において決定的に区別される。というのは、神はいかなる意味においても他のものとの比較を絶した、純粋な、絶対的同一性として、「他のものではないもの(non-aliud)」とよばれるのに対して、世界は限定された(クザーヌスの語では縮限された)同一性である。縮限された同一性とは、「多性のうちにある一性(Einheit in Vielheit)」であり、「相違性のうちにある同一性(Identität in Verschiedenheit)」である。

神は個物の内に存在しないで個物の絶対的何性(quidditas absoluta)として、個物の、そして万物の絶対的存在性を意味するのに対して、世界は、個物と密接に結びつき、個物との有機的関係においてのみ存在する。世界の同一性が相違性においてもあるということは、個物がそれぞれ相異なる仕方で世界を映現する(repräsentieren)ということ、世界がそれぞれの個物に対してそれぞれ別様に現出するということである。世界は決して個物全体の自体的な存在を表わすものでなければ、個物も自らの内に固有の内在的本質をもつのでもなく、それぞれの個物は、世界との関わりにおいて、たがいに相違し、たがいに他であるのであり、この他性(Aliudität)に個物の「縮限された何性(quidditas contracta)」が見出されるのである。[13] したがって、世界のこの「相違性における同一性」は、世界の在り方を決して対象論理的に表現したものではない。世界は「多性における一性」として、神(一性)と個物(多性)とを媒介する機能を果たすが、この媒介の意味は、世界の在り方が人間の認識に深く関わっていることから理解されねばならない。人間は、世界を対象として認識するが、同時に、世界は人間の認識をとおしてはじめて発現してくるのである。[14] このことをクザーヌスは、光の比喩を用いて語ろうとしたのである。

クザーヌスは、一方で、一性が多性に展開する仕方を、点、線、円などの幾何学的形象を用いて語るが(例えば、一性の象徴である点が線として展開する等々)、それは無限者への道が人間の認識にとって拒まれているからである。

これに対して、光のメタファーは、まさにこの人間の認識そのものの仕組みを語ろうとした比喩(Gleichnis)なのである。

クザーヌスの光の比喩には、光が光学的媒体をとおして色のスペクトルへと屈折することを表わした「色の比喩」と、鏡という光学的媒体において光が反射することを表わした「鏡の比喩」とが挙げられる。色の比喩は、㈠それ自身不可視である光、㈡そこへ差し込む光が屈折し色を帯びる光学的媒体、㈢屈折し色として可視的になった光、という三つの契機からなっている[15]。光の屈折とは、不可視の、まだ構造化されていない光が構造化され限定されることである。われわれの眼は、この可視化され構造化された光、すなわち色だけを見ているのであり、われわれの眼からは「色ではないもの」は締め出されている。ところが、われわれの眼の視る作用の遂行が、じつは光のなかに収蔵されていた色を展開しているのであり、眼が本来的な「透明な媒体(medium diaphanum)」の役割を果たしているのである[16]。

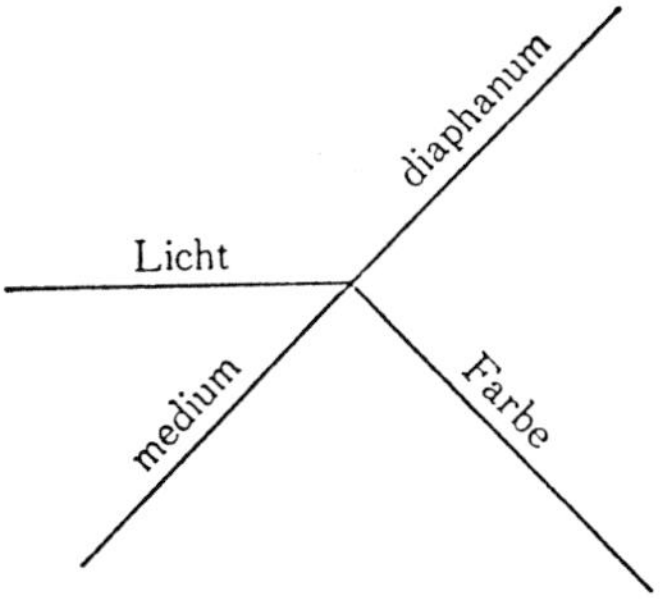

たしかに眼は色だけを見ているが、決して色に対立するのでなく、光の通過するプリズムの役割を果たしている。眼は色を見ているが、同時に、そのようにして本来は不可視の光を見ているのである。「色の比喩」が、光の通過する媒体に重点を置くのに対して、「鏡の比喩」は、われわれ人間の精神がそれ自体生ける鏡であることを説いたものであり、鏡という光学的媒体の機能を利用した比喩である。ただし、鏡はわれわれの眼の前に置かれた鏡ではなく、われわれの眼がまさにさまざまの鏡像を映す鏡そのものとみなされている。クザーヌスが鏡の比喩を用いるのは、鏡像が鏡に依存する、すなわち視られたものと視ることとが分離しがたく一つの場

面を形成しているという思想に基づいている。そこから、無限に精密な、まっすぐな鏡面をもち、事物をあるがままに映す「無限の鏡」、「真理の鏡」すなわち神の「生ける眼」に対して、被造物はさまざまに彎曲した鏡であることを、鏡像に即して語ろうとするのである。

たとえば感覚の鏡は最大の彎曲を有し、反射さるべきものを量へと制限するのに対して、理性の鏡は彎曲が最も少なく、それ自身生ける鏡として神の鏡に自らを同化しようとする。クザーヌスの光の比喩には、二つの、たがいに連関しあった重要な思想が含まれている。一つは、不可視のものが可視化するその屈折点、媒体が、ほかならぬ人間の精神であること、一つは、人間の精神は、世界(光の比喩でいえば、色や鏡像)へと赴くとともに、同時に、世界を介して、不可視である自らの起源に関わっているという思想である。

人間の精神による世界認識は、クザーヌスによると、数学的な認識として測定作用(Messen)であり、尺度(Maß)を用いて測定されたもの(Gemessenes)を量的に規定し、比較しつつ、たえずより精密に、より明晰に、より合理的に認識を進行させてゆく。測定的認識は形像作用であり、決して究極的な十全明証に達することのないものとして推測性格を脱却できない。認識が世界の内を進行するかぎり、認識は原理的に未完結的であり、漸次的過程を形成する。ところが、同時に、人間の認識は、像的性格を脱却して絶対的起源へ越え出ようとする。この二重性格は、何よりも、測定作用を可能にする尺度そのものが、絶対者とされていることに読み取られるのである。クザーヌスの場合起源への洞察は「無知の知」である。ということは、人間の像的(bildhaft)な認識の尺度が人間の主観にあるのではなく、つまり人間が自らを絶対化する傾向を自ら克服して[17]、自らを神の模像(Abbild)として視る知が、同時に、世界知と共属する仕方で働き、世界知に尺度を与えるのである。

フィヒテの言う、光のなかに身をおく「われわれ」の思想は、まさにこの「ドクタ・イグノランティア」の系譜を引く思想である。フィヒテも或る箇所でこう語っている。「人間の眼は、人間に、神を蔽う、そして純粋な光を色彩のある光に分裂させる」(SW. V. 543)。フィヒテの言う「ウラーニアの眼」とは、この光のなかで自己を視ている眼である。フィヒテもまた、多性の世界を決して棄却することなく、また光そのものをも損なうことなく成り立ちうるような人間の認識の二重性を、知識学の立場として最後まで手放したくなかったように思われる。[18]

ところで、フィヒテの後期知識学に優れて今日的な意義を指摘するとすれば、およそ次の三つの方向が挙げられるであろう。

第一に、像はかならずしも絶対者の像である必要はないという見方をすれば、像の指示関係、重層関係のなかに、記号論の原型的理論を見出すことができる。たとえばライジンガーの立場がそうである。[19] 第二に、反省を遂行する行為そのもののなかに、非反省的な、暗黙的知を見出してゆく実践哲学的な方向が挙げられる。フィヒテの知識学のなかに、この問題の次元を鋭く見出していったのは、D・ヘンリヒである。[20] 第三に、本稿で試みられた解釈のように、「生ける貫通」の論理に意識の媒体機能を見出してゆく方向が挙げられる。

これまでのところ、フィヒテに後期ハイデガーの真理論への近さを見出しているのは、ケルン解釈学派とくにヤンケである。ヤンケは、一八〇四年の知識学のフィヒテの言葉「まず何よりも私が提起しなければならない点は、最も明晰なものであると同時に、最も隠れたるものである、というのはそこにはいかなる明晰さもないからである」(SW. X. 205)に、形而上学の内部においてではあるが、形而上学的思惟が基づく存在と存在者との区別が語られていることを指摘している。[21] しかしヤンケのようにフィヒテの後期思想をいきなりハイデガーの存在の真理の思想に直結する前に、われわれはフィヒテによって提起された問題の次元を、もう少しこの時代の思想の動向と連関づけて考察すべきであろうし、また事象に即してこの論理を検討してみるべきであろう。

四　自然と自由――シェリングの自然哲学との異同

総じて超越論的反省や超越論的論証とよばれる作業は、事実知を前提としてそこから出発し、事実知の不透明性を、知自身が事実知から身を離して自己を見るという仕方で透明化する方法であって、決して外から加えられた作用ではない。フィヒテもまた事実知を、すでに遂行され、すでに完結した知として、これを反省の「問題化さるべき《プロブレマティシュ》前提」とよび、次のように語っている。「知識学がそこから出発する対象は、存在しつつある知である。知識学の内容は、この対象が何であるのか、いかにあるのかという問いとして展開する。」

ところがフィヒテの場合、最初の知がまず与えられていること(Vorgegebenheit)は、反省の手引き機能としての「先行(Vor)機能」を果たすためである。別の言い方をすれば、発見的《ホイリスティシュ》な手続きとして、その構成的根拠への遡及のために必要であるということである。フィヒテは、反省が自らを滅却せざるをえない、反省そのものの根(Wurzel)を神的活動性に見出したが、そのことは結局のところ、Vorの意味を放棄してゆくことにほかならない。すべてを自由の世界に組み入れるフィヒテの反省論では、いわゆる自然界は、感性界として像化され、感性界の法則に関わる自然科学も「当為(Soll)」の立場に還元される。いかなる意味でも「先行性」は反省手続きのうえでのみ必要とされるのであって、反省の先反省的根拠という意味での先行性ではないし、有機的統一を「生きる」ということは活動性の只中にあることを意味しても、生命ある自然との関わりのなかにあるという意味でいわれているのではない。この点について以下のハインテルの指摘は重要である。

ハインテルによると、超越論性は、現に存在する(daseiend)超越論性として、個別的、身体的な現存在の本質規定でなければならない。超越論哲学の限界は、神学においては神に即して、存在論においては自然に即して経験される。人間の自己理解は、前もって与えられていること《フォアゲゲーベンハイト》を、つまり人間自身の自然を含めて自然の不随意性を無視すると、自由からのみ媒介されて単なる虚構に化してしまうのであり、今日、この問題に真剣に取り組むべきであるとしている。[22] この指摘は、今日、「生きられる媒体」として人間の現存在の意義を探る意味でも重要である。

ここで当然のことであるが、メカニズムの法則で測ることのできない、生命ある自然に内在する固有の論理をもって、フィヒテの反省哲学に異論を唱えたシェリングの自然哲学のことが想起されねばならない。フィヒテが当時、シェリングのこの批判に対して、シェリングの方法が余りにも素朴であり、その主張は先超越論的な形而上学に陥っているとして、これを退けたことは、よく識られている。フィヒテの反論は、超越論的方法の厳密な遂行という点では正当ではあるが、しかしかならずしもシェリングの意図を十分に理解していたかどうかは疑問の残るところである。

たしかに十九世紀の観念論以後《ポストイデアリスムス》の時期に、とくに実証主義や経験科学の側から、シェリングの自然哲学は、自然の思弁的構築を図ったものとして断罪され、完全に無視されてしまった。しかし今日、後期フィヒテ知識学と同じように古典哲学の再検討のなかで、シェリングの自然哲学の意図が見直されつつある。[23] シェリングの自然哲学が誤解に晒された理由の一つは、シェリングの同一哲学の構想にあるといってよいであろう。精神は不可視の自然であり、自然は可視化した精神であり、両者は根底において同一であるという主張は、当時よりすでにその同一性の思想のもつ素朴さの点で批判されたわけであるが、クリングスによると、同一哲学の構想は時代的な制約に従ったまでのことで、事象に適切なものといえない。[24]

クリングスは、シェリングの自然哲学の意図は超越論的なロゴスの発生(transzendentale Logogenese)にあったこと、つまり客体を最初から手前にあるものとして前提しないで、自由の作用によってのみ見出されるものとすること、言いかえると客体は、哲学的問いが自由の作用として自己を理解するときにのみ、その働きのなかで構築されるものとみなすこと、そういう意味で哲学は、自然を、絶対的活動性として再構築することであることと解釈している。したがって自然を主観とみなすことは、所産としての自然の発生の超越論的論理構築のなかにその方法的場所をもっているのであり、〈主観としての自然〉は決して自然記述のうえでの概念でもなければ自然についての理論のうえでの概念でもなく、自然を基礎づける哲学の概念である、と断っている。(25) つまり問題は、シェリングが活動性の基体を主観の活動性においているのでなく、主観においてはじめて発生させられる活動性を問うていることにある。意識とは、それ自体意識的ではない根源的生産性の自己構築の働きであり、その働きは、根源的生産性を再構築するという仕方で行なわれる。純粋な活動性の自己構築そのものが自由であるがゆえに、この自由の作用が自己を再構築するのである。ということは、無限定的な生産性が自己を限定する役割が、意識に与えられているということである。意識における自由な反復のなかで、意味が形成されるのである。

もとよりシェリングがどこまで媒体としての意識の役割を自覚的に捉え直したか、言いかえると、二つの契機を媒介する否定性の構造をどこまで論理化しえたかは別のことである。ただ、意識を自然の自己構築の契機として捉えることによって、そしてまた意識の根源的事実性を自然との関わりから解明することによって、主観性の絶対化への道を避けていることが、フィヒテの立場に重なるものがあり、そのことが今日の関心に重要な示唆を与えるのである。

有機体または生命ある神的自然の思想の歴史は古いが、しかしかならずしも主観性の媒体的位置づけに着目していたとは言いがたい。後期フィヒテは、スピノザ主義に傾きつつもスピノザを批判し、スピノザが一者と多様とを分離をしないで、すべてを絶対的存在のなかに見出そうとしたことに知識学の立場との相違を指摘している(SW. X. 330)のも、そうした事情を物語っている。その批判の線上でシェリングの自然哲学が、事実的なものを絶対者とみなすとして鑢玉に挙げられたわけである(SW. X. 331)。しかし以上に論じたように、シェリングの自然哲学にもフィヒテ同様に意識に一と多とを根源的に差異化する位置と役割が与えられている。シェリングのいう「事実」とは、反省の単なる手引き以上の意味をもっているのである。

五　有機体の論理の解釈学的展開――「として‐構造」の象面

近代認識論的哲学が、人間の認識を量的世界に限定することによって自然科学の基礎づけを企図し、人間主観をもっぱら悟性の自発的構築作用に重点をおいて考察したとすれば、ドイツ観念論は、こうした認識作用を成立させる根拠を、主観性の背後から主観性を貫いてくる質的な活動性に求め、それを有機体の論理によって捉えようとした試みであったともいえる。有機体の論理が、このような古典哲学の形而上学的思弁から解放されて、科学の方法へと適用され、人間によって生きられた世界を解読する方法として効力を発揮してくるのは、十九世紀後半以後に著しい動向である。この新しい動きは、解釈学(Hermeneutik)の展開となって今日にまで及んでいる。一方では認識論的二元論を解体しつつ、他方では形而上学的構築を拒けつつ、解釈学は、生成や変化のさなかで、それを内側から構造化するために、有機体の論理を方法化してゆくのである。

もとより、他方には、有機体の論理を科学の方法へと転ずるというよりも、むしろ有機的生命そのもののなかに帰入し、根源的自然の自己表明を詩作的活動に見出してゆくロマン主義の流れがあった。シェリングの自然哲学の残した課題は、「生ける自然に適切な言語」、「身体の自然帰属性」、「自然に固有の自由」(26)であったとすれば、とりわけ自然が自己を語るに適切な言語への探求が、詩論的自然哲学者たちによって受け継がれ、隠喩的言語による自然聖化

(Naturverklärung)の思想が形成されてくる。[27] しかし、シェリングの自然哲学のなかにあった、この構造自体を論理化しようとする超越論的試みは姿を消し、もっぱら哲学的思惟は芸術的境位に同化していった。さらに、自然の無意識的生産力の思想は神話的想像力を活性化させることになり、ここから、いわゆる深層解釈の文化哲学の方向が開かれることになったわけである。

　こうした直接的な自然回帰の思想動向に対して、解釈学は、あくまでも科学を基礎づける意図をもって、有機体の論理を方法化しようとする。むしろここでは、シェリングよりもフィヒテの現象(像)の論理に近いものが、ほとんど気づかれないままであったにしても、或る意味では生かされているといってよいのである。もとより有機体の論理といっても関心は文化の形成と解読に向けられている。すでにヘーゲルの同時代者シュライエルマッヒャーによって創建されたテクスト解釈学、ドロイゼンによって企図されていた歴史理論《ヒストーリク》、さらには、ディルタイの哲学としての解釈学の理論の形成などに見られるのは、人間の知の形成は、つねにすでに形成されたもの——テクストであれ、歴史所産であれ、さまざまの文化形象であれ——から出発し、それがいかにして形成されたかを問い直してゆく仕方で行われるということである。理解とか解釈とかよばれる人間の開示性は、すでに生や文化や歴史の渦中にあって、その機能を始動してゆかねばならない。ここに、いわゆる解釈学的循環(der hermeneutische *Zirkel*)とよばれる、固有の構造をもった運動が生起する。解釈学的循環は、部分と全体との量的関係を排除した有機体の論理の展開、すなわち部分と全体との交互規定の運動である。

　こうした知の動的構造は、やがて現象学によって、直接生きられている経験のなかに探られることになり、解釈学の歴史は現象学と交叉しあうことによって、今日、新たな展開を呈するにいたったともいえる。リクールも指摘するように、フッサールやハイデガーの現象学は、解釈学の前提となる「意味の圏域」の徹底した分析を含んでおり、とりわけ地平現象の記述において、いわゆる解釈学的循環の原型的な生起の分析がなされている。フッサールの場合、知覚においてすら、対象を主題的に規定する際に地平現象が随伴的に生起する。とはいっても、地平は単に二次的付随的現象ではなく、主題化的規定作用(作用志向性)の連続的な進行の活動空間を切り開く、意味の全体性の先行的な投企によって与えられるのである。もともと志向性の機能には、そのつど特定の意味空間を確定する方位性(Gerichtetheit)や、志向された意味を現実の対象と化し、終極的には、世界の全体的な意味連関を規定してゆく目的論的動性などとともに、現出するものをその現出をとおして規定してゆく意味論的差異性の機能もまた含まれている。意味論的差異性とは、或るものを或るものとして規定してゆく機能を表わしている。地平現象とは志向性のこの三つの機能のいわば統合した形態であるともいえるが、とくにこの「として」、すなわちすでにフィヒテが知の二分化の原理とみなし、また現象(Erscheinung)の本来の中心点と命名したこの「として」が、ここでも意味形成化と構造化の原理として見出されると言ってよい。

　地平とは、まさにこの「として」によって構造化された、意味の全体的連関の展開してゆく過程なのである。しかもこの「として」は、つねに志向と充実とのあいだに「余剰《メーア》」を産み出す働きをする。部分と全体との交互規定を表わす地平の現象は、知のたえざる修正、不断にすすめられる細分化、ときには意味の場面の切り替えなどが行われる、開放的な、未完結的な動的過程である。

　他方、存在の意味への問いに導かれて、フッサールの現象学に残る自我性の契機や、意識の立場を克服して、存在理解の存在論的分析に向かったハイデガーもまた、地平現象に対する積極的な解明をとおして、存在者からその存在へと越え出てゆく「超越」そのものの動的な構造を分析したのである。地平とは、意味の場の先行的な投企によって形成される、いつもすでに与えられている、知の非主題的な全体性のことである。ハイデガーによって、解釈学的理解概念は、こうして、あらゆる認識作用に先立つ根源的開示性すなわち現(Da)として、人間の根源的な事実性そのものを表わすものとされた。

今日、意識の哲学から行為の哲学へのトタールな転回のなかでも、先行的理解の機能は、依然として知の形成にとって決定的な役割を果たすものとみられている。相互行為やコミュニケーション機能のなかにも、合意や修正の過程として知の生成性格を見ることができる。理論の根底に経験の働きを置こうとするかぎり、あるいは理論形成そのものに行為の性格を読み取ろうとするかぎり、理解の過程を重視する解釈学的テーゼの威力は十分に発揮されることになる。知は、不断の過程をとおしてますます豊かとなり、不断の修正をとおしてますます精確さを加え、固定した枠組はたえず組み替えられる。伝統的な近代哲学を支配していた「内と外との二元論」は、解釈学の「内と外との交替の論理」によって解体されたと言ってよいであろう(28)。

六　視方の転換——深さの次元へ

しかし、もしこの生成の論理にすべてを還元するとなると、解釈学の有効性はその限界に出会うことになる。まず、解釈学は科学の主題化の論理の固有の権限を犯すことはできない。もとより科学固有の対象構築の論理と解釈学の論理とのあいだの対立の調整は、すでに早くから着手されており、いわゆる説明 - 理解論争をはじめとするさまざまな方法論争やパラダイム理論などを産み出してきた。しかし、ここでは科学論の議論から見た解釈学の効力とその限界については立ち入らない。そうではなく、ここでは、解釈学そのものを貫く視方《ジヒトヴァイゼ》の、いわば一種の自己盲目的な構造に、解釈学のもう一つの限界を指摘したいのである。これまでの脈絡でいえば、地平の生起する可能性そのものが、地平の論理によって解明できるのかどうかという問題でもある。この問題をめぐって、解釈学は、すでに古典哲学のなかで起きたと同じ事態、すなわち反省の根拠を反省知のなかに取りこむことが、そのまま反省する主観性を絶対化することになるか、それともそれを否定的に制限することになるか、という事態に直面することになる。解釈学が自らの論理を絶対化する道しか識らないとなると、解釈学は、歯止めのない相対主義、絶対化された相対主義に転落するしかないであろう。

解釈学の論理は、可視性の領域での知の構造化の論理であり、可視性の領域をいわば最初から前提している。解釈学のいう不可視のものとは、いわば可視的なものの背後に隠されているもの、つまり蔭の部分のことである。地平そのものの構造、したがって背後性、裏面性の構造そのものは止揚できないにせよ、というよりその構造のゆえに、地平の解明の進行とともに隠されたものは顕になり、不可視のものは可視化する。ガダマーの「問いと答えの弁証法」は、まさにその典型的な例を示している。こうした解釈学の論理は、まさに文字どおり地平的＝水平的な視方(horizontale Sichtweise)に貫かれている。そしてこの水平的な視方に立つかぎり、すべては視られたもの、フィヒテの言う相貌《ゲジヒト》と化するのである。もとより、視る作用そのものもまた、たえず視られたものへと転じてゆく。さらに視る働きを動機づけている潜在的な生の連関ですら、視られたものへと転じてゆく。いわゆる地平の構造それ自体もその例外ではないのである。

ところが、こうした知の生起にあって、生起することそのことは、決して知の水平的表面に姿を現わしてこない。むしろ知の対象面から身を却ける仕方においてのみ知の形成作用を可能にしているのである。そういう生起構造それ自体は、水平的視の視圏に姿を現わすこともなければ、地平の論理によって取り押えることもできない。というのは、ここでいわれる不可視のものは、視られたものの蔭に身を隠すのでなく、むしろ視ること自体の背後に身を隠すからであり、遂行の現場においてそれ自体が不可視のものとして機能するからである。そのかぎりで、この次元は、深さの次元ともいうべきであり、それへ向かって問うには、まさしく水平的な視を離れて垂直的な方向へと向かわねばならないのである。

今日すでに古典的現象学と銘打たれたフライブルクの現象学、フッサールやハイデガーが、さらにフランスのメルロ＝ポンティが、それぞれその晩年の思惟のなかで達しつつあった境位は、まさにこの垂直的視方(vertikale Sichtweise)によってのみ開かれてくる深さの次元(Tiefe-Dimension)であった。今日の現象学者たちの多くが、この問題系を継承できなかったその理由の大半は、この視方の転回の意義を十分に理解できなかったことにあると言ってよい。深さの次元とは、決して表層領域の下底に横たわる別の自立的な領域のことではない。むしろ表層の論理では捉えられないというところに、深さの意味がある。深さとは、水平的な知の場面を可能にするようにして、水平方向に交叉してくる垂直方向という意味での深さである。

もとよりフッサールの場合は、この深さの次元で起こる原現象について、それを適切に語る方法を見出したわけではない。それゆえ、つねにパラドキシカルな仕方でしか、しかも断片的にしか、この事態を記述できなかった。しかしこの深さの現象に直面していたことは確かである。そのことは、志向性の織り成す世界現出の全圏域を構造化する三つの、それぞれ相互に還元しえない契機、すなわち自己と世界と他者という契機に、それぞれに共通しあう媒体(Medium)の機能を見出していたことに窺うことができる。言いかえれば、時間性(生き生きした現在)、身体性、「われわれ性」のもつ媒体としての役割に、すでにフィヒテの後期知識学において考察されたような非対象性の論理、つまり対象論理としては矛盾を呈するが、それを生きるかぎり統一されるという事態を見出すことができる。媒体は、それを形成している二つの構成契機のうち一方が自らを隠すことによって他方を顕現させるという仕方で機能する。

両契機は相互に否定しあいつつ、この否定性(Negativität)を介して相互に依存しあっている。すなわち、身体は、一方で生きられる身体性であるが、同時に、他方ではそれによって現出する周界に物体として属している。生き生きした現在は、たえず「立ちとどまるいま」とたえず「流れ去るいま」とが、まさに私の生ける機能のなかに相属しあう出来事にほかならない。そしてまた、一方では他者によって代替できない唯一性の契機と、他方では「他者たちのもとにあるひとり」という契機とが、まさに機能の遂行態のなかで相属しあうのが、われわれ性という媒体の機能である。

両契機の否定性を介した相互依属的な統一は、まさに「メタ・志向的な」共在性[29]である。フッサールはこの機能を超越論的匿名性(transzendentale Anonymität)[30]とよんでいるが、その記述を十分に果たしえたわけではないし、ましてや深さの次元の存在論的意味を問うているわけではない。それにもかかわらず、彼の断片的な研究草稿で扱われた、媒体の多形的な形態にふれる記述のなかには、深さの次元に含有されるもろもろの問題、とりわけ、さまざまな媒体機能をすべて言語の媒体機能に還元しようとする傾向を未然に防ぐ手掛りを見だすことができる。

媒体の、否定性を介した二つの契機の相互依属関係を、存在と存在者との存在論的差異性(ontologische Differenz)として見事に捉えているのが、後期のハイデガーである。彼の後期思惟のなかで、存在論的差異性は、前期思惟に見られるように、存在者からその存在への地平的な超越としてではなく、まさに二つの差異項(Differente)の相互否定的な相互依帰の動きとして語られている。ハイデガーは、この根源的な生起をさまざまの基本語によって、たとえば二重の襞(Zwiefalt)が自らを展り拡げる働きとして語ったり、また存在の明るみ(Lichtung)とか、存在の「目立たないで輝くこと(unscheinbares Scheinen)」といった光のメタファーを用いたりしている。しかし、それは決してガダマーに見られるような、プラトン的な光の形而上学の意味においてではなく、むしろ、クザーヌスやフィヒテの用いたメタファーに近く、不可視の光が存在するものを輝やかせつつ、自らを不可視のものにとどめる、その動きを語らんがためにである。存在の思惟とはまさにこの動きそのもののことにほかならない。

ハイデガーは、存在者の背後にその根拠(存在者性《ザイエントハイト》)を想定する形而上学的思惟から転じて、この相互依帰の動きのなかへ入りこんでゆく転回の道を思惟の道とよんでいるが、この視方《ジヒトヴァイゼ》の転回は、もはや解釈学的循環の平面にとどまることなく、思惟の現場に起きている根源的事態に向かって垂直的に近づいてゆく——ハイデガーは螺旋《シュピラーレ》のメタファーを用いているが——、自らの思惟そのもののなかに起こる出来事である。このようにしてハイデガーは、思惟そのものが自ら媒体と化してゆく道の、その途上で存在の思惟について語ろうとしている。ところがそのことは、今度は逆に、あらゆる自立的思惟を形而上学的思惟と同一視するという、思惟の新たな危険をよび起こしている。

その意味では、メルロ゠ポンティの遺稿『見えるものと見えないもの』に書き残された交差配列《キアスム》の思想は、ハイデガーの存在論的差異性の思想に深くゆり動かされつつも、フッサールの超越論的匿名性の意味を徹底的に存在論的に問い深めてゆく方向にあり、現象学本来の事象性を失わずに深さの次元を探ろうとしたものといえる。またさらに、フィンクの宇宙論的現象学の構想にも、宇宙・人間学的《コスモ・アントロポロギッシュ》差異性を介してコスモスの遊動《シュピール》のなかに組みこまれて共動《ミットシュピーレン》してゆく人間の、媒介者としての役割が見届けられており、科学的営為の次元をもこうした全体的遊動のなかに取りこむような射程が示唆されている。

もとよりここでは、個々の現象学の思惟について深く立ち入ることはできない。ただ、それらに通底しあう深さの次元への思惟の転回は、いずれも人間の主観性にあたるものを媒体としての機能として捉え直そうとした試みであったことを指摘しておきたいだけである。ただその道が、言語、身体、行為、さらには時間や空間といったもろもろの事象の根底に通じてゆくところに、現象学固有の思惟の性格がある。しかも、そうしたさまざまの事象の深さの次元の相互のあいだの、翻転関係そのものにも媒体の構造を見出すことができる。(31) いわゆる多次元性の現象学の可能性は、水平的視方と垂直的視方、拡がりの方向と深まりの方向との多重的な交叉を解明することにかかっているのである。

たしかに哲学的思惟は、深さの次元において、宗教的境位や芸術的創造の営為に著しく近づくことができるであろう。なぜなら、媒体を貫く否定性は、名状しがたい、名前のない《ナーメンロース》実在(構造または次元性といってもよいが)が自己を告げる「根底の裂目(Grund-Riß)」にほかならないからである。しかし、忘れてならないことは、人間の、科学的認識を含むあらゆる世界関与は、その根底において、同時に、人間の認識の底にある深淵への関わりとともに、二重の仕方で起きているということである。哲学的思惟は、あくまでも学問論的思惟として、いずれか一方の契機だけを絶対化する道を避けて、事象に即してこの二重性の構造を徹底的に見届けなければならない。

フィヒテが語ったように、すべての誤謬は、像を存在と取り違えることであるとすれば、逆に、像を、像であるがゆえに仮象とみなすこともまた誤謬である。近代の主観性の形而上学の根底で起きた、主観性の一種の解体作業ともいえる出来事は、人間の認識の二重性のなかに、あらゆる認識の尺度となるものが隠されていることを、今日のわれわれにきわめて示唆的に語りかけている。

(1) Vgl. M. A. de Oliveira, Subjektivität und Vermittelung, 1973, S. 300 ff.
(2) W. Schulz, Metaphysik des Schwebens. Untersuchungen der Geschichte der Ästhetik, Pfullingen, 1985, S. 309.
(3) 一七九四年の『知識学』の第一根本命題「自我は、端的に、自己を措定する」に対して、一七九八年の『知識学』は、「自我は、自己を、端的に、自己を措定するとして、措定する」という新しい定式をもって、反省の循環現象というアポリアを解消しようとしている。Vgl. D. Henrich, Fichtes ursprüngliche Einsicht, Frankfurt a. M., 1967, S. 21.

（4） 本書第7章参照。
（5） 以下「フィヒテ著作集」(Fichtes Werke, hrsg. v. I. H. Fichte)をSW. の略号で記す。
（6） 後期知識学に関する最近の研究文献は夥しいものがあるが、なかでも一八〇四年の知識学をテクストとする研究が目立って多い。一八一〇年代の知識学を含む後期知識学全般に関する研究としては、古くは Wundt や Drechsler の著作が挙げられるが、最近の研究としては、G. Schulte, Die Wissenschaftslehre des späten Fichte, 1971; M. Brüggen, Fichtes Wissenschaftslehre, 1979; 隈元忠敬『フィヒテ知識学の研究』一九七〇年、などが挙げられる。一八一二年の知識学をとくに取り上げた研究としては、藤沢賢一郎「存在・像・自我——フィヒテ・1812年の知識学への序論の分析——」『大阪大学人間科学部紀要』第9巻、一九八三年、が挙げられる。
（7） Schulte, a. a. O., S. 130.
（8） ebenda.
（9） Henrich, a. a. O., S. 25 ff.
（10） W. Janke, Das empirische Bild des Ich. Fichtes Bestimmung des Menschen, in: Philosophische Perspektiven 1, Frankfurt a. M., S. 241.
（11） 「存在の意識」の語については、隈元忠敬『フィヒテ《全知識学の基礎》の研究』渓水社、一九八六年、三二五頁、参照。
（12） E. Metzke, Nicolaus von Kues und Hegel, in: Coincidentia Oppositorum, 1961, S. 247 f.
（13） 本書第6章参照。
（14） クザーヌスにおける認識の媒介機能の思想については、左記の研究が優れている。M. Stadler, Rekonstruktion einer Philosophie der Ungegenständlichkeit——Zur Struktur des Cusanischen Denkens, München, 1983; W. Schwarz, Das Problem der Seinsvermittelung bei Nikolaus von Cues, Leiden, 1970; N. Herold, Menschliche Perspektive und Wahrheit, Münster Westfalen, 1975.
（15） Stadler, a. a. O., S. 75.
（16） ebenda, S. 79. 図表はシュタトラー、上掲書より、引用。
（17） 神と人間とのあいだに、いずれを原像とし、模像とするかについて、クザーヌスの思惟のなかで一つの逆転が生じている。

本書第6章参照。Vgl. Herold, a. a. O. S., 105.

（18）もとよりこの試みが明確なかたちで成功していないことは、グロイなどによって指摘されている。K. Gloy, Einheit und Mannigfaltigkeit, Berlin/New York, 1981, S. 128 f.

（19）P. Reisinger, Idealismus als Bildtheorie. Untersuchung zur Grundlegung einer Zeichenphilosophie, Stuttgart, 1979.

（20）ヘンリヒの場合、前掲書以外にフィヒテに関連したものとして下記の研究がある。D. Henrich, Selbstbewußtsein, in: Hermeneutik und Dialektik, Bd. 1. hrsg. v. R. Bubner, K. Cramer, u. R. Wiehl, Tübingen, 1970; Ders., Zwei Theorien zur Verteidigung des Selbstbewußtseins, in: Grazer Philosophische Studien, 7/8. 1979; Ders., Selbstbewußtsein und spekulatives Denken, in: Fluchtlinien, Suhrkamp, 1982.

（21）Janke, Fichte. Sein und Reflexion, Berlin/New York, 1970.

（22）E. Heintel, Das fundamentalphilosophische Problem von Transzendentalphilosophie und Naturphilosophie, in: Der transzendentale Gedanke. Die gegenwärtige Darstellung der Philosophie Fichtes, hrsg. v. K. Hammacher, Hamburg, 1981, S. 432.

（23）最近、自ら新構造主義を名乗るM・フランクのシェリング論をはじめ、国際シェリング会議でも、シェリングの自然哲学の構想が改めて注目されている。その背後には、いわゆる新科学《ニュー・サイエンス》をはじめ「生命体としての自然」に関する広い思想動向がみられる。

（24）H. Krings, Natur und Freiheit, in: Zeitschrift für philosophische Forschungen, Heft 1. 1985, S. 16.

（25）Ders., Natur als Subjekt, in: Natur und Subjektivität, hrsg. v. R. Heckmann, H. Krings und R. W. Meyer, Stuttgart-Bad Cannstadt, 1985, S. 111-128.

（26）Ders., Natur und Freiheit, S. 18.

（27）Vgl. W. Gebhard, Der Zusammenhang der Dinge――Weltvergleichnis und Naturverklärung im Totalitätsbewußtsein des 19. Jahrhunderts, Tübingen, 1984; J. Sánchez, Der Geist der deutschen Romantik, 1986.

（28）本書第2章参照。

(29) B. Waldenfels, Das Zerspringen des Seins, in: Leibhafte Vernunft, hrsg. v. A. Métraux u. B. Waldenfels, München, 1986, S. 154.

(30) フッサールは、超越論的匿名性の語を、一方では、超越論的還元によって主題化されてくる超越論的領野に対して、他方では、決して主題化されることのない構造契機やその機能に対しても用いている。

(31) Vgl. G. Boehm, Zur Hermeneutik des Bildes, in: Die Hermeneutik und die Wissenschaften, hrsg. v. H.-G. Gadamer u. G. Boehm,Suhrkamp, 1978; 物部訳「造形的形象の解釈学」『現象学の展望』新田・村田編、一九八六年、所収。

10 意識と自然
――シェリング自然哲学と身体性の現象学――

一 シェリングの自然哲学の意図

現代における自然理解の変革への促しは、一方では、近代科学および近代技術における自然の対象化的支配から起きた、人間の生存の生態学的危機状況にあるといわれている。さらに他方では、生命科学の急速な発展から、自然をニュートン的力学の支配圏域から解放し、不可逆的な自己形成、自己組織化のプロセスと見る新たな動きもまた、自然理解の変革をせまるものとなっている。自然理解の変革は同時に近代の人間主観性の自己規定のうえにも決定的な修正をせまるものであり、こうした動きは現代思想のあらゆる面に見られるものである。ところが自然理解や人間の自己理解の変革の可能性を自然の構造そのもののなかにまで立ち至って問い直す思想になると、きわめて数少ないし、また説得力に富む論理をもつものになるとさらに稀である。

シェリングの自然哲学が、今日強い関心をもって再認識されるのは、単に自然を有機的な生ける全体として理解した点で、先駆的な意義を有するということにとどまらない。そのような意義をもつ思想家はほかにも多く名指すことができるであろう。シェリングの自然哲学が今日とくに注目される理由は、彼によって自然の理解が機械論的理解から目的論的な理解への思い切った変革（カント的な目的論の理解の枠を打ち破るという意味で）が試みられるときに、理解された自然から自然理解の可能性そのものを引き出すという哲学的な問いが展開されたからである。

シェリングの自然哲学は、自然を近代自然科学の対象としてでなく、むしろ認識対象としての自然に先立ち、認識そのものを可能にするような、その根源的与えられ方において問うている。その問いはつまりいま述べたように理性の基盤としての自然への問いなのである。そもそもドイツ観念論の無制約者への問いはいわゆる対象の方向にでもなく、また主観―客観関係の場面に向かってでもなく、意識の活動性の方向へと探られている。対象化できないものは、知的直観によってのみ捉えられるわけであるが、シェリングは、フィヒテのように自己意識そのものを無制約者すなわち絶対的なるものとするのではなく、むしろ自己意識を相対化して、自己意識の外に無制約者を探るのである。

超越論的哲学と自然哲学との関係をシェリングは次のように語っている。「超越論的哲学は、レールなものをイデールなものに従属させる課題をもつのに対して、自然哲学の課題はイデールなものをレールなものから説明することである」(「自然哲学の体系の構想のための序論」)[1]。シェリングは、一方で科学的現実認識、他方で自由な人倫的実践というものに対して、第三に有機的自然の経験を並べるのでなく、むしろ自己自身で成立している自然の概念を立てることによって、そしてこの生ける自然のなかに人間が組み込まれていると考えることによって、一方で科学的認識を相対化し、他方で人倫的行為の哲学に基礎を与えることができるとするのである。シェリングは自然哲学への二つの道を挙げている。一つは、自己意識の先行的歴史を問う道であり、自我の成立のためのムンダンな条件の総体を探る道である。もう一つは、哲学的反省の可能性の条件への問いである。自然哲学は自然の可能性の条件を問うだけでなく、まさにこの問いの可能性の条件を同時に問うのである[2]。

シェリングによると、総じて、自然を認識することは、その認識にとって現われてこない自然の本来の動きによって可能になることである。そうだとすると、すでにここに、そのようにまず隠されている自然の可能性の条件を問うことは、その問いそのものの可能性の条件をも明らかにする次元にまで問いを深めることであるということが要請されている。その意味でシェリングの自然哲学はまさにその最初の出発からして哲学の可能性への問いなのである。

二　自然の創造性について

そこでまずシェリングが本来の自然をどのように語っているかについてふれておきたい。ルネッサンスのブルーノに代表される自然理解の系譜に立っているシェリングは、自然を生ける活動性(Tätigkeit)、産出性(Produktivität)、能産的自然(natura naturans)として語っている。ただこの創造性に関するシェリングの独創的な見解は次の点に見られる。それは産出性それ自体が、そのままでは何ものでもなく、産出は、自らを所産として産み出していくということによって初めて産出であるという思想である。ということはまた自然の産出性がそのまま純粋な活動そのものとしては捉えることができない、もっぱら所産(Produkt)をとおしてのみ捉えられるということでもある。活動の無制限性がそれを阻止する抵抗にあって初めて自己を形成するというこの思想について、次のように述べられている。

「もし自然が絶対的産出性であったなら、無限に素早い、無形態の進展(Evolution)となり、すべてであると同時に何ものでもないことになり、したがって何ものによっても規定できないし、規定されないものになるからである。」

我々が自然を一定の産出作用として概念的に把握しよう(Begreifen)とするなら、必然的に絶対的産出性を阻止せざるをえないのであり、しかも外から加わってくる力としてこの阻止作用を考えるわけにいかないとすると、自然の根源的産出力は「根源的に二重性(Duplizität)」であるということになる。自然は自らを阻止することによって直接に自己を産出するのである。これが所産(Produkt)」である。自然はこのようにして所産において自己を表わす(Darstellen)のである。したがって所産とは、見えない自然が見えるようになったものとして、「見かけのもの＝見えるもの(Scheinprodukt)である。見かけ(Schein)というのは、所産が、絶対的活動性がそのなかで自己を汲み尽すような絶対的所産ではないということである。所産はどこにも現実に存在(existieren)しない、むしろいつも生成する(immer werden)だけである。

シェリングは流れと渦の比喩でもってこの現象を語っている。流れは自分のなかに特定の渦を形成するが、渦は反対の流れの力によって生ずる。しかし流れそのものは渦によって汲み尽くされない。流れは多くの渦を貫いて流れる。そのように自然は決して終わることのない進展のプロセスなのである。自然が自らの所産であるということについては、自然が「自己自身から組織化された、そして自己自身を組織化していく全体(ein aus sich selbst organisiertes und sich selbstorganisierendes Ganzes)」である(「自然哲学の体系の最初の構想」[3])というふうに語られている。

なおシェリングは、こうした自然の具体的なプロセスとして、三つのポテンツ(展相)として物質、光、有機体を挙げて、それぞれ当時の自然科学の成果を導入しつつ、自然のプロセスが対立しあう相互の力の関係からなることを説いているが、ここでは立ち入らない。

三　自己意識の二重構造と自然哲学における自然の再構築

ここには近代の知識形成の根底にある、無限者の自己限定による有限的存在の確定の論理が、いわば作用の側から捉えられている。[4] ここで語られているのは、以下のような論理であろう。すなわち無限なるものは自己自身において自己を捉えるために、自己を制限しなければならないが、同時にまたこの制限をつねに克服していくことにおいて無限性を保持するのでなければならない、という論理であろう。この「無限定的なものの自己限定」の作用は、有限的無限性の性格をもつ「無限の生成」すなわち「不断に生成し、かつ決して存在しない」という働きとして語られるのである。まさにこのように生成とか流れそのものがそれ自体を損なわずに自己を表現にもたらすという、この論理は、形なきものが自ら形を形成するという、独自の「表現」の思想として解釈することができるであろう。[5]

もとより自然の自己構築をそのままで自然の自己表現であるとして語ることはまだ不十分であろう。根源的なものの表現ということを語るには、それを意識化する契機が働かねばならない。いうまでもなく自然がそれ自身を表わす活動性であるということにおいて、総じて主観と客観の分裂が可能となるのであり、それについては次のようにも語られている。

「自然は根源的に自己自身にとって客観とならねばならない。純粋な主観がこのように客観へと変転することは、自然そのものにおける根源的な二分化なしに考えられえないことである。」(III, 288)

にもかかわらず主観と客観の関係の成立は、意識化の契機を介することによってのみ初めてその本来の場所をうるのでなければならない。ところがその場合、意識化する仕方そのものがこの二重性の構造をもっていなければ、その働きの外に出てしまい、自己を損なわずに表現するという本来の働きは歪められるのである。ということは、意識化自体がなんらかの仕方で自然の二重性によって貫かれているということである。

シェリングはここで自己意識において、自然の根源的活動性と同様な二重性の構造を取り出すのである。自己意識は自由なる活動性であるが、つねに自己を制限することによってのみ自由であり続けるのである。自己意識は、シェリングによると、レールな、無限に進展する活動性とイデールな、制限される活動性との二重性において成立している。この二重構造において自己意識は同時に主観であるとともに客観なのである。それでは、パラレルな根源的な二重性と自己意識における二重性とはいったいどこで区別されるのか。その決定的区別をシェリングはどこに見出しているのか。それは根源的産出性がまだ無意識であり、没意識的であるのに対し、自己意識はそれを意識化し、反省するという点である。

じつは自然哲学は、自己意識の自由な活動性そのものに基づき、かつその自由な作用のなかで、自然の根源的活動性を再構築する、つまりすでに行われた自然の自己構築を想起しつつ反省的に再構築するのである。ただし反省によってあとから理論を加えるというのではなく、哲学それ自体が自由な行為として根源的な活動性の反復なのである。シェリングは「哲学者の行為は根源的構築の模倣としての構築である」といっている。

ここには、端的に「意識そのものが自然に帰属している」という「意識の事実性」に関するシェリングの根本主張が根底に横たわっていることに注目しなければならない。このことは、自己意識そのものが自然の最高のポテンツであることに基づいている。そしてとりもなおさず人間が自らを自然のポテンツであると理解することそのことにおいて、人間は自然から自己を引き離すのである。ということは、「自然そのもの」を思惟そのものの最内奥に見出していくことなのである。意識が自然のポテンツであることに基づいて、思惟の根底に自然を見出すという仕方で、自然の再構築を行うのである。[6] そもそも人間が(自然を対象的に認識することを含めて)[7]自然に関与することができるのは、もともと人間が自然のなかに組み込まれているからである。人間はそれ自身自然の産物である意識をもって、自然を認識したり、行為においてこれに関わったり、創造的に形成したりして、自由な目的設定のもとで自然に対峙している。ということは、人間は自然から規定されるとともに、自然に対して規定を与えるのであり、その意味で人間と自然との間は二重規定の関係をもっている。そして自然哲学もまたこの意味での自然帰属性の究極的自覚として構想されているといってもいいであろう。

もとより再構築は根源的作用そのものでなく、あくまでも想起の作用として追い付きえない遅れのなかで行われるということを見逃してはならない。この遅れこそ、じつは知の発生の条件となる差異化の出来事なのであり、根源的な生起そのものを語るときの距離の発生なのである。このことは後述するが、とりあえず、この遅れこそ人間の自然に対する自由なる関わりを可能にするものであるということだけは注意しておきたい。

それでは自己意識の自然帰属性ということ、いいかえれば精神の自然への組み入れを具体的にどのような仕方に見出すことができるのであろうか。哲学的再構築の可能性を支える自然経験そのものにおいて、この帰属性はどのように考察されているのであろうか。ここで、シェリングが、自己意識の根底に身体の機能を見ていること、とくに感覚の作用に自己意識の原型を見ていることに注目しなければならない。感覚はカントの認識論におけるように、客観の感覚ではなく、客体の概念を与えるものではない。感覚はまさに活動性の否定として、「異他的なるものの最初の発見の働き」であり、自我に非ざるものによって制限されていることを発見することにほかならない。G・ベーメは、シェリングでは、自己意識そのものがじつは感覚作用と感覚されたものとの感覚作用という、自らにおきる二重性であるといっている。(8)

ここにいわゆる内面と外面との区別の発生とか、対象の背後に超越的な物自体を思惟するような仮象の発生などを批判する論拠が与えられている。シェリングによると物自体は、活動性の影なのである。われわれが質料とよぶものは、触発の未知なる根拠なのではない。まさにわれわれの現存在と自由のなかに目的論的に働きかけてくる「われわれに対して優れた力をもつもの」の、否定的自己制限の働きにほかならない。

四　疎外とその克服について——ロマン主義的自然観との相違

人間の自由は、自然を再構築できるとともに、反対に自然に逆らうこともできる。初期の自然哲学の時期の構想によれば、人間の自然からの離反は、デカルト以来の機械論的な自然観に見られるように、自然を生ける活動と見ないでひたすら死せる対象として認識することにあり、その克服は、生ける自然とその意識化である自己意識の自由な活動を認識することにあるとされる。したがって、根源的な原構造である二重性そのものが、人間と自然との間に生じる悪しき分離を引き起こす仮象の発生の根拠となるのであるとともに、他方では、危機をつねに乗り越える可能性をも与え続けているのである。まさに自然哲学が、この仮象の発生の根拠を明示し、自然の根源的活動性および人間の自然帰属性を取り出すことが、自然と人間との宥和を創りだすことになるのである。自然を単なる認識対象として外から考察するのでなく、自己の認識知を可能にする根底として見なおすということは、あくまでもシェリングが、知の立場、または学問論の立場に立っているということである。生成を対象化することによって固定するのでなく、生成のなかから生成を語ることによって生成を救うこと、これがシェリングの思想である。

ところが、シェリングは、さらに自然哲学よりも、自然のより高次の現前を芸術作品に見ようとする。芸術作品は、自然と自由との総合であり、没意識的なるものと意識との同一性として、いいかえると無意識的なものの意識的現前とされる。芸術は、意識的活動性を、没意識的活動性によって規定されたものとして反省する。じつはここに、人間と自然との関係に関するロマン主義的解釈の可能性がひそんでいる。

ロマン主義的自然観は、「失われた自然との融合を取り戻す」という主張に端的に現われるが、本来は、根源的二分化というシェリングのヒュレー・モルフェー主義には、ロマン派の思想に見られるような、失われたものを回復するというユートピア思想は原理的に直結はしないはずである。そこにはシュミット＝コワルツィークの指摘にも見られるように一線が画されている。[9] シェリングとロマン主義自然観との関わりについては、ここでは立ち入らないが、それと連関して、自然と歴史の関係、とりわけ歴史の自然化（Naturalisierung der Geschichte）と自然の歴史化（Historisierung der Natur）[10] の相互関係の問題を引き続いて考察すべきであろう。[11]

結び　現象学からの若干の考察
――シェリングの自然哲学と身体の現象学

フッサールの現象学は、「絶対的ここ」という身体の位置感覚や「わたくしは動く」「わたくしは為す」という身体運動の自由な能為意識に自己意識の働きを見るが、同時に、ヒュレーの受動的な自己構成の働きとその時間化の仕方に、われわれ人間の意識の根底における自然の原現象にあたるものを見出している。身体的次元で働く自己意識そのものがすでに知識の成立の条件となる原初的差異性であるが、同時に、ヒュレーの根源的な与えられ方がここにかかわってくるのである。

ヒュレーの現象学的考察によって、ヒュレーとは、まさにわれわれの現存在と自由のなかに目的論的に働きかけてくる「われわれに対して優れた力をもつもの」であることが確かめられることになるが、その働きは、われわれに与えられることによって自らを隠すものとして、そのようにしてわれわれの現（Da）と自由のなかで自己を贈ってくる、根源的自然の働きそのものなのである。シェリング自身もこのような働きについて次のように述べている。「それ（自然）自身は、すなわち自然の最初の力は、それが顕現してくる個々の現出の背後に隠れる。欲求的な眼の前で。[12]」このようなヒュレーの時間的規定における現われと隠れは、キネステーゼ的な能為の自由のなかで生ける自然がわれわれに自己を告げてくる仕方であり、それこそ究極的な意味でのヒュレーとして、根源的意味での自然の与えられ方なのである。それゆえここに、先述したような人間のあの二重規定にあたるものが、われわれの経験の根底に起きる、この根源的所与と自由な身体的能為との関わりに見出すことができるのである。だが現象学は、これを「質料としても、自然としても[13]」徴づけることなく、ひたすら出来事（エルアイグニス＝生起）として捉えようとする。シェリングのいう二重性の活動と二分化の構造は、まさにこうした現われと隠れの根源現象に深く関わるものではなかろうか。

ここに、現象学からシェリングの自然哲学への対話の通路が開けるのではないか、これが私の問いである。つまり自然への根源的帰属性に基づく人間の媒体機能は、言語的な媒体に還元されえない、身体の媒体機能に見いだすべきであるという問題にも関連してくる問いである。[14]

さらにまたこのことと連関して、若干私見を述べておきたい。というのは、この解釈の方向で、シェリングの同一性概念の存在論的再検討が企てらるべきではないかと思われるからである。シェリングの同一性の概念は、ヘーゲルによって、よく識られているような手酷い批判を浴びたり、シェリング自身がこの概念を乗り越えて、自由論以後の思惟の方向へと進んでいき、周知のように後期思惟においては、同一性哲学までの思惟が消極哲学として性格づけられることになったりして、時代の前面から程なく姿を消すことになる。しかしもう一度、この同一性の概念に焦点をあてて、これを存在論的に、あるいは真理論として、検討してみるべきものではないかと思われる。たしかに、同一性哲学は、自然哲学の時期に生じた不整合な点を整え、とりわけ自然と自由の統合という点での課題を、より根源的な同一性概念によって積極的に解決しようとして試みられたものである、といわれている。にもかかわらず、クリングスの指摘するように、この概念が時代に制約されたものであり、事象に適切であるかどうかについては疑問のあるところである。[15] フランクもまた同一性概念に刻印されている絶対者の現象は、その現象がそれの啓示であると同時に、退去(Entzug)であるような仕方であること、そしてそのことは、いかなる欠陥でもなく、むしろ、「現われにもたらすこと(Zur-Erscheinung-Bringen)」の媒体を、それにおいて現われてくるもの(Erscheinendes)と取り違えない、という仕方で絶対者に仕えていることだ、といっている。[16]

万物の絶対的措定は、特殊なるものを非存在として措定することであり、この非存在がまさに万物の表現であるということ、このことはシェリングの絶対的活動性とその制限の作用に見られた表現の思想にほかならない。万物は表現において、その反射においてしか捉えられない。これがシェリングの現象(Erscheinung)の意義である。シェリング自身の言葉でいえば、「特殊なるものの非措定は、万物の自己自身を見ることであり、措定である。これが哲学の最高の秘密の解明である」。[17] この思想の根底にある論理は、すでに自然哲学で洞察された、「所産は絶対者の像である」という論理である。根拠づけられたものにおいて、根拠づけるものである根源の活動性が、自らを反復するという論理である。

この考察が著しく見当外れでないかぎりにおいて、シェリングの自然哲学から同一哲学への展開のなかに、人間の自然への帰属性をめぐって、現代の問いに大きな示唆を与えるものが確実にひそんでいるといえるであろう。

(1)　Einleitung zu dem Entwurf eines Systems der Naturphiosophie (1799), F. W. J. Schelling, Ausgewälte Schriften, Bd. 1, Suhrkamp, 1985.

(2)　ヴィーラントによると、前者は一八〇〇年の『超越論的観念論の体系』において、後者は一七九七年の『自然哲学の構想』の序論において展開されたとしている。W. Wieland, Die Anfänge der Philosophie Schellings und die Frage nach der Natur, in: Materialien zu Schellings philosophischen Anfängen, hrsg. von M. Frank, Suhrkamp, 1975.

(3) Erster Entwurf eines System der Naturphilosophie (1799), Schellings sämtliche Werke, Bd. III, S. 333.

(4) ちなみに対象の現われの側から捉えられたものが、現象学や解釈学でいうところの地平の現象である。

(5) ここでは立ち入らないが、西田幾多郎晩年の世界の表現的自己限定の論理は、ヘーゲルよりもはるかにシェリングのこの表現の思想に近いといえるであろう。たとえば「自己を没して世界を見る」ことは「生命の自証」である(西田)という思想と「神のみが唯一の神学者である」(シェリング)という思想には、或る近さが見られる。

(6) Vgl. Thomas Buchheim, Das "objekitive Denken" in Schellings Naturphilosophie, in: Kantstudien, 81. Jahrgang, Heft 3, 1990.

(7) 自然科学と自然哲学の関係について、左記論文参照。
Wolfdietrich Schmied-Kowarzik, Friedrich Wilhelm Joseph Schelling, in: Klassiker der Naturphilosophie, v. G. Böhme, München, 1989, S. 241-262.

(8) H. Böhme und G. Böhme, Das Andere der Vernunft, Suhrkamp, 1983, S. 154.
のちに具体的な生の経験のなかで自己意識の発生の場所を探ったのはディルタイであるが、彼もまた体験の構造の内に働く内的に気づくこと(innewerden)に知の成立の原点を見出している。シェリングもディルタイもともに自己意識を自我の本質とみるフィヒテの立場に反対している。

自己意識を身体の受動的意識と見なすのは、現象学である。これについては「結び」で論及する。

(9) Schmied-Kowarzik, a. a. O., S. 261.

(10) O. Marquard, Transzendentaler Idealismus, Romantischer Natur-philosophie, Psychoanalyse, 1987, S. 153.

(11) シェリングが、自然は本来は無害であり、意識の母胎であると見ているかぎりでは、ロマン主義的自然観に哲学的な論拠を与えているともいえる。ところがロマン主義では二分化がすでに本来の合一状態からの離反と見なされるのであり、人間もまた自然との一体化(Eins-Sein mit Natur)からの、つまり生ける他者との共生(Symbiose)からの離脱とされる。総じて自然の産出は、一体化されていたものから誕生によって分かれ出ることである。それゆえに、想起の哲学が、母胎への回帰を図るため第二の誕生を再構築する。さらには、やがて後期ロマン派のように、自然を美的に歌いあげる詩作によって自然を聖化する(Verklärung)思想へと高まっていく。こうしたロマン主義的思想は、本来はシェリングの自然哲学の思想そのままではないが、そこに確実に根をおろしている。さらにロマン主義では自然は治癒力をもつが、それに対して、自然を衝動と見ることによって、むしろ自然を意識化できない自然と見なすフロイトの精神分析における無意識の理論も、シェリングの自然哲学に根をおろしている。

(12)　Schelling, Weltseele, 1798, zitiert nach T. Buchheim.

(13)　Vgl. L. Landgrebe, Die Phänomenologie der Leiblichkeit und das Problem der Materie, in: Beispiele, Den Haag, 1965, S. 301 f.

(14)　ハイデガーは『ツォリコーナ・ゼミナーレ』において、理解作用(Verstehen)とともに身体を生きるということ(Leiben)もまた、現存在の世界内存在の仕方であると積極的に肯定する発言を行ない、身体の世界内属性の存在論的意義にふれているが、しかし身体には存在を理解する作用がないといっている。これはハイデガーの言語優越主義にほかならない。構造的に身体が世界または自然に組み込まれているだけでなく、世界すなわち生ける自然(ピュシス)の自己運動または自己活動性が身体の機能になっていることにまで洞察を深めなければ、身体を世界内存在の仕方として論ずることはできないはずである。

(15)　H. Krings, Natur und Freiheit, in: Zeitschrift für philosophischen Forschungen, Heft 1, 1985, S. 16. 本書第9章、二〇九頁。

(16)　記号による図式化によって、同一性はA＝A、これが区別化されるとA＝Bとなるが、この分節化に先立って、根底には絶対者の絶対的同一性がある。世界は絶対者の無差別態の量的差別によって成立する。先なる自然(ナツーラ・プリュス)と後なる自然(ナツーラ・ポステリュウス)のかぎりない展相化(ポテンツィールング)の系列が図式化されると、$\frac{A}{A=A}$に代わって$\frac{A}{A=B}$となる。たしかにバント(Band)は同一性を表わすが、決してそれは関係項である自然と精神との同一性でもなく、関係項と関係との同一性でもない。ということは、同一性は絶対者であるが、決して単純な自己直観によるというより、現われ出る関係項において自己を隠す仕方で、関係項の存在の否定をとおしてのみ与えられるものと解釈できるであろう。
Vgl. M. Frank, Eine Einführung in Schellings Philosophie, Suhrkamp, 1985, S. 128 ff.

(17)　Schellings sämtliche Werke, Bd. I, 6, S. 197 f., zitiert nach M. Frank; Vgl. Frank, a. a. O., S. 132.

第三部　歴史と文化の現象学

11 人間存在の歴史性——歴史における理論と実践

一 解釈学における歴史理解の問題

1 歴史への問いにおけるアポリア

ヨーロッパの歴史そのものの意味を全体的に問い直そうとする深刻な歴史意識の台頭は、一九世紀後半のヨーロッパの精神状況を表わす特徴のひとつである。歴史へのこのような反省的な問いは、たしかに病める時代状況の歴史的な由来を見究めようとしている限りでは危機意識を表わすものといえるが、しかし必ずしも反科学的な、文明診断的なペシミズムの表明にばかり走ったわけではなく、むしろ逆に、古典的な歴史の形而上学に対する批判を伴いつつ、すでに成立を見ていた歴史諸科学の学問論的な基礎づけを果たそうとする方向ですすめられた。このことは一見して異様な、内に矛盾を含む出来事であったといわねばならない。なぜなら、歴史科学の学問論的な基礎づけは、歴史に関する学問の客観性を容認し、歴史科学を科学として正当化しようとするものであり、それ自体としては歴史への関心の深まりと必ずしも一致するものではないからである。総じて科学化への動向は歴史への関心と並んで時代のもうひとつの傾向ではあるが、両者はその本来の方向からいって互いに対立しあう面をもっている。今日でも、いわゆるポパー゠ヘンペル理論は、明らかに歴史の分析的説明のひとつの徹底した主張であり、これに対し科学的理論ですら歴史的所産として社会的現実に決定的に制約されているとみるハーバマスなどの批判的理論があり、いわゆる実証主義論争以来現在にまで及んでいる両者の対立は、とりもなおさず右に述べた一九世紀末以来の二つの関心のもつ対立の激化とみることもできるわけである。

歴史への関心は、その根底においては、人間によって生きられた生への関心であり、単に過去の現実への回顧にとどまるものでなく、生成する現実の、客観的分析的知識によって確定できない変化流動の只中へ帰ろうとする要求を内に含んでいる。ニーチェがすでに警告を発したように、歴史に関する分析的知識の肥大化によって生が蔽われてしまうのである。したがって本来は対立しあう二つの関心もしくは態度が結びつくということ、すなわち歴史意識の深まりから発した歴史への問いが、歴史科学の成立の可能性の条件への問いに具体的に結びついてゆくということは、歴史への問いが固有のアポリアを自ら解決してゆくということでなければならない。このアポリアは、歴史に関する知の形成の場面では次のような形で立ち現われてくる。つまり、生成し変化する現実に関する知識は、生成と変化に直接に結びついたものでなければならない。ところがそのような知識はそれ自体、生成性格を免れえないことから個々の断片的な、相対的知識に終ってしまう怖れがあり、もしそうであれば、もはや生そのものの意義を語るにふさわしい客観的知識とはなりえない。したがって個別的な現実の多様性に対して、そのような現実に関する知がいかにして知としての普遍性というものをもつことができるのか。このようなアポリアの解決が歴史への問いに課せられてくるわけである。一方では生成への関心であり他方では普遍性への関心である歴史への問いは、歴史科学を基礎づけるためにも、知と生との対立がいかに解決されるかという課題をまず何よりも解決しなければならない。

2　認識論的問題設定の限界

その限りにおいては、新カント学派に代表される歴史科学の認識論の企てといえども、生の流動性、連続性、個別性を十分に顧慮したうえで着手されていると言ってよいであろう。ところが新カント学派——ここではリッケルトの歴史理論をもってその代表とみる——の場合、このような生の現実を、その内側からでなくむしろ外側から、つまり現実に対して認識主観を対立させて、この主観の作用をとおして現実を概念によって確定し合理的に再構成しようとするのである。新カント学派の認識論の立場では、現実は生成し変化する雑多なものであるがゆえに、あるがままに認識することはできないのであり、したがって価値という規準によって認識するに値するものだけが選び出されるのである。このような立場は、生の領分を前提としながらも、あくまで科学による対象の合理的構成を正当化しようとしている限りでは、科学と生との対立を科学の側で解消しようとする今日の分析的科学論とも相通ずるものがある。

ただ認識論の立場として、現実を「脱現実化」としての理論構成によって合理的に再編成するための制御装置として、論理的に要請された認識主観の側に認識の条件を見出すのである。したがって歴史的知識の客観性は、現実が定まりなく変化するがゆえに現実に対して投げ入れられた規定そのもののもつ客観性を意味することになり、そこには自然に関するカント的認識論の構想がそのまま導入されようとしている。もとより、歴史的知識の構成の条件となるものを歴史的知識そのものと等置することは許されないことである。問題は、このような超越論的（先験的）条件を無歴史的な絶対的視点ともいえる認識主観に求めるか、それともこの超越論的条件そのものに避けがたくつきまとう歴史性を十分に考慮に入れるかということである。なぜなら、歴史を理解する主観そのものがつねに何らかの意味で歴史のなかに置かれているからである。

3　歴史的生の自己理解

歴史的現実とそれに関する知識との、いわば多様性とその知的統一との対立のアポリアを解決する道は、生成する現実そのものを内部から構造化してゆく方向に探らねばならないであろう。ニーチェのいわゆる「生成の無垢」に立ち帰って、生成する現実のさなかからこの現実に関する知を形成し、この知によって生成する現実を内在的に透明化することが企てられなければならない。そして、もしこのような企てが可能であるなら、そのためには以下のような互いに連関しあった二つの条件が充たされるのでなければならない。それは、まず第一に、現実のなかに現実を知的に理解してゆく視点を置かねばならないということであり、第二に、生成のなかから知の客観性を構成してゆく経過が明らかにされなければならないということである。この二つの条件を充たすようにして、歴史科学の成立の可能性の条件への問いを提起したのは、言うまでもなく「生の哲学」の歴史理論である。

　このようにして歴史への問いは、まずこの問いを問う人間の在りかたへの問いへと方向を転位してゆき、歴史を理解する人間の歴史帰属性の解明が、歴史的現実に関する知識の形成の理論と化するのである。ところで、歴史の内に生きる人間は、思惟し、感情し、意欲する、いわば全人間的な生活を営んでいる。このような人間にして始めて歴史を理解するわけである。しかも歴史的出来事を理解する人間は、何よりもまず自己自身を内的に理解していなければならないのであり、歴史の理解は生のこのような内的理解に根を下しているわけである。このように生の内的自己理解と歴史理解との関係を明らかにすることが、歴史的知識の客観性と個別的現実の多様性との対立を解く鍵とみなされるのである。歴史的知識の客観性の構成への問いは、生の内的自己理解がいかにして普遍的知識としての歴史的経験にまで高められるのか、という問いとしてすすめられてくるのである。

　ディルタイはまず、知の全体的連関の基礎となる「生と知との連関の根源的な所与性」（ガダマー）を心的体験に見出している。体験は生の動性を外部からでなく内部から直接に気づく作用だからである。このようにしてディルタイはまず歴史的知識の客観性の基礎を、意味による体験の統一という心的連関のなかに置いたが、しかし心的連関の内在的分析を企てる構造心理学の立場では、「主観の内に精神的世界を構成することが、いかにして精神的現実の知を可能にするのか」という問いに十分に答えることはできない。そのためディルタイは、「理解（Versthen）」の概念に重点を置く解釈学の立場に移り、歴史的生を理解するとは、歴史的生の自己理解、言い換えれば「歴史性を媒介とした生の自己理解」であることを強調した。歴史的世界の客観性の認識を成立させるのは、体験がいったん客観態として表出されたものを理解することである。つまり生がみずからの所産を介してはじめて自己を理解するという生の構造そのものに精神科学の基礎づけが見出されるのである。生はさまざまの連関を動的に統一してゆく発展的連関を形成しつつ自己を客観態として表出してゆく。解釈学は、生の客観態を媒介とした生の自己理解の構造の解明をとおして、精神科学の基礎づけを果たそうとする。

だが、生の自己理解が、歴史に関する普遍的知識を形成するには、歴史性を媒介とするだけでなく共同性をも媒介としなければならない。生の現実に関する客観的知識の形成は、理解が孤立した主観の自己理解にとどまるものでなく、共同的な相互理解として起こることによって可能となる。というよりも、理解はもともと他者関係をみずからに含むものでなければならない。理解とは「他者のなかに私を再発見すること」であって、フレムトなものを自己へと同化してゆく働きにほかならない。ガダマーが指摘するように、もともとヘーゲルの「自己意識」の構造のなかに読み取ることのできる「フレムトなものの同化」の働きと「生」の自己理解との間に構造上対応するものがあることを鋭く摘出したのはヨルクであり、ヨルクのこの指摘によって、現代哲学のなかに理解の概念が認識の概念にとって代る機縁が与えられたのである。

ところがディルタイの場合、他者理解について考察はしているものの、自己性と他者性との根源的関係に対する分析が十分になされていない。ディルタイの理解の概念は、いまだ認識論的な方法概念の域を脱却していないし、何よりも生の概念が形而上学的意味でもって歴史的な生の全体を言い表わしているとともに、歴史に属する個別的な人間をも表わすという曖昧さを残しており、形而上学的な総体性《トタリテート》の概念に妨げられて理解の概念が超越論的条件として十分に主題化されていない。だが歴史的世界の構成の基礎を生の内在的自己理解に求めた試みは、たしかに内在的理解そのものを条件づけている「理解そのものの歴史帰属性」を十分に明らかにすることはできなかったが、現代哲学の歴史論にとって、歴史への問いに含まれるアポリアの解決の方向を与えたものといえるであろう。

4　現存在の歴史的自己理解

歴史学的認識の超越論的条件として人間の存在の歴史性を問う方向は、ハイデガーの『存在と時間』における現存在の分析論において、一段と深められてくる。ハイデガーは、人間の自己理解に不可避的につきまとう根源的な意味での事実性の問題を存在論的に問うことによって、「世界‐内‐存在」の根源的開示性としての理解の存在論的機能を明確にした。ハイデガーによれば、いわゆる歴史的自己理解というものは、もはやディルタイのように生の客観態の追理解などではない。ハイデガーによれば現存在の時間性に基づいて歴史性の解明が企てられるのでなければならない。「現存在の歴史性の実存論的投企とは、すでに時間性の時熟のなかに包み蔵されているものをただ露呈することにほかならない」(Sein und Zeit. Gesamtausgabe, Bd. 2, S. 497)。そしてこの場合、本来的実存の時間性に含まれているものが、真の歴史的自己理解とみなされるわけである。

だから歴史的自己理解とは、ハイデガーの場合、みずからの事実的な現(Da)を決意的に引き受ける現存在のみが、伝えられた現存在の実存の可能性をみずからに伝承し、反復することができるのだ、という形で叙べられている。つまり将来的であるとともに等根源的に既在的である存在者のみが、本来的歴史性を可能にするのである。かつて在った歴史的出来事を理解することは、かつて在った現存在の可能性を決意的に反復することであり、反復とは明確な自覚をもって遂行される伝承（Überlieferung）のことにほかならない。言うまでもなく、『存在と時間』における存在の意味への問いそのものが、ヨーロッパの形而上学において生起していた存在問題を改めて問い直すという意味での反復なのであり、いかなる意味においても無歴史的な思惟ということはありえないわけである。ハイデガーによると、学としての歴史学は現存在の歴史性に根差している。歴史学が歴史的事象を主題として構成するとき、それに先立っていつもすでに「過去」が何らかの仕方で先学問的に開示されている。主題化とは、すでに理解されていることを改めて特定の存在領域へと確定することである。かくして「歴史学的真理の可能性と構造」は、歴史的実存の本来的開示性に基づいて展開さるべきものとされるのである（Vgl. Sein und Zeit. GA. S. 524）。しかしながらハイデガーの分析は、歴史学の成立の超越論的条件としての現存在の歴史性に、それがもっぱら歴史学的認識の実存論的基盤となっているという面から照明を当てているため、歴史学における科学としての主題の構成に対する考察は背景に退き、歴史学的認識は単に理解の派生形態とみなされるにとどまっている。

　これに対して、理解のもつ実存論的性格に基づきつつ、方法としての歴史理解の問題を再び取り上げ、テクスト解釈において伝統の継承の仕方を問おうとしたのは、ガダマーである。解釈学において古くから問題とされている理解における循環の現象を、ハイデガーは現存在のもつ先行的構造に由来するものとみなしたが、ガダマーはこの循環を、われわれと伝承との出会いにおいて働くわれわれの先入見（Vor-Urteil）の役割に見出している。われわれが伝承に語りかけられ伝承に対して問い返すという一種の相互交替運動は、理解者の属する地平と理解されるものが属する地平とが融合しあう出来事である。「影響作用史的意識（wirkungsgeschichtliches Bewußtsein）」とよばれるこの動的にして開かれた歴史経験に関するガダマーの考察は、理解というものがいつもすでに起きている出来事であるということを、改めて歴史理解の場面で具体的に問い直したものであるともいえる。もとより彼の考察には、後期のハイデガーから学びとった存在史的対話の思想が生かされており、隠されたもの(Verborgenes)、言われなかったこと(Ungesagtes)がおのれを顕にしてくる遊動的出来事が、テクスト解釈として起きる脱主観的な対話の出来事として受けとめられているのである。

5　哲学的解釈学の功績とその限界

今日の学問論において解釈学的な理解の概念がひろく注目され、その積極的な役割が改めて論議されているが、そうなった理由は、理解が社会的歴史的空間において言語を媒体として起こる出来事であるという点や、理解が単に客観的科学の方法といったものでなく、人間の生活の根本形式であるという点などからきている。ところが理解のもつこれらの特質は、理解の作用そのものにもともと地平機能が属しているということに由来している。いわゆる解釈学的循環も、もともと理解の地平機能に基づいて起こる現象なのである。循環とは、全体と部分との相互規定の出来事であり、「全体」を予想しつつ理解することが個々の「部分」の認識を成立させる条件となり、逆に、細部に立ち入る解釈によって予想的な理解が改めて確認されたり、訂正されたりするのである。このような解釈学的循環の構造を問うときに、先主題的または非主題的な全体の理解という地平機能が看取されるのである。たとえばハイデガーによって存在理解の先行性が現存在の存在論的構造として主題化されたり、ガダマーによって理解の先行性のもつエルアイクニス的性格の方法論的積極性が説かれたりするのも、地平現象に理解の根源的機能が読み取られたからである。

しかし地平の現象は、たしかに主題の認識に先立って、しかもそれを可能にする条件となっているが、同時に、対象の主題化的把握につねに随伴して起こる事柄であって、主題から切り離された地平というものは、ありえない。したがって地平機能としての理解の先行性を重視するあまり、主題を構成する作用のもつ独自の権限を不当に軽んずることはもとより許されないことである。解釈学は、科学的認識に先立つ根源的経験として理解の機能を取り上げ、科学的認識の方法によって見逃されていた理解の地盤機能に注目させた点では、今日の学問論の討議に対して重要な貢献を果たしたといえるであろう。しかし、たとえばガダマーのように、過去に対する経験をすべて、過去との遊動的な対話に帰してしまうことには問題があろう。言語による過去と現在との綜合の働きを重視するにしても、たとえば歴史叙述にみられるような、過去の出来事を主題として構成する場合、言語による対話の構造の分析だけでは解決できない問題が残る。すなわち主題構成の独自の論理構造とか、主題設定としての実践を導く関心などに出会うのである。

したがって、ハイデガーのように認識を理解の派生形態とみなすにしても、この派生に伴う独自の構造を十分に分析できる視点を確保する必要がある。もとより分析理論のように、主題構成の条件に対する哲学的考察を欠いてはならないが、逆に、人間の歴史性そのものを歴史と等置して、先科学的経験に科学的認識を発生的に溶解してしまうことも許されないのである。それゆえ必要なことは、人間の存在の歴史性が歴史学的対象構成の超越論的条件として働くのは、どのような意味においてであるのかをもう一度事象に即して考察することであり、同時に、歴史学的認識のもつ固有の論理性を十分に容認したうえで、科学的認識と根源的経験とを関係づける統合的視点から両者の関係構造を改めて問うことが促されるのである。

二　現象学における歴史の超越論的理論としての役割

1　意識生と地平の歴史性

フッサールの現象学の展開を追うとき、われわれはディルタイの場合と同様に、純粋な意識内在性の立場から脱却してゆく経過を見出すことができる。『論理学研究』の記述的現象学の立場から『イデーンI』の超越論的現象学の立場へ移行してゆくとき、フッサールは、いわゆる還元理論の形を借りて、現象学の純粋な意識内在性の立場を絶対的なものと明言している。フッサールが、デカルト的コギトの必当然的明証に基づいて「純粋意識」という絶対的領域が導き出されると説くとき、意識は、世界を超えた無歴史的な絶対的主観性として標榜される観があった。このような立場に立つかぎり、言うまでもなく意識の概念は生の概念と全く対立するものとなる。

ところがフッサールは、彼の現象学の中心的な主題概念とされている志向性に、始めから「志向 - 充実」という目的論的動性をみている。思念されたもの（志向されたもの）を直観的に充実し、意味として思念されたものを「みずから与えられたもの」に化してゆこうとするこの目的論的動性が志向性の本来の機能である。フッサールの現象学の本来の狙いこそ、まさに意識の目的論的機能をその全体にわたって開示することであった。したがって、意識と生との対立は、事象的にみれば、現象学がみずからの手で解決すべくおのれに最初から課している課題であったとさえ言うことができるのである。

フッサールの現象学の展開において、意識概念と生の概念とが結合した意識生（Bewußtseinsleben）の概念が登場してくるのは、一九二〇年に成立する発生的現象学においてである。発生的現象学は、いわゆる発展、生成に意識の志向的機能の構造と条件とを、すなわち意識生の内在的法則性を探る立場であると言ってよいであろう[1]。発展は、とくに「動機づけ（Motivation）」の連関として考察される。動機づけとは、対象を構成する能動的志向性（いわゆる作用）がつねにそれに先立つ受動的志向性に伴われ、この受動的な機能によって対象構成を条件づけられ、かつ促されている仕方を言い表わしている。そしてこの動機づけ連関によって形成される現象が地平である。その限りでは、発生的現象学は、地平の現象学と言い直してよいであろう。地平とは、対象の所与性に随伴する所与性である。たとえば知覚は、直接に与えられた所与性を越えて、たえず、いまだ直視されていないものを随伴的に意識している。対象をより詳しく規定してゆく知覚の連続的な進行の連関は、目下、主題（基体）となる対象を意味（対象の部分契機とか固有性質）によって規定するだけでなく、たえず、まだ規定されていない意味に向かって予料（＝期待志向）を働かせている。規定作用としての知覚は、地平的に予料されているもの（含蓄されているもの《イムプリツィールテス》）を充実してゆく（顕在化してゆく《エクスプリツィーレン》）働きである。

ところがフッサールは、予料の仕方に二つの基本的な区別を見出している。ひとつは、対象意味の直接的所与性に動機づけられて起る予料であり、たとえば、物の前面が黒色を帯びている場合、まだ見られていない裏面もまた黒色を帯びているであろうという期待が働く。このように特定の規定意味を予料する仕方に対して、むしろそれを可能にする、より根源的ともいえるような予料が働いている。対象は、決して任意に満たすことのできない「無規定的な一般性」の地平によって取り囲まれている。無規定的一般性とは、規定の可能性を導く「意味の枠」のことであり、対象をいつもすでに類型化して先取りしているという意味では決して絶対的な未知性ではなく、「既知性の一つの様態」である。対象が主題的に規定されるのに先立って、いつもすでに「何」であるかがあらかじめ非主題的に漠然と定められているわけである。予料された「意味の枠」は、志向性の活動空間としての地平を形成する重要な役割を果たすものであって、フッサールの領域存在論の構想がここに深く結びついてくるのであるが、それについてはここではこれ以上立ち入らないことにする。

要するにここで注目したいのは、この非主題的な無規定的一般性を予料的に構成する働きが、フッサールのいう地平形成の核心となるものであり、この予料的構成の仕方にとくに地平の時間的脱目的構造がよく表わされている、ということなのである。なぜなら、この無規定的一般性は連合（Assoziation）によって受動的に構成されるのであり、連合は、現在、対象を規定する作用に伴って、その作用の活動空間を未来へ向けて可能にするようにして、すでに沈澱した過去の意味を再生するからである。地平の根源的な形成とは、過去が未来に向けて働きかけ、未来を受動的に現在化させる働きである。動機づけとは、現在の行為を、未来の可能性へ向けて動機づける働きなのである。そしてこのような形で、現在の開かれた拡がりのなかに「沈澱した過去」が属するのである。

2 各自性、身体と世界の唯一性

歴史性の問題をとくに顧慮するとき、発生的現象学において見逃してはならない第二の問題は、超越論的主観性の各自性ということである。フッサールが主観の各自性をとりわけ強調している箇所は、現象学的エポケーを遂行する私という主体について語る場合である。現象学的エポケーとは、いわゆる自然的態度に生きる主観性が現象学的反省の態度へと態度を変更する方法的作業のことであり、主観性が自然的態度において働く世界関心を差しひかえ、おのれ自身を、世界を構成している純粋な理性機能として主題化するために関心を切り替える方法的措置のことである。ところが、このような関心の切り替えは、単なる主題化という方法的措置にとどまるものでなく、世界を地盤として行われる自然的自己理解に対する徹底的な拒絶としてのみ成し遂げられるものである。フッサールは、この自己理解の根本的な変革を「徹底した自己省察」とよんでいる。徹底した自己省察とは、世界関心から「意志的に自己自身を切り離すこと」であり、各自的に行われる倫理的決断なのである。このような各自的遂行を、フッサールは自我の唯一性とも語っている。現象学的エポケーを遂行する自我は、唯一的自我として「人称上の不変化性を失うことのできない」(Husserliana〔Hua.〕VI. S. 188)自我であり、要するに他者による代替の不可能な自我のことにほかならない。

各自性または唯一性に関するフッサールの叙述は、後期の断片諸草稿において随所にわたり散見できるものであるが、この唯一性の思想は、じつを言うと、フッサールの現象学における理性の目的論的機能の全体的構図のなかできわめて重要な位置を占めるものなのである。というのは、この思想が、世界の現出に関する考察と、客観的世界の相互主観的構成の分析とを媒介する役割を果たすからである。フッサールによると、世界は、一切の存在者をみずからに含む絶対的基体であるが、それ自身を決して主題的に与えるものではなく、それぞれの主観にとって別々の現われかたをする。世界は、私にとっては私の世界、他者にとっては他者の世界としてしか現出しないのであり、しかも私にとって現出する世界のみが私にとって唯一の世界である。世界のこのような各自的現出に基づいて、各主観にとって共通の「普遍的世界表象に向かう運動」[2]が成り立つ。ところが、このような各自的世界現出の底に、ひとつの世界が在るという確信が先行していることによって始めて、各自的相違性を超えてゆく普遍的世界表象への超越運動が起きてくるのである。このようなひとつの世界の存在についての確信は、決して主題的世界意識ではなく、非主題的な確信であり、フッサールはこれを「受動的原信念(passive Urdoxa)」とよんでいる。受動的原信念は、地平意識としての世界意識とそのまま同一視さるべきものでなく、むしろ地平意識の核心にあって、地平そのものを可能にするような存在の意識である。この点において、「世界が在る」ということの受動的確信は、同時に、「私が在る」という確信と一体になって働くものでなければならない。それでは「私が在る」という意識はどのようなものであろうか。

世界は、各主観に対して周囲(環境)世界として現出する。遠さや近さ、左と右、上と下など、さまざまのパースペクティヴな現出形態をとる周囲世界にあって、これらの現出の定位零点すなわち「零現出」として機能しているのは、「絶対的ここ」としての私自身の身体(Leib)である。身体は、一方では物体(Körper)として客観的に構成されることによって現出する周囲世界に属しているが、他方では現出の構成的条件として、いかなる意味での物体でもなく、むしろ「根源的世界経験の一契機」として機能する。あらゆる現出は、身体がそこに居あわせていること(Dabei-sein)によって始めて可能となるわけである。そしてこの身体に関する非主題的な意識すなわち「絶対的ここ」の意識が「私が在る」という私の存在についての受動的確信として働いている。対象構成の必要条件としてのこの「絶対的ここ」の意識に、フッサールは「身体の唯一性」(Hua. XI, S. 278)という性格を読み取っている。「世界が在る」と「私が在る」、すなわち受動的原信念と「絶対的ここ」の受動的確信とがひとつになって働くということは、世界の各自性、唯一性と身体の唯一性とが分かち難く結合しているということにほかならない。受動的にその存在が確信されている世界は、身体の根差す地盤として機能する世界であり、フッサールはこれを大地または地球(Erde)とも名づけている。「大地(地球)が〈原初的な住処《すみか》 Urheimstätte〉ないし世界のアルケーとしての意味を失うことはできないのは、私の身体が、あらゆる身体がその存在意味の一部をそこから導出するところの原身体としての全く比類のない唯一的な存在意味を失うことはできないのと同様である」とフッサールは、「コペルニクス説の転覆(3)」という草稿のなかで語っている。

3　キネステーゼ意識と現(Da)

しかし身体について、その対象構成の機能という面で考察してゆくと、あらゆる知覚器官が身体に局所づけられていることによって、身体運動が知覚作用にとって本質的な役割を果たしているということに気づかざるをえない。フッサールは、このような知覚において働く身体運動的機能を運動感覚《キネステーゼ》とよんでいる。キネステーゼの諸機能は互いに補足しあってひとつのシステムを形成するが、このキネステーゼのシステムは、「私は動く」「私にできる」という能為性（Vermöglichkeit）のシステムである。(4) あらゆる身体運動は同時に「私にできる」という意識として生起するからである。キネステーゼ意識とは、私の身体運動がつねに「私にできる」ということをみずから理解しているということにほかならない。

ラントグレーベはキネステーゼ意識に関して次のように語っている。

「原則的に言えば、理解することを、洞察することの意味での、つまり或る事態を洞察的に表象するという意味での認識作用に還元するような、理解に関するどんな理論も、あまりにも単純にすぎるであろう。人間の理解作用は、第一義的には、おのれができることをみずから理解すること（精通していること）であり、このことはハイデガーも念頭に置いていたことであった。だから〈私にできる〉または或るひとが成し能うこととしての〈能力性〉とかは、われわれが自分の世界をめぐって意識する仕方に関するフッサールの分析のなかで、根本カテゴリーなのである。人間が成し能う最も基本的な事柄は、彼を取り囲む事物の真只中でおのれを‐動かすことが‐できるということである。人間は、事物にみずから関わることによって、事物の真只中に滞留する。だから行動とは、事物の真只中における、みずからによって操舵された運動を意味する。しかもまず、全く言葉どおりに受け取るなら、おのれを近づける、おのれを遠ざける、手をつける等々のことを意味する。(5)」

このみずから理解すること（精通していること）とは、意識の遂行の只中にあって、意識がおのれ自身に気づいていることである。キネステーゼ意識は、あらゆる意識がそうであるように、遂行態にある意識として、反省に先立つ意識である。「私にできる」という場合の「私」の意識は、決して反省された自我意識ではなく、身体運動のなかに支配し(walten)、身体運動を操舵する私についての直接的な意識である。

フッサールは、後期時間論草稿のなかで、先反省的な反省根拠である「生き生きした現在(lebendige Gegenwart)」の構造について繰り返し分析している。反省が成立する根拠は、自我の生き生きと機能する現在であり、このような自我の「機能現在」はいかなる反省にも先立って、すでにいつも「分れていることにおいてひとつ」であるような、原初的な自我分裂を内に含んで生起している。ところが、この「生き生きした現在は、たしかに反省によってその構造的分節化が行われるが、しかし、それが生起すること自体は、反省による対象化的確定からつねに逃れ去ってゆくのである。むしろ反省において「生き生きした機能現在」として生起しているのは、反省する意識そのものであって反省される意識ではない。反省を可能にする先反省的な原初的自我分裂とは、反省による自我の「あとからの覚認(Gewahren)」ではなく、むしろ意識の遂行そのもののなかで自我がみずからに気づくことにほかならない。いわゆる反省のパラドックスといわれる循環論証は、反省によって自我の本質を説明するときに、反省によって始めて自我分裂が発生すると考えるところから生ずるのである。あらゆる意識は、その遂行態において、すでに非措定的な仕方で自己自身を「匿名的《アノニム》に感触している」のである。(6) フッサールは、このような先反省的な「生き生きした現在」を「絶対的なもの」であると言っている。「絶対的なものそのものは、この普遍的な原初的な現在であり、そのなかにあらゆる意味の時間や世界がすべて〈伏蔵されて〉いる。」(Hua. XV. 668)

ここで注目すべきことは、キネステーゼ意識の場合、遂行的自我の絶対性と、あらゆる現出の構成的条件としての絶対的な現(Da)とがひとつになっているということである。主観性の存在の絶対的事実性は、本質一般性に対する類例的事実ではなく、主観性そのものに最初から核心として担われている「原偶然的なもの(Urzufälliges)」としての絶対的事実性である(Hua. XV. 386)。この絶対的事実性が「生き生きした現在」の絶対的事実性とひとつのものであることをとくに繰り返し強調して、この絶対的事実性に歴史の超越論的条件を探そうとしているのは、ラントグレーベの最近の一連の研究である。たとえば彼は次のように叙べている。

「……それゆえ、最初に存在するのはエゴ・コギトなのではなく、むしろすでにはるかに深層部において、すなわち生き生きした現在における遂行のなかで各自的な現《ダー》が識られる《ベカント・ヴェルデン》ということが、究極的に必当然的にして抹殺しえない確実性なのであり、他の何ものによっても修正されえない(偽造されえない)確実性なのである。この確実性は、その背後に遡ることのできない事実性の性格を有し、こうした意味では直接的であり絶対的である。絶対的事実として、それは、経験された世界をわれわれに開示するあらゆる活動性や機能の可能性に関して、最も深層部に位置する超越論的条件である。[7]」

あらゆる意識の根底に横たわるこの根源的な現《ダー》は、反省の方法によって何としても取り押えることのできない、各自的に生きられている現《ダー》なのであり、この現《ダー》において、世界や私の存在に対する受動的確信をいわば基軸にして、世界のパースペクティヴな地平的現出が拡がっていると言ってよいであろう。したがって、あらゆる歴史の超越論的条件としての人間の歴史性もここに求められなければならない。というのはこの現《ダー》に、地平を予料的に構成してゆくweil-so の動機づけ連関が、したがって「沈澱した歴史」が属しているからである。つまり「沈澱した歴史は現《ダー》のなかに一緒に現存している[8]」のである。現《ダー》が各自的に生きられるものであるとすれば、沈澱した歴史もまた各自的な歴史として、相互に代替不可能な、生きられている歴史にほかならないわけである。フッサールが「原歴史性(Urhistorizität)[9]」という概念によって語ろうとしていたことは、まさにこのように心身的に生きられている歴史のことなのである。すでにハイデガーによっても『存在と時間』のなかに引用されたヨルクのディルタイ宛書簡の一節が想い出されるであろう。「心身的所与の全体は存在しているのでなく、むしろ生きられているのだということが、歴史性の発芽点である。そして、抽象的な自我にではなく、私の自己の充実した内容に向けられる自己省察は、私が歴史的《ヒストーリッシュ》に規定されていることを見出すであろう。」(Sein und Zeit. GA. S. 530)

4　歴史の超越論的条件と相互主観性

それゆえ沈澱した歴史が現(Da)に属するということが、なぜ歴史の構成の超越論的条件となるのか、という点についてさらに立ち入って考察してみなければならない。沈澱した歴史を歴史として構成するということは、流れ去った過去の出来事を反省によって主題的に対象化することである。たしかに現象学的な意味で究極的な反省の形態である「徹底した反省」は、先反省的な匿名性そのものを構造的に分節化するが、このような反省は一種の高次反省である。それに対して、一般の反省は、この匿名性を命名化すること、言いかえると顕在化することである。すなわち反省一般について言えることは、アノニムな遂行態をあとから記述的に主題化することである。ところが、遂行態と反省との関係のなかにこそ、一切の時間的規定が形成されるのである。意識の遂行そのものは、「生き生きした現在」として、先時間的な生起そのものであり、それは流れつつ流れに先立っている。しかるに反省は、すでに過ぎ去って時間化した遂行態を主題的に確定する。反省するということは、流れを確定し、存在化(ontifizieren)し、時間を客観化的に構成する(verzeitlichen)ことである。しかも反省すること自体が「生き生きした現在」として流れつつある。ということは、反省とは流れのなかで流れつつ流れを確定しようとすることなのである。ラントグレーベの言うように「流れることと流れることを経験することという二つの事柄があるのではなく、流れることは自己‐経験である。[10]」反省において、流れることと流れを経験することがひとつになっているという意味で、意識はそれ自体において、意識の経験の歴史なのである。それゆえ意識は、それ自体超越論的歴史として、「一切の歴史の構成の超越論的条件」であると言わねばならないであろう。[11]

しかし、右に考察したように、各自的な現(Da)における匿名的な遂行と反省との関係に歴史の超越論的条件を読み取るとしても、各自的な歴史が、単に誕生から死に至る自己歴史(Selbstgeschichte)だけに終ってしまうなら、歴史の構成の根拠となることはできない。歴史は共同性を介して構成されるものであり、歴史の構成の条件となる各自的歴史性そのものがすでに根源的な意味において共同性すなわち相互主観性を備えていなければならない。言い換えれば、沈澱した歴史はすでに他者との交流によって形成された歴史でなければならない。このようなことはいかにして可能であるのか。各自的現《ダー》の絶対的個別性を止揚しないような根源的共同化の可能性はいかにして成り立つのであろうか。フッサールが原歴史性という概念とともにしばしば語っている世代(Generation)とその継承ということがここで重要な示唆を与えてくれるであろう。いわゆる言語的コミュニケーションに先立つ言語的分節以前のコミュニケーションは、すでにキネステーゼ意識において働く衝動志向性の次元において成り立つのである。他者との「最も親密な相互の合一化」(Hua. XV, S. 598)が行われる衝動志向性は、「共同化への本質的な原志向性[12]」である。

フッサールは、或る遺稿のなかで次のように述べている。

「それぞれの原初的現在を立ち止まる現在として統一的に形成するような、具体的に言えば、現在から現在へと流れ続けるような普遍的衝動志向性、このような衝動志向性を前提することが許されないのかどうか、あるいは前提しなければならないのではないのか。衝動志向性は、あらゆる内容が衝動の充足であり目標を狙っているという仕方で流れ続けているのであり、その場合、それぞれの第一次的現在のなかで高次段階の超越作用としての衝動がそれぞれ他者の現在へと達して、あらゆる衝動志向性が相互にモナドとして結びつきあっている、他方では、あらゆる衝動志向性は相互に錯綜しあって——志向的に——含蓄しあっている。」(Hua. XV. S. 595)

原初的衝動は、すでに他者への関係をみずから含んでいるばかりでなく、原初的衝動の充足は、固有の現《ダー》をもつ新しい人間の誕生をもたらし、「類の生活」を意味する世代を形成する。「相互主観的な〈生殖作用〉は他者の生のなかに新しい過程を〈動機づける〉」(Hua. XV, S. 597) のである。「系統発生的な発展に対応する全過程は、生殖に至るそれぞれの生殖細胞のなかに沈澱している。こうした連関をもって機能する各モナドは、それぞれの位置で、それぞれの沈澱化を発展の遺産としてもっている」(Hua. XV, S. 609)。この意味では、生殖と誕生は単に生物学の対象となるだけではなく、「歴史の可能性の条件として超越論的哲学的な意義をもつ(13)」のである。世代の形成やその継承に、伝統や歴史というものの原型を形成する条件が読み取られているわけである。

5　人間の歴史性と歴史的行為との区別

言うまでもなくここでは、歴史の超越論的条件としての人間の存在の歴史性が問われているのである。すなわち「人間が歴史をもつ」ということの意味が問われているのであって、人間のいかなる行為が歴史的行為なのか、あるいは歴史的行為とは何かということが問われているのではない。後者に関していえば、まず第一に、現実に、人間の一切の行為がことごとく社会的歴史的波及力をもつとは限らないのである。制度的に類型化された行為にして始めて相互主観的な共同性を有する歴史的行為とみなされるのである。そして第二に、言語や知識を媒体にしたコミュニケーション、すなわち伝達 (Mitteilung) としてのコミュニケーションによって始めて歴史的共同的継承ということが可能となるわけである。ここでの連関からいえば、沈澱した歴史が共同主観的な沈澱であるにしても、このような沈澱は反省され客観化されることによって始めて社会的遺産となり、継承できうるものとなるのである。

人間の行為において歴史的行為と呼ばれるに値する行為は、歴史的な作用連関をもつ行為であり、社会的相互主観的性格をもつ継続的行為にして始めて歴史的な波及(作用)性を備えることができると言ってよいであろう。三宅剛一は「歴史は社会的作用性をもつ行為の連関である」[14]と叙べている。歴史的有意味性をもたないインティム(intim)な内面的な事象をまで歴史的行為と呼ぶわけにいかない[15]。これまで解釈学や超越論的哲学がしばしば犯している「歴史の不当なる全体化[16]」の試みは厳に警戒すべき越権的主張であり、その根底にあるのは、歴史の超越論的条件と歴史との混同もしくは同一視である。したがって、人間の存在の歴史性への問いと、歴史的行為とは何かという問いとは、問いの次元を異にするのであり、両者は峻別されねばならない。後者に関しては、さらに、行為のあとからの判定という契機、すなわち歴史家の歴史叙述の視点が関わってくる。これについては次節で考察する。

三　現代の歴史理論《ヒストーリク》における歴史叙述と実践の問題

1　歴史叙述と生活世界

人間の生の歴史性は、歴史の形成の超越論的条件であるが、何度も言うように、このことから直ちに、人間の一切の行為をそのまま歴史的行為とみなすような断定を導き出すことは許されない。人間の行為がいかに歴史的作用をもつか、ということを決定するためには、歴史における行為や出来事に対する一定の関心と、その関心に導かれて選択的機能を行う判定の視点が必要である。その関心に照らして叙述するに値するものとして選択されたものだけが叙述されるのである。ここに働く価値についてはあとで考察することにして、まず、歴史的出来事とか歴史的行為とかは歴史家の叙述によって語られるものであるということ、しかも歴史の叙述ということ自体が人間のひとつの行為として成り立つということに注目したい。

ただ単に歴史学的認識と人間の生活世界的理解作用とを対立させ、前者をして後者からの派生態としかみなさない見解によっては、歴史理解の問題は残らず解決できるはずのものではない。いわゆる歴史(Historie)とわれわれがよぶところのものは、独自の対象世界として構成されたものであり、構成された知識としての歴史は、固有の内的秩序をもっている。というのは、歴史は、理解としての脱現実化の作業によって構成されたものであって、現実そのものではないからである。しかしそれかといって現実との回路が断たれた客観的構成物ではない。というのは、理論構成はつねに現実の状況のなかで行われ、構成された理論はつねに状況に引き戻され、現実に関係づけられなければならないからである。理論と現実との間には、固有の弁証法的関係が成り立っている。この両者の関係において重要な役割を果たすのは、「関心」と「価値」の問題である。そしてこの関係構造の枠を形成するのは、生活世界の超越論的規定が、構成された歴史をアプリオリに条件づけているという、さきに考察された事態である。問題は、構成された歴史の内容は、それ自身決してアプリオリなものでなく、個別的あるいは相互主観的な知識として成り立つということである。

2　物語的構成としての歴史叙述

歴史《ヒストリー》を物語的叙述(narative sentence, narative Darstellung)とみなし、これを、一切の事実を列記するアイディアル・クロニクル(ideal chronicle)から区別したのは、ダントー(A. C. Danto)である。歴史は、過去の一切の出来事についての理想的な年代記でもなければ、客観的な事実についての観察によって記述されるものでもなく、物語的叙述に負うている。ダントーによれば、物語り的叙述とは、よりあとの出来事に照らして以前の出来事を説明することである。歴史の叙述にとってそのつど、よりあとの出来事が介入してくるということによって、歴史を物語ることは、つねに、過去の出来事について回顧的に語るという制約を受けている。この意味では、物語的叙述は、すでに生成したものについて構成することであり、それゆえ歴史的知識は、過ぎ去ったものの地平に制限されるわけである。

このような物語的構成の理論は、すでにドロイゼン(J. G. Droysen)が歴史理論(Historik)のなかで語った歴史学的連続性(historische Kontinuität)の概念に立脚しているように思われる。[17]「以前の時代のものはどのようなものでも拡大し、以後の時代のものによって補われる」という点に、ドロイゼンは歴史の構築の作業をみている。歴史学的連続性は、過去そのものの連続性ではなく、物語られた歴史の連続性であり、一定の視点で歴史が物語られることを可能にする条件なのである。したがって歴史学的連続性は、物語ることの枠を形成するという意味で、反省言語またはメタ・ナラティヴな言語による表現である。この点で、ダントーの分析理論の立場では問われなかった次元にまで立ち入って考察をすすめてみなければならない。ダントーは、個々のものが語られる場合の構築を問うが、物語ること自体に含まれる問題系《プロブレマティク》をあまり追求していない。

それゆえ、物語的構成に関して現象学的な考察をすすめようとするなら、まず第一に、物語的主題化にとって、反省的表現的契機が必要欠くべからざる役割を果たしていることが明確にされねばならない。物語的構成体としての歴史が、生活世界に関わりつつも、生活世界的出来事と等置されえないのは、歴史叙述ということが行動についての反省であるからである。ガダマーに代表される解釈学は、歴史経験の一切をテクスト理解に還元して、実践的行動を除外し、行動と反省との対立を十分に顧慮しなかったが、この反省的契機こそ歴史の構成にとって見逃すことのできい重要な役割を果たしている。これを比喩してレットガースは「歴史を物語るのは、戦闘のさなかではなく、野営の火の傍らである[18]」と語っている。歴史の構成は、いわゆる行動者の行動のなかで行われるのでなく、歴史家の発言のうちに根を下している。ブラントも次のように言っている。「たとえば、客体が、われわれの言表、われわれの主題化的言表によって始めて基体と化するのと同じように、体験された歴史は、そのものとしてはまだいかなる歴史でもないが、われわれがそれを物語ることによって始めて歴史と化するのである。[19]」

3　歴史理論と解釈学

第二に、歴史を過去の事柄に関するひとつの主題的構成として考察するとき始めて、すでに解釈学が「開かれた経験」として語ったことと共通する事態が立ち現われてくる。過去は決して閉鎖した世界ではなく、たえず新しく出現してくる出来事によって、かつて在ったものがつねに新たに規定し直されるのである。過去がこのように開かれた性格を有し、つねに拡大化されてその光景を変化させるのであるから、固定した過去の出来事の一義的な規定性ということはありえないわけである。ガダマーがテクスト解釈に見た過去の無尽蔵性ということが、物語としての歴史の構成についても見出されるのである。それは、過去が対象としてつねに現在から構成されるものである限り、避けることのできないことである。そしてまた、このような事態の超越論的根拠を形成しているのは、歴史のアスペクト性が歴史家の時代拘束性に基づいていること、さらに、この根源的事実性そのもののなかに時間化の現象が生起していること、すなわち反省自体が不断に流れるという時間化(Zeitigung)の現象が生起していることであろう。

解釈学的状況が発生するのは、むしろ、歴史を物語る歴史家の叙述それ自体があとから登場する他の歴史家によって別様に評価されるという点においてである。歴史叙述は、もともと歴史的対象としての出来事に関して評価を下すことである。新たなる叙述は新たなる評価を下すことであり、その意味でも歴史は何度でも新たに書き直される可能性をもつ。しかしいったん叙述された歴史を修正するという形でそれが試みられる場合には、構成された作品としての歴史に対する解釈という契機が入ってくる。最初の叙述がいわば創作としての構成であったのに対し、歴史家の叙述への解釈として行われる叙述の立場は、解釈学的な状況に濃く染め上げられているといってよいであろう。しかしそれもまたあくまでも歴史の叙述を目指すものである限り、依然として物語的構成のもつ固有の条件によって制約されている。いずれにしても、構成された歴史が固定した一義的な規定性を有さないということは、それがアプリオリなものではないということを意味している。

4　歴史的時間の相互人格的構成

第三に、構成された歴史は、決して客観的実在的過程をもつものでなく、したがって独自の時間性を有する。歴史的時間が、自然科学的意味での客観的時間でもなく、また生活世界的な現在のもつ時間的地平とも異なっているということは、歴史の叙述がすでに生成したことを表現する機能をもつ結果表現であり、このような表現は、現在から行われる選択による、時間の全体性の確立であることを意味している。歴史的行為や出来事を物語的諸概念によって統一するには時間的統一が必要である。そしてそこに示されるのは、時間そのものではなく、生き生きした内容をもつ具体的な時間である。このような具体的統一としての時間的全体性は、過去のもろもろの時間を集合する共時態(Synchronisation)として現われるものであり、結果表現としての歴史叙述は相互(間)時間的《インター・テンポラール》な表現である。[20] もともと「物語ること(erzählen)」は、私が他者に対して物語ることとして言語的伝達の行為であり、必然的に、私の語る過去を他者と共有するという形で遂行されるのであり、物語るということは、過去を、私と他者とにとって同一の世界として構成することである。ここに物語り的叙述の相互主観的機能を見ることができる。歴史を物語ることは、相互人格的な言述《ディスクール》における意味付与作用である。ここでわれわれは、このような過去の共時態の相互主観的構成の超越論的条件となるものを探るとすれば、流れ去った過去の客観化的構成（Verzeitlichung）による時間秩序の成立に関するフッサールの分析のなかに見出すことができるであろう（二五四頁参照）。

以上にわたって歴史叙述を物語的構成としてとらえる現代の歴史理論に注目して、歴史叙述における反省的契機とか相互主観的言述の表現形式としての共時態について考察したが、次に歴史叙述がそれ自体ひとつの生活世界的実践であるという点を考察してみなければならない。なぜなら、さまざまの物語り的歴史を集合してひとつの統一的歴史へと形成してゆくときに統一的構成を方向づけているものは、それ自身決して構成されたものではなく、したがって対象として語られることができないものだからである。理論構成としての歴史叙述を方向づけるのは、実践的関心であり、詳しくいえばこの関心が向かう実践の究極的目標である。そのことを以下に考察してみよう。

5　歴史叙述における規制的理念

物語られた内容を統一し、物語られた個々の行為や出来事を全体的に連関づけるとき、総体性（Totalität）の問題に出会うが、歴史叙述において総体的なものとは一体何であるのか。従来の歴史理論は、さまざまの形で歴史の総体性を説いていたが、これらの主張に対して、物語的な歴史の構成の立場ではどのような仕方で総体性の問題が登場してくるのであろうか。

そこでまずこれまで歴史的知識の分野で総体性の理念がさまざまの形で無反省的に使用されていたことを批判的にふりかえってみよう。たとえばまず第一に、歴史を、出来事の全体と出来事の認識とを含む全体とみる思弁的歴史理論が挙げられる。歴史主義のパラドックスのほとんどすべては、このような存在と知識の統一という思弁的立場に由来している。総体性はあくまで構成された対象の方向について言われることでなければならない。次に挙げられるのは、歴史を意味‐全体として構想する場合である。この場合、いわゆる解釈学的循環の現象が発生し、全体の部分契機としての個々の出来事を全体に対して関係づけてゆくという仕方で、個々の出来事の選択が行われることになり、この選択を行う価値の視点はつねに他の価値設定との競合にさらされることになる。そこでどのような価値設定を行うべきかが問われることになり、たとえばリッケルトのように普遍妥当的な価値のヒエラルヒー的体系が主張されたりするわけである。しかしすでに第一節でも言及したように、生の現実に対立する規範体系の構築は生との断絶をすでに前提としたうえで成り立つものであり、このように価値概念そのものを形成体とみなす見方は、生活世界的実践としての叙述行為を動機づけるような意味での価値に対する考察を欠いている。

以上二つの場合は、ともに全体としての歴史表象をその内容的意義のうえで主張する立場であるが、これに対して、歴史を経過形態のうえで総体性としてとらえ、生成の各段階を発展意味の総体性から解釈する立場がある。そしてさらに経過の総体性の思想を拡大して、個々の歴史的連関を越えて包括的な普遍史の意味連関にまで及んでゆくと、いわゆる歴史的総体性の究極的な形態ともいえる通時的(diachronique)なひとつの普遍史という思想に出会うであろう。このようにしていわゆる歴史の形而上学の説く歴史の始源と終末、歴史の意味の統一の問題などに直面せざるをえなくなるわけであるが、これらの立場は、歴史的対象の必然的連関が、あとから回顧的に物語られ構築されたものであるということに気づいていない[21]。バウムガルトナーは、カントの先験的弁証論にならって歴史の全体化の仮象を批判的に解体することを企てて、次のように述べている。

「歴史の全体は、客観的なものとして与えられることはできない。すなわち実在する過程として、したがって認識可能な実在として考えられることはできない。むしろもっぱら、人間の意味の方向づけということに関心づけられて歴史学的な再構築を図るわれわれの知識を、さらに拡大化したり完全なものにしたりするに必要な、規制的(regulativ)な理念としてのみ考えられるものなのである。(22)」

全体としての歴史は、理念としての総体性であり決して実現可能なものでありえないが、さまざまの物語的構成を相互に連関づけてゆくために物語的構成がそれを目指すところの、時間的現実の全体を意味している。理念としての歴史(的総体性)は、決して客観的な、歴史の事実的連関として考えることはできない。この意味での客観的な普遍史的過程の表象は、一切を対象化的に表象する形而上学の立場に基づくものとして拒否されねばならないのである。この規制的理念は、歴史的対象が物語られるときに、その対象に関する実践的関心を方向づけ、そのことによって、叙述的構成と実践的関心との関係を樹立するのである。さきに述べたように、歴史《ヒストリー》は連続性の表象によってそのつど自由に構築される。その意味では連続性の表象は部分的連関に限定する限りにおいては実現可能な表象といえるが、総体性の表象の方はあくまでもナラティヴな構成の潜在的前提として、しかも生活世界的行為の方向づけとして実践的場面でのみ働くのである。(23) 歴史《ヒストリー》の叙述は、行動一般とは区別されるにしても、規制的理念に導かれる実践としてやはりひとつの実践なのである。それゆえ歴史叙述における理論構成と実践的関心とは決して無媒介的に同一視されてはならないのであり、もし両者を同一視するなら、そのとき歴史概念の両義性《アンビヴァレンツ》が発生してくるであろう。

歴史を同じく物語的叙述とみなすブラントもまた、このような叙述が基づく全体的な歴史を、決して主題化されえない絶対的自立的なものであるとしている。ブラントは、フッサールの世界論と並行して歴史論を展開しようとしている。世界はそれ自体決して主題化されえない絶対的自立的基体であり、認識のうえで絶対に到達しえない規制的理念として、われわれの一切の経験を調和的連関にもちこむ規則として機能している。認識とは、このような絶対的基体としての世界を居場所（Worin）としてそれを絶えず特殊化してゆく連続的過程であるのに対し、歴史は実践の立場で物語られるものであり、この行為を正当化するものは叙述の統一から動機を特殊化してゆくことである。このような統一が絶対的自立的な Worin としての歴史であるが、それは決して時間的な全体性ではなく、時間を越えたものであり、またわれわれによって生きられた具体的なものとして神話（Mythos）である。[24] 決して主題化されえないにもかかわらずそれを物語るということは、意味的に対象を「〜として（als）」規定することでなく、「あたかも〜であるかのように（als ob）」物語ることである。ブラントは、経験における地平の匿名的機能に相当するものを、そのまま歴史叙述の根底においてつねに働く、受動的機能としての動機づけ連関の全体性に読み取ろうとしている。この動機づけ連関の全体性は、物語る行為の動機づけとなるけれども、それ自体は隠されたものとして決して主題化されることはないのである。

ブラントの場合は、解釈学的な立場に立って、隠された意味の全体性に、行動を動機づける根拠を探ろうとしているのに対して、バウムガルトナーに代表される歴史理論は、歴史叙述という制約された実践にとって、無制約的な全体性が目的論的理念として働いていることに注目するのである。それ自体叙述されることはないが歴史叙述を方向づけたり、叙述行為を動機づけたりするものはいったい何であろうか。それを明確にしてゆくことは歴史叙述と生活世界的実践との関係の全体的構造の分析のなかで行われるべき作業であり、歴史学的認識が生活世界の場面でいかに構成されるかということだけでなく、逆にまた、いかにして歴史学の認識が科学の外部にある生活を制御してゆく一要因となりうるかという問題系にもつながってゆくであろう。歴史学者リューゼン（J. Rüsen）の言うように、歴史認識の固有性はこうした生活世界的前提に訴えることなしには顕在化しえないであろう。このような作業は、一方では今日の学問論（科学論 Wissenschaftstheorie）の状況のなかで歴史学そのものの可能性を問う方向で着手されているものであり、冒頭に述べたような、歴史への問いのなかで互いに対立しあう二つの方向もしくは契機、つまり今日でいえば解釈学的方向と分析的方法とを媒介し統合してゆく試み[25]なのである。現象学にとっても、先述したような歴史の超越論的理論としての方向とともに、このような歴史認識と生活世界的実践との関係を問う学問論的方向を含むことによってはじめて「歴史の現象学」の課題領域が開けてくると言えるであろう[26]。

(1) 発生的現象学の成立に関しては、拙著『現象学』(岩波全書)を参照されたい。同書第三章I、八三頁—九三頁。
(2) Manuskript K III, 6, S. 111, zitiert nach G. Brand.
(3) 『講座・現象学』第三巻付録「自然の空間性の現象学的起源に関する基礎研究——コペルニクス説の転覆」を参照されたい。
(4) キネステーゼに関する分析は、前掲拙著、第三章4、一〇五頁—一一二頁、を参照。
(5) L. Landgrebe, Das Problem der Teleologie und der Leiblichkeit in der Phänomenologie und in Marxismus, in: Phänomenologie und Marxismus 1, Suhrkamp, 1977, S. 81.
(6) 前掲拙著、一一八頁参照。
(7) Landgrebe, a. a. O., S. 86 f.
(8) ebenda, S. 94.
(9) 前掲拙者「コペルニクス説の転覆」参照。
(10) L. Landgrebe, Lebenswelt und Geschichtlichkeit des menschlichen Daseins, in: Phänomenologie und Marxismus 2, Suhrkamp, 1977, S. 55.
(11) ebenda, S. 55.
(12) Manuskript E. III. 10, zitiert nach B. Waldenfels.
(13) L. Landgrebe, Die Phänomenologie als transzendentale Theorie der Geschichte, in: Phänomenologische

Forschungen 3, Freiburg/München, 1978, S. 42.

(14)　三宅剛一『人間存在論』勁草書房、一九六六年、一一二頁。

(15)　同書、一一五頁。

(16)　同書、一二〇頁。

(17)　J. G. Droysen, Historik. Vorlesungen über Enzyklopädie und Methodologie der Geschichte. hrsg. v. R. Hübner, 8. Aufl., Stuttgart-Bad Cannstadt, 1977.

(18)　K. Röttgers, Zeit in der Geschichte, in: Logik, Ethik Theorie der Geisteswissenschaften, hrsg. v. G. Patzig, E. Scheibe u. W. Wieland, 1977, S. 434.

(19)　G. Brand, Horizont, Welt, Geschichte, in: Phänomenologische Forschungen 5, Freiburg/München, 1977, S. 74.

(20)　Röttgers, a. a. O., S. 430.

(21)　Vgl. H. M. Baumgartner, Thesen zur Grundlegung einer transzendentalen Historik, in: Geschichte und Theorie, hrsg. v. H. M. Baumgartner u. J. Rüsen, Suhrkamp, 1976, S. 283-292.

(22)　ebenda, S. 288.

(23)　Vgl. Baumgartner, Kontinuität und Geschichte—— Zur Kritik und Metakritik der historischen Vernunft, Suhrkamp, 1972, S. 324.

(24)　Brand, a. a. O., S. 82.

(25)　すでに歴史学者リューゼンの唱える die erneuerte Historik は、歴史家の側からのこのような試みであるといえる。Vgl. J. Rüsen, Für eine erneuerte Historik. Studien zur Theorie der Geisteswissenschaft, Freiburg/München, 1976.

(26)　歴史の現象学のひとつの試みとして、フィンランドの現象学者ルーチラの論文が注目される。L. Routila, Teleologie und das Problem der historischen Erklärungen——ein phänomenologischer Entwurf, in: Phänomenologie und Marxismus 4, Suhrkamp, 1979.

12 歴史科学における物語行為について
——現代の歴史理論の諸問題——

六〇年代より七〇年代にかけての哲学の議論の主要テーマの一つは、「説明 - 理解論争（Erklären-Verstehen-Kontroverse）」の名で知られるように、アングロサクソン系の言語分析哲学とドイツ語圏の解釈学との間に繰り広げられた方法論争にみられるが、この論争は決して単なる方法論上の議論にとどまるものではなく、科学全体にわたってその意味を改めて問い直しつつ新たな準拠枠（Bezugsrahmen）を探究する議論とも重なって幅広い内容をもって展開された。しかも説明と理解との関係は議論の展開のなかで相互に排除しあう対立的関係ではなく、相互に依存しあう関係であるとみなされるにいたった。この科学論的議論のなかで歴史科学をめぐる方法論争も次第に活発となり、重要な位置を占めてくるようになる。

歴史科学の方法をめぐる論争は、ポパー＝ヘンペル（さらにオッペンハイム）の演繹法則理論すなわち被覆法則理論とそれに対するドレイ、ウォルシュ、ダントーなどによる批判をもって始まるが、なかでもダントーの『歴史の分析哲学』のなかで十分に整えられた理論となった「物語理論（narrative theory）」は、一般法則による演繹的説明に対して歴史科学固有の説明の論理として物語的構成を主張する点で、歴史学をめぐる議論のなかで画期的な転回点となるものであった。このあと新《ネオ》ヴィットゲンシュタイン派のフォン・ウリクトの行為の志向性理論が物語理論を補足するものとして受け入れられたりするが、ダントーの仕事に対して積極的に対応したのは、ほかならぬドイツ語圏の解釈学の陣営に属するひとたちであった。

ドイツ語圏におけるダントーのテーゼの受容は、同時に、十九世紀の歴史家ドロイゼンの永い間埋もれていた講義草稿『歴史理論(Historik)』への着目と相俟って、科学論としての歴史の理論の形成に大きく役立った。科学論としての歴史理論は、ガダマーに代表される哲学的解釈学の「歴史性」の理論に科学的理論構築の次元が欠けていることに対する批判や、生活世界の現象学のその後の展開から生まれた、歴史の研究に関する諸成果をとり入れつつ、科学的理論構築と生活世界的実践との連関の科学論的解明を行い、歴史科学に固有の準拠枠、新しいパラディグマ(範型)を探る理論として成立しつつある。この動きは、或る意味ですでに歴史主義のなかで提出されつつも歴史主義によって解決することのできなかった問題を改めて問題として意識化し、今日の議論に登場させる役割をも果たしている。それでは歴史学における物語行為(Erzählen)とはいったい何か、そして物語理論(Erzähltheorie)を軸にして歴史理論がどのような問題を提起しつつあるのかを問うことにしたい。

一 歴史理論の成立への道

歴史主義によって提起されたが解決されなかった問題とはいったい何であったのかということにまず触れておきたい。この問いはもともと近代の歴史概念そのものに含まれている問題性格にまで溯らざるをえないような問いであるともいえる。すなわち歴史の概念が啓蒙主義においてすでに一種の反省概念と化したこと、そのために歴史の経過や行為、それらの認識などの諸条件を内に含む問題的な概念となったこと、それゆえその後の歴史哲学がたえずこの問題概念の解釈を強いられることになったということが、そもそもの事の起りになっているからである。

カントが歴史の語に「為された業(res gestae)」と「為された業についての記録(rerum gestarum memoria)」すなわち歴史における出来事とそれについての叙述とを区別したことはよく識られていることである。カントは哲学にとって歴史が問題とされる場面は、個々の歴史学的与件が単数名詞で語られる歴史の統一へと体系化される仕方にあること、そしてこの体系化の問題が歴史の二重の意味すなわち歴史の対象と叙述の両面にかかわってくることを論じている。(1)

このことは、すでに歴史という概念に含まれている問題性が方法論的に主題化される運命にあることを予告したものといえる。歴史主義がヘーゲルの歴史の形而上学を拒否して歴史学を経験科学として樹立しようとしたとき、この方法論的課題を次第に強く意識しはじめるようになったのも当然のことといえるわけである。そのことは、一つの統一的な歴史(*die* Geschichte)とそのつど叙述される個々の歴史(Geschichten)との関係をはっきりさせねばならないということでもあり、したがって歴史哲学と歴史科学との明確な関係の確立を迫ることでもあった。

歴史学者の叙述は、たえず体系化(または組織化)してゆく作業によって導かれている。そのつどの歴史学の対象の諸連関についての叙述は、つねにそれらの諸連関を包摂する全体的連関の表象によって可能となるが、この全体的な連関は決して叙述の対象とはなりえない。そこで、この全体的連関すなわち統一的な意味での歴史は、すでに成立している連関として発見されるのか、それとも歴史家自身の手によって産み出されるものなのかという問題が発生してくるが、少なくともこのことは史料の側だけでは決定できないことである限り、歴史叙述の仕方に連関づけの働きがあるということだけは確かなことである。ただ問題は、体系化の可能性を保証するものを歴史学の史料の内にある客観的条件に求めるか、それともわれわれの歴史把握の仕方に求めるかによって議論は大きく分れてくる。(2)

それでは歴史主義の展開のなかで統一的歴史の表象と歴史叙述との関係はどのように探られていたのか。たとえばランケは啓蒙主義の決定論を拒けて自由の問題を必然と関係づけようとしたが、しかし彼は経験科学の立場に立とうとしている限り、つとめて自己抑制の姿勢を貫いて史料そのものに含まれている価値評価の態度や規準に自己を同化させようとし、歴史的出来事の一回性や個体性を個人的な確信としてのみ語り、世界史という客観的統一体の表象を信仰の次元で確保しようとした。

またブルクハルトのように、世界史への関心を拒けて体系的なものを断念し、歴史的なものを体系化してゆく包摂化の原理に代えて、類型的な選択の原理を重んじ、歴史学的連続性を歴史のなかで「変転可能であるが不易のもの」として見出そうとしている場合にも、変化の母胎として生の概念がひそかに用意されている。

しかしこうした歴史主義の歴史家たちの試みのなかには、統一的歴史の表象を何らかの形で理論のなかにもちこもうとする努力が働いている。たしかに一九世紀の精神状況においては、もはや統一的歴史の古いモデル、たとえば救済史観や発展段階説は効力を失ってはいるが、ライプニッツの力の概念に由来する有機体モデルだけは有効であり、集合単数名詞としての歴史を絶対者を表わすさまざまな概念、たとえばイデー、精神、人類、神などの概念によって登場させ、さらに経験量と結びつけて国家や制度の概念をも登場させることができた(3)。

このようにして、すべての現実が歴史化され相対化されることを承認できる枠が確保されようとしたわけである。これらの概念は、歴史叙述のうえだけではなく、すでに一八世紀より一九世紀にかけての産業化によって起きた社会構造の変化や環境の複雑化に対応して、多元的な、相対的な文化相互間の断絶を何らかの仕方で調整し包摂しようとする意図と深く結びついている。コゼレックが言っているように、歴史の歴史主義的な主題化は、歴史の諸経過の現実の加速度性の挑発への回答であるともいえる(4)。

歴史主義が自ら提起しようとした課題に、つまり経験的研究と歴史哲学との統合の理論の確立に結局のところ失敗したが、その理由は、歴史経験を経験たらしめている偶発性(Kontingenz)の契機をとりこんだ理論を見出しえなかったことにある。その結果、科学としての歴史学を十分に正当化しえなかっただけでなく、統一的な歴史概念もまた依然として客観的実在として想定されており、その形而上学的刻印を拭い去ることはできなかった。そのために歴史主義の挫折とともに歴史主義に対する反論が新たな動きを呈し始めるが、そのいずれも、生きられている歴史と科学としての歴史との対立[5]をめぐって、どちらか一方の側に重点をおこうとするいわば極化《ポラリズィールング》の現象として現われてくる。

一方の極にニーチェによる反撥に端を発する脱歴史(学)化の系譜があり、他方の極に新カント学派とくに西南学派のリッケルトに代表される文化科学の認識論の試みがある。ニーチェは歴史学が生に奉仕する仕方を生の需要性の側から説き、リッケルトは生の多様性や変化を前提としながらもあくまで生の外部に想定された無歴史的主観による現実の概念的な再構築を説いている、という点でともに極化の方向へと踏み出している。しかし今日試みられている統合的な理論にとって、いずれも見逃しえない契機を提供しているといってよく、「生の需要性」はまさしく歴史認識の実践的な母胎となるものを、「概念による再構築」は科学的認識の構築性格をそれぞれ強調している。

これらの相反する契機を統合する理論の形成にとって理論内容のうえで決定的な機縁を与えたのは、一つはディルタイからハイデガー、ガダマーに及ぶ解釈学における「歴史性(Geschichtlichkeit)」の理論であり[6]、もう一つはやや遅ればせに再発見されたドロイゼンの一八五七年のイェーナ講義『歴史理論(Historik)』[7]における歴史の科学論である。「歴史性」の理論は(とくにハイデガーの場合)まさにコンティンゲンツ契機の哲学的主題化ともいえる意義をもっている。というのはこの理論は「歴史主義の危機から生じた理論的挑発に応えるもの」(コゼレック)として、相対性を絶対的に確定することによって相対化のプロセスに歯止めをかけようとしたからである[8]。

このようにして歴史性は人間の実存のありかたを表わすカテゴリーと化し、現存在の時間性に基づいて歴史的自己理解が成り立つことが明らかにされることによって、歴史一般の可能性の制約を問う道が開かれてくる。その限りで歴史理論の展開のための一つの強力な手掛りが与えられている。しかし他方で歴史性の理論は、科学的認識を理解の単なる派生形態とみなし歴史性または歴史の超越論的条件を歴史と同一視することによって、ふたたび「歴史の不当な全体化[9]」を犯している。

歴史主義のただなかにあってほとんど例外的ともいえる仕方で「現代歴史科学の最初の、包括的な方法規準」(シュネーデルバッハ)を与える仕事を果たしたのはドロイゼンである。彼の歴史理論は出版その他の事情によって従来ほとんど顧みられることがなかったが、今日ようやく「説明 - 理解論争」の展開のなかで強い注目を浴びることになった。ドロイゼンは、歴史科学が自然科学の方法の単純な継承であってはいけないという自覚から、科学としての歴史学への批判的反省の場を与えるべく、「歴史学の思惟と研究にとってのオルガノン」として歴史理論を構想している。もとよりここではその詳細を論ずることはできないので、今日の議論に示唆を与えた独自の論点を二、三挙げるにとどめておきたい。まず彼は歴史という概念に三重の意味を見出している。

ドロイゼンは、すでに述べたカントの rerum gestarum memoria と res gestae とにあたる「知としての歴史」と「行われた歴史」のほかに、この両者を統一している「質料的な予備概念」としての歴史を挙げ、自然科学と歴史科学との間を区別する形式的基底を表わす概念としている。それはまず「生成したものの継起関係(Nacheinander des gewordenen)」として叙べられているが、さらにこの概念に対して、このアリストテレスのエピドーシス(epidosis)概念に訴えて、自ら反復しつつ高まり凝集し余すところなく生育してゆくという性質が与えられている[10]。

エピドーシスはもっぱら人間の世界にのみ適用され歴史的世界が形成される仕方およびそれを歴史的世界として把

捉する仕方に見出される。歴史的世界の固有の根拠は人間の意志の目的論的構造に求められているが、人間の自由は強制と対立するものであっても決して必然性と対立するものではなく、したがって歴史(学)的連続性といわれるものは人間の作業《アルバイト》を媒介することによって成立する。

また歴史学の方法は素材の形態学によって規定されるが、とくにエピドーシスと相関的なアナムネーシス(anamnesis)つまり想起の能力によって支えられている。想起は過去を所有する能力だけでなく、能動的な反省作用であり、単なる素材を歴史学の経験量《エムピリー》と化する場所である。しかも想起自体がエピドーシス的性格をもつことによって、歴史学の方法はつねに拡大し生成してゆくのである。ドロイゼンはこのことを「研究しつつ理解すること(forschend verstehen)」とよんでいる。

ドロイゼンによって解釈学が歴史学のなかにもちこまれたとき、いわゆる解釈学的循環とよばれる「部分と全体の交互規定」の運動が、方法のうえだけでなく、研究の実践主体としての個人と彼の帰属する全体との関わりにも見出されることになり、このことによって統一的な歴史すなわち総体性としての歴史がこれまでのように客観的対象の側だけでなく、研究実践の予料的地平に投企されるものとみなされてくる。このようにして歴史意識が優れて実践理性と理論理性との媒介によって成り立つことがドロイゼン独自の仕方で考察され、今日の説明‐理解論争の枠組にあたるものがディルタイよりも鋭い形で論ぜられている。

現代の歴史理論はなお多く錯綜している部分を含んでいるが、大筋としては一つの共通の課題に立ち向かっている。それは歴史理論が歴史科学の学問論として、歴史科学において起きているパラダイムの転換という事態に直面し、歴史科学の認識論や方法論を伝統的な理論と実践との二元論から解放して、歴史科学にとってパラディグマとなるものを確立しなければならないという点に見られる。その場合、歴史理論は、歴史科学の自己反省として、伝統的な歴史研究や歴史叙述をまず問題（プロブレマティズィーレン）化してみなければならない。歴史主義を従来のように単に相対主義として拒けるのではなく、歴史主義の底に働いていた問題枠をまず顕在化してみることによってその克服がはかられているのも、こうした理由からである。

歴史理論がパラディグマの研究であるという主張の代表者はリューゼンである。彼によれば歴史科学のパラディグマとは、生活世界による認識構成、研究の準拠枠と方法、歴史記述の社会的機能、これらの体系的な連関のことを意味している。[11] なかでも生活世界的な認識構成は二つの面を有し、一つは科学内部の規制《レーゲルング》そのものを生活世界的に構成することであり、一つは科学外部の生活規制の要因のことである。したがって歴史理論は、先科学的な行為のなかの認知的要素がいかに科学へと高められるかを問うとともに、歴史学的認識が実践的規範にいかに依存しているかをも明らかにしなければならない。

リューゼンはTh・クーンの「パラディグマ転換」の理論が歴史科学に与えた挑発は、挑発というよりも鼓舞に近いものであり、歴史主義の克服とか、理解精神科学から歴史(学)的社会科学への、目下進行中の転化という事態が適切といえないまでもこれに対応しているからであると言っている。[12] そしてクーンのいうパラディグマ‐理論、パラディグマ‐規則、研究者が課題についてもつ専門的合意にそれぞれ対応して、理論要因、方法要因、生活世界的前提と諸意図という三つの要因を挙げている。

理論要因とは要するに歴史とは本来何かということについての解釈の準拠枠のことであり、歴史家にとってとくに理論的に定式化されることなくパラディグマの役割を果たす一種の枠組想定のことである。方法要因とは、解釈の準拠枠がいかに史料に適用されるかを規定する一般的規則のことであり、それゆえ予め投企された理論を史料によって吟味し具体化する規則でもある。また生活世界的前提という要因はさきに述べた生活世界と科学との二重の側面をもつ関係のことである。

リューゼンはこれら三つの要因の内的連関について次のように述べている。

「歴史科学は、生活世界的諸前提や諸意図に基づいて、社会転化についての、先科学的な、かつ科学外部の経験を取り上げる。歴史科学はこの経験に手を加えて歴史の一般概念を形成して、それを歴史学研究の準拠枠として、かつ歴史記述の手引きとして仕上げるのである。[13]」

リューゼンが歴史理論を科学論として展開させているのに対して、歴史科学に固有の時間の理論の必要性を説いているのはコゼレックである。その理由は、歴史学の対象がとめどなくあらゆるものに及んでいるように、歴史の概念は一切か無かという両義性を含んでいることによる。歴史の概念は、客体に関係づけられるときは歴史学的カテゴリーと化し、客体への関わりを欠くときはメタ歴史学的な量にすぎないので、歴史学的カテゴリーとメタ歴史学的カテゴリーを収斂させるために歴史科学に固有の時間理論が必要とされるのであり、そのことは歴史学が科学として成立するために不可欠のことなのである。

コゼレックは、概念史(Begriffsgeschichte)、いわゆる構造史の理論的前提への問い、自然的年代史の破壊、歴史上の葛藤の解明、時間系列、予め暗々裡に働く目的論の規則などの検討が、いかに時間理論を必要とするかを論じている。[14] とくに概念史に関する言明のなかで、社会の構造変化に歴史学の諸概念がいかに鋭く対応すべきかが語られている。コゼレックの歴史的時間の意味論のなかでとりわけ精彩を放つのは歴史叙述の視点拘束性への研究であり、これらの研究は今日の物語理論の展開に大きく貢献している。[15]

歴史理論の形成にあたって直接に方法上の機縁を与えているのは生活世界の現象学とともに物語理論であるが、この物語理論をめぐる議論のスタートとなるダントー受容を哲学の側から果たしたのはバウムガルトナーである。

バウムガルトナーは早くからダントーの仕事に着目し、他方でドロイゼンの歴史理論やジンメルの初期の歴史論のなかにみられる歴史学固有の構築性の論理を積極的に評価し、いわゆる哲学的解釈学とは一線を画して、超越論的歴史理論(transzendentale Historik)を提唱している。

一九七二年に刊行された『連続性と歴史』[16]によれば、歴史叙述の回顧性、構築性、さらに叙述行為の実践的関心が三つの主要問題系として超越論的歴史理論を構成している。回顧性についてはダントーのテーゼの時間論的検討が、構築性についてはドイツの歴史主義の遺産の再検討が試みられ、実践的関心についてはカントの仮象批判の仕事を歴史の総体性に関する仮象の破壊に生かそうとしている。バウムガルトナーの仕事は、カントの反省的判断力を実践哲学的に再解釈しようとする今日の実践哲学の一連の動きと軌を一にするものであり、その限りではリーデルのいわゆる解釈学的批判主義の主張[17]ともあい通ずるところがある。

以上にわたって歴史理論を代表する三人のひとたちの基本的主張についてごく簡単にふれたが、物語理論をめぐる議論には、なお多くの歴史学者や哲学者たちが参加している。[18]議論は七〇年代に俄かに繰り広げられまた頂点を極めた観があるが、この議論に含まれなお今後も引き続いて検討を要する根本的な問題群について以下に考察してみたい。

二　どのようにして歴史を物語るのか——回顧的命題の構築的性格

歴史が反省概念であることには二つの距離化(Distanzierung)の契機が含まれている。一つは反省そのものが距離化の作業であるという意味での反省的距離化であり、もう一つは反省が優れて時間的な出来事であるという意味での時間的距離化である。反省的距離化によって、生きられている歴史と語られている歴史との間に断絶が起るが、この断絶はそれぞれの歴史に関わる態度(Einstellung)の転換として起るのである。総じて物語るということは、日常われわれが生きている世界にとって代って別の世界が始まることであり、たとえばお伽話の切り出しは「むかしむかし或るところに(Es war einmal)」の詞で始まるが、この口上は日常世界が退いて全く別の法則に支配された虚構の世界が立ち現われる、あるいは虚構の世界への侵入が始まる信号《シグナル》であるといえる。[19]

ところが歴史を物語るということは、さらに、いつもすでに過ぎ去った出来事や行為についてのみ物語るということであり、一種の時間的距離化を内に含む行為なのである。[20] その意味で歴史を物語るということは回顧性(Retrospektivität)の契機を含んでいるわけであるが、しかしこの回顧性の契機はつねに反省的距離化に固有の構築性(Konstruktivität)の契機と密接に結びつくことによって、歴史を物語る行為に固有の構造を形づくっている。

歴史を物語ること(Geschichtenerzählen)すなわち歴史学的な物語行為(historisches Erzählen)における回顧性の構造を言語分析によって明確にしたのは言うまでもなくダントーであるが、彼のいう回顧的命題すなわち物語命題(narrative sentence)に関する主張を整理してみると以下のようになるであろう。過去についての叙述は、〈過去の完全なる叙述が未来の完全なる叙述を前提としてもたざるをえない〉という意味では不完全なものである。しかも未来の完全なる叙述は可能ではないから過去の全体の叙述はありえない。これがダントーのいわゆる時間の非対称性理論である。[21] ダントーはさらにここから、過去の叙述の理想は決して過去の再生または複製ではありえないという考えを導き出している。歴史の叙述とは、過去に関する一種の組織化(organisation)を与えることである。

ダントーによると歴史学の問いの一般的構造は、或る過ぎ去った時間域、空間領界の内部で「何が起きたのか」という問いであり、この問いに対する答えが、回顧的な選択という仕方で行われる物語行為なのである。つまり物語行為は、問われている過去の出来事から、それを越えて独自の恒常的な連関を産み出すこと、つまり統一的な、恒常的な全体の組織化を行うことなのである。ここにすでに、歴史を物語ることのうちに含まれる構築性の契機が捉えられている。したがって、歴史学的説明には、純粋な観察的記述という叙述の仕方と、いわゆる解釈との対立というものはありえない。すなわち、歴史学的な物語り行為としてすすめられる歴史学的説明とは、そのつど歴史の全体を言語のなかに包みこんでいく営みであり、そのことが歴史の恒常的な再解釈となっていくのである。

この物語命題の命題形式は、ダントーによると二つの時間的にたがいに分離された出来事(two time-separated events)に関わるものであり、[22] そのつど「より以後の出来事」に照らして「より以前の出来事」に一定の性質を与えつつ記述していくことである。つまり二つの時間的に離れている出来事が選び出され、説明的叙述の関係におかれるわけである。たとえば三〇年戦争を例にとると、「三〇年戦争は一六一八年に始まった」という命題は、戦争の始まりだけを扱っているが、同時に終りにも関わっている。このように回顧的命題は過去の単なる再生ではなく、特定の時間規定によって組織化された命題である。この回顧的命題にみられるように、歴史を物語るということは、目撃者による報告でもなく年代史的叙述でもなく、つねに現在の視点から行われる過去の再構成なのである。

一定の視点のもとで一定の時間構造のなかにもろもろの出来事を組み込みたがいに関係づけるということ、言いかえると回顧的選択のもつ固有の主題化の作業つまり構築性の機能は、ドイツ語圏でのダントー受容の先端を切ったバウムガルトナーによって、連続性(Kontinuität)表象の問題として取りあげられて徹底的に検討されることになった。連続性の概念はすでに歴史主義の議論のなかで重要な位置を占めており、とくにブルクハルトやドロイゼン以後、歴史のプロセス性格を表わすさまざまな表象、たとえば生、生成、顕現《テオファニー》等々の概念として登場していた。

しかしこれらの概念はどれもすべて客観的実在に関わる表象の性格を脱していなかったのであるが、バウムガルトナーによると、連続性の表象こそ、現在行われる物語行為によって過去へと投企された時間構造であり、その意味で歴史を構成する意味枠であるとされる。すなわち連続性表象は決して出来事に属する性質をもつものではなく、「時間的構造の物語的構成の含蓄態《イムプリカート》」[23]として、物語られる限りにおいて同時に産み出されるものとみなされるのである。このように連続性表象がさまざまな歴史《ゲシヒテン》の「物語の枠《エアツェールラーメン》」であるとするなら、そのつど物語られた歴史はたがいに非連続的であり、また決して過去の全体を物語ることができないゆえに、物語られた歴史はつねに部分的(partiku-lar)でしかありえないことになる。

そのうえ物語られた歴史はつねに部分的であるがゆえに複数的なのである。物語的組織化は視点に拘束されたコンティンゲンツ経験であるがゆえに決してアプリオリなものではなく、物語られた一定の出来事の究極の意義を原理的に確定することは決してできないのである。物語られた歴史はつねに将来の物語行為によって語り直されたり拡大化されたりする余地を残している。こうした意味で物語行為は、過去についての開放的な再配列であり、物語られた過去はつねに未完結的な構築体にとどまっている。以上のような考察をとおして、バウムガルトナーは、連続性の表象をメタ歴史学的、メタナラティヴ的な反省言語とみなしている。[24]

ダントーの場合、歴史的実在を前提としてそこから任意の選択によって組織化を行うという考えのために、連続性は歴史学の対象の同一性とみなされていて、物語行為の必要条件として考察されていない。またテクストの解釈に生ずる過去の無尽蔵性を説くガダマーの場合も、たしかに連続性を理解作用の前提とし、理解作用の遂行そのもののうちに含まれる構造契機としてはいるが、しかし伝承の運命的な遊動《シュピール》として現在において起こる現在と過去との融合は、決して歴史学的連続性とはいえないであろう。ガダマーでは依然として客観的な歴史進行の全体性が暗黙裡に前提されていて、そのうえで脱主観的な遊動が起こると考えられている。[25]ということはガダマーでは時間的距離についての洞察がみられるが反省的距離化の契機が見逃されているということである。[26]

歴史学における物語行為の回顧性は想起の機能によって媒介される。想起をメディウムにすることによって物語行為は、過ぎ去った人間や人間の世界の変化を現在に連関させる。物語られた過去は決して過去そのままの単なる再生や繰り返しではないが、しかし反復可能性をもっている。つねに修正されたり拡大されたりするにせよ、反復可能的な仕方で現在に関わりあってくる。

レットガースは、この関わりかたを相互時間性(Intertemporalität)と名づけ、過去の出来事の反復可能性の時間性格を共時化(Synchronisation)として性格づけている。[27] コゼレックが物語行為の時間性格の一つとして挙げる「非同時的なものの同時性(die Gleichzeitigkeit der Ungleichzeitigen)」[28] の性格もこの共時態としての時間性格を表わすものである。とくに「非同時的なものの同時性」または「同時性における非同時性」という性格は構造史(Strukturgeschichte)の時間論的前提を形成している。構造は決して時間を越えた量ではなく、むしろプロセス性格をもつ共時態であるからである。[29]

しかしここではテクストとして語られる過去の共時態を、もっぱら出来事(Ereignis)の系列として考察することに限定しておきたい。そうすると、歴史学的説明を導く問いが、ダントーのいわゆる「何が起きたのか」という問い(Wasfrage)では果たして十分なのかどうかということを改めて問題にしなければならなくなるであろう。出来事の系列化という点を顧慮すれば、歴史学的な問いはフェルマンのいうように「いかにして起きたのか」という問い(Wiefrage)でなければならないのである。フェルマンによると歴史を物語ることはつねに結末《エンデ》をあらかじめ知りつつ語ることであり、結果から出来事を系列化することである。「歴史は、結末がいつもすでに前提とされている物語として、歴史家が彼の対象を予料する一種の空虚形式を形成し、歴史家に対して、かの結末にいかにして達しうるのかということを記述する規則を与える」[30] と彼は述べている。

結末を前提として出来事の経過を辿ることによって、「何が起きたのか」の問いにではなく「いかにして起きたのか」という問いに対する答えが得られるのである。たとえば「一八一五年にウォーターローで何が起きたのか」の問いには、ナポレオンが敗北を蒙ったという命題しか答えとはならない。この場合、一八一五年にウォーターローで起きた出来事がなぜあとになってはじめて記述が可能となったのかについての洞察が欠けている。それゆえフェルマンによると「いかにしてナポレオンは一八一五年にウォーターローで敗北を蒙ったのか」と問われるべきなのであり、そのようにして歴史の把握は事実性よりも事実の可能性への関心によって導かれるべきなのである。

「いかに」の問いを「何が」の問いのなかにもちこもうとする試みは、フォン・ウリクトの行為の志向性理論をダントーの物語命題の理論を補完するものとして歴史学の叙述のなかに導入しようとするシッファーの提案にもみられる。[31] つまり、「何がどのように起きたのか」という問いに答えるために、特定の人物の行為の意図が問われるべきであるとされるのである。行為の成果だけをより以後の資料に関係づけるのではなく、企画動詞による命題を導入して、或る出来事が一定の意図をもった行為に還元されることによって説明されるとするのである。だがこの仕方では行為の説明とはなりえても、或る出来事(または行為)が歴史的出来事として語られる、その固有の個体性(Individualität)は見逃されてしまうであろう。

歴史学的対象としての出来事のもつ個体性は、決してたがいに切り離された個々別々の事実でもなければ、一般的な法則や原理でもなく、むしろ一回的なものという固有性であり、「或る普遍的なものがそのなかに告げられている特殊的なもの」すなわち個別的なものと一般的なものとの統一体という意味での個体性である。[32] したがって歴史を物語るということは、或る出来事を特殊なものとして、言いかえると偶然的なものでありながらも或る必然性に関わるものとして物語るということでなければならない。出来事を系列化するということには、こうした必然性の連関を形成するということが含まれている。それゆえに歴史学的説明とは「なぜそのようであって別様ではなかったのか（Warum so und nicht anders?）」という問い（Warumfrage）に十分な仕方で答えることでなければならない。[33]

現象学者のルーチラは、包摂理論における一般法則を、いわゆる自然科学的な一般法則としてではなく、歴史学に固有の法則として捉え直すことができれば、包摂理論と物語理論は一体となりうると言っている。[34] 彼によれば固有法則性は、「かりに……であったとするなら、……となっていたであろう」という条件法命題によって仮説的に語ることができる。固有法則性とは、出来事系列として一定の方向をもった出来事の生成プロセスにほかならないのであり、したがって或る出来事はこの系列のなかに置かれることによって説明できることになる。それゆえ歴史を物語るということは、一定の方向をもつことによって際立ってくる出来事系列を形成することであり、歴史家は或る出来事を立証するために、その出来事を出来事系列のなかに置き、一定の方向をもつプロセスのなかでその出来事が生起してくる仕方を明らかにしつつ、言いかえると「それが本来何を目指そうとしているのか（worauf es eigentlich hinaus will?）」という問いに導かれて、[35] それが本来どのようにあったのか、なぜそうであって別様ではなかったのかを物語るのである。

それゆえ、出来事系列を物語ることは、出来事の生起する方向が次第に見えてくるような仕方で、出来事の生成をいわば「偶然を貫く必然」として物語ることなのである。このことはまた、すでに存在していた別の可能性がなぜ実現しなかったのかということを物語ることでもある。このように歴史を物語ることが、或る出来事を一般性の単なる事例としてではなく、まさに歴史的個体性として捉えているのは、物語行為が Wasfrage や Wiefrage だけにではなく Warumfrage に答える行為であるからにほかならない。

以上において物語行為による回顧的命題の構成が出来事の系列化であるという点に関しての今日の議論について考

察してきたが、それではこのような物語行為を動機づけるものはいったい何であるのか、このことを引き続いて考察してみなければならない。

三　なぜ歴史を物語るのか——生活世界需要と同一性の問題

科学としての歴史学は、その構築性の作業の点で生活世界からの断絶を必要とするが、同時にまた、歴史学的思惟は生活世界における実践への依存性なしには成立しえない。歴史を物語ることは過去を語ることであっても、過去を語らせる問いは、目下の生き生きとした生活実践の何らかの必要性から発生するからである。それゆえ、物語行為が生活世界における一つの実践として行われるときに、歴史家がどのような関心に導かれて歴史を物語るのか、どのような生活世界需要（Lebensweltbedarf）が歴史家をして歴史を語らせるのか、が改めて問われねばならない。

ダントーも、どのような出来事を選択して語るのかという点で「有意性の基準」について述べているが、この基準がどのような状況になければならないのか、またどのような認識目標に内容のうえで役立つのかを論じていない。彼の場合、もろもろの出来事を有意味的に全体へと組織化する場合の任意性ということがいわれているが、それでは「方法上の個人主義[36]」に陥らざるをえないであろう。

生活世界需要や関心といっても決して任意的な、恣意的なものではなく、関心自体がすでに社会的に制約され同時代的に共通するたぐいのものでなければならない。関心の社会性は、関心が単に私人的なものではなく、「集団の考《ジ》えか《ヒト》たを代表するもの[37]」であるということである。しかしそもそも歴史を物語る行為そのものがすでに過去について他者との間に行われるコミュニケーションであるという点に、さけがたく関心の社会性ということが働いている。なぜならコミュニケーションとは共通の世界を経験するための行為であるからである。歴史家が自分の時代に属する他者との相互人格的な対話のなかで、現在に共通する関心に導かれて歴史《ゲシヒテン》を構築し、現在に共通する需要に対して回答を提供するのである限り、物語行為における生活世界的関心は決して恣意的なものではありえない。

物語理論をテクスト理論として展開しているレットガースによると、歴史科学の根底にある生活世界的活動性とは「誰かに真の歴史を物語ること」に加えて「真の歴史を物語る誰かに耳を傾けること」(38)である。そしてわれわれが「なぜ真の歴史を物語るのか」、つまり「生活世界のなかで歴史を物語ることが必要な活動なのか、それとも他に代用可能な活動なのか」という問いに対する答えを次のように述べている。

「われわれが世界のなかで、また行為において社会的に効力をもって方向をとろうとする場合、経験世界の共通性に頼るゆえに、われわれはたがいに真の歴史《ゲシヒテン》を物語るのである。われわれはそれぞれの自分の世界を一つの共通した世界として経験するコミュニケーションを学ぶために、そして物語行為においてわれわれをコミュニケーションによって包んでいる現在が、共通の過去(そして未来)をもつことを保証するために、われわれはたがいに歴史を物語るのである。歴史とは社会連関と伝統連関の、時間的にしてかつ同時に社会的な自己理解の契機なのである。歴史を物語ることによって産み出された共通性を、社会的局面では相互主観性の名で、時間的局面では相互時間性の名でよぶことができる。本質的なことは、歴史は両者をたがいに織りあわせること、すなわちテクストゥームとして媒介するということである。(39)」

それ自体がコミュニケーション構造をもつ物語行為によって語られた歴史が、現在における行為の方向づけの機能をもつことができるのは、物語行為をとおしてわれわれが共通の過去をもつことができるからにほかならない。しかしなぜわれわれは共通の過去を所有しようとするのだろうか。言いかえればなぜわれわれは歴史を物語るのだろうか。

この問いに答えることこそ、さまざまの生活世界需要のなかでも歴史を物語ることに対して最も決定的に働く要因が何であるかを明らかにすることである。以下に、歴史を物語ること自体のもつ時間経験の構造を問いつつ、この問題を考察してみたい。

歴史学の対象である歴史的世界の構築は、そのつど現在の反省作用をとおしてはじめて成立する、ということはすでに述べたとおりである。しかしなぜ人間は歴史的世界を反省的に構築せざるをえないのか。ドロイゼンは、現在に生きる人間が自分の前にも背後にも果てしのない空虚さをもっているゆえに、反省作用をとおして現在所有している自らの表象から過去と未来とを切り開いていくのであり、プロセスとしての歴史というものは、じつは現在における表象の世界の深層のなかで産み出されるものである、と言っている。その意味ではドロイゼンの歴史学の方法論の再編成の構想は純粋に方法論的動機に由来するというよりも、歴史の喪失性という危機意識に由来している[40]。歴史学は歴史の危機を救い上げる治療的課題をもっている。歴史学的知識の成立によって現在と過去とはたがいに連関させられ、現在における認識実践によって過去と未来とはつねに媒介されるからである。ドロイゼンが「余すところなき連続性は人間の作業を媒介にしている」と言っているのはこうした意味で理解されるべきである。

しかし過去と現在と未来はたがいに時間的次元を異にするのであり、決して意識時間のように一方向的な流れを表わす持続性の表象によっては捉えることはできない。そうではなく過去を物語る現在の行為によって、過去が現在の行為の方向づけを与え、そのことによって未来への期待を成立させるのであり、この力動的な構造が、物語行為における時間経験の構造となっている。リューゼンは、この三つの時間次元を包む広い意味での連続性表象[41]こそわれわれが歴史意識とよんでいるものであると言っている。彼によれば、歴史意識とは現在の経験の解明と未来への期待との構造的な連関のうちにある過去についての意識である[42]。

だが、このような連続性表象はいったい何を顧慮して形成されるのであろうか。ここにおいてはじめて時間経験における同一性の問題、すなわち歴史を物語る行為の最も深い意味での意図が何であるか問われるのである。時間経験とはつねに「人間の同一性を脅やかす喪失の経験」であるとするなら、人間は自分や彼の世界の変化のなかで自分自身を見失わないために、この喪失経験のなかで変化を貫く同一性を保証しなければならない。もとよりこの同一性は論理学的な意味での同一性や形而上学的な実体概念を表わす同一性ではなく、あくまでもコンティンゲンツ経験のなかで探られる同一性である。まさしく物語行為は「人間の同一性の構成のメディウム」(43)なのである、その意味で、歴史叙述に含まれる問いは、「何が起きたのか(Wasfrage)」「なぜ起きたのか(Warumfrage)」という問いだけでなく、「誰なのか(Werfrage)(44)」という問いをも含んでいる。

歴史学における同一性の問題をめぐる今日の議論の火蓋を切ったのは、H・リュッベである。彼は歴史学の機能が同一性の呈示《プレゼンタチオン》にあることを主張し(45)、この同一性を個人格的な意味での同一性を原型としつつ論じ、いわゆる生活世界的実践における諸関心とは切り離すべきであるとしている。「歴史《ゲシヒテン》についていわれうる唯一の事柄は、われわれが、そして他のひとたちが誰であるのかということである。われわれは歴史のなかで自らの同一性や他者の同一性を現前化する。歴史主義ではこの現前化が表面に現われて文化となった。同一性は、正当化を必要としない、そのつど別様であるわれわれの存在を表わす概念であるので、その限りでは〈実践的関心〉ではない。(46)」実践的関心を導く問いは規範への問いであるが、同一性への問いはそれとは混同されてはならないとして、次のように語っている。「同一性は決して規範的概念ではなく記述的概念である。もろもろの行為は規範に則っているが、しかしわれわれが誰であらねばならないかということは規則の対象ではありえない。同一性の呈示や同一性の確定はいかなる種類の規範的意義をももっていない(47)」。

つまり同一性への問いはあくまでも「コンティンゲンツ経験」のメディウムなのであって、実践のさまざまな可能性のための条件を探ること、すなわち「われわれにできることは何であるのか」を知ることである。リュッベの発言の根底にも、社会構造の変転の加速度的進行によって発生した同一性の分散という危機の自覚と克服という、ドロイゼン以来の歴史学の課題が働いている。リュッベによると、個々人や身近のひとの歴史だけでなく、「はるかに遠いひとたち」の歴史つまり異文化の歴史への関心をも含めて歴史学は「コンティンゲンツ状況の経験の文化のメディウム」として特徴づけられるのである。このリュッベの主張は広く反響を呼び賛否両論をひき起すことになるが(48)、なかでもシュテンペルは、同一性の呈示機能の充実ということを免れているような歴史叙述は考えられえないこと、しかしリュッベの主張するように同一性は正当化されえないというよりも、むしろ立証されえないような同一性概念こそ空虚にすぎないということを強調している(49)。もしそうであるなら、同一性の表象や、時間の変転のなかでの人間の同一性を保証する機能である連続性の表象が具体的にそのつどどういう表象となるかを明確にする必要があり、その点でリューゼンの試みている歴史学的な物語行為の機能類型論(50)は、ドロイゼンがすでに企てていた歴史叙述の類型論を現代に更新するきわめて興味深い試みであるといわねばならない。

生活世界的実践の関心や需要性が科学的認識対象の構築に与える諸機能についてはさらに多面にわたる考察が必要であるが、歴史主義によって客観的表象として扱われた統一的歴史の表象もまた、歴史家の研究実践的な次元ではじめて捉え直されねばならない。統一的な歴史すなわち総体性《トタリテート》としての歴史《ゲシヒテン》の表象は決して対象としての歴史ではないが、そのつどの歴史叙述にとって欠くことのできない積極的な機能を果たすものであるとすれば、この表象にどういう位置が与えられるのか。とくにこの問題はバウムガルトナーによって取り上げられ、カントのいわゆる「統制的イデー(regulative Idee)」としての歴史の総体性の表象の役割が論ぜられている。歴史学的知識のたえざる拡大化や完全化の基準となるこの目的論的表象は、そのつど産み出される連続性表象とも異なって、しかも連続性表象の必要条件として、決して実現されることのない「物語的構築の潜在的前提」とされるのである(51)。

バウムガルトナーによれば、このような全体的連関への関心は、人間の本質に根差す超越論的な関心である。それゆえに統一的な一つの歴史という意味での歴史《ゲシヒテ》とは、すべての物語られた歴史《ゲシヒテン》の根底にある関心の象徴的表現にすぎないともいえるのである(52)。

四　歴史学的知識のパースペクティヴ性と客観性

物語行為がそれ自体相互主観的な言語行為であり、物語られた歴史が、史料から取り出しえない構築体であるという点に、物語行為には構造的にすでに客観性および合理性の契機が含まれている。しかしそれだけでは歴史学的対象の客観性という点ではまだ不十分である。というのは、物語られた歴史はときとして思い違いであることもありうるし、また史料の価値や方法論的規制の点でつねに十分なる吟味をも必要としているからである。立場の反省を介してのパースペクティヴの拡大化という「合意の客観性(Konsensobjektivität)」の点で、また規則に厳密に従う作業を必要とする「基礎づけの客観性(Begründungsobjektivität)」の点で、さらには両者を併せていかに理論要因に則った構築を行うかという意味での「構築の客観性(Konstruktionsobjektivität)」の点で(53)、つねに徹底した細分化《アウスディフェレンツィールング》と方法論化を行わねばならない。

この意味での科学化とはいわゆる制度化された(institutionalisierte)科学のことにほかならない。ここでは記述、説明、分析などを物語行為の様態とみなすか、それとも呈示《プレゼンタチオン》機能としての物語行為につけ加えられる歴史学的な悟性操作とみるかという議論は一応保留しておくとしても、やはり物語状況の制度的構造化によってはじめて、歴史学的物語行為の内的な論証性、妥当性要求が規則に適切な仕方で体系的に仕上げることが可能となってくる。「歴史学的物語行為の妥当性要求を体系的に吟味し確実なものとし高めることを義務とする方法的規則に結びつけられることによって、歴史的物語行為は科学特有の形をとる」(54)のである。その意味ではまさに「歴史科学は制度化された想起作業である」(55)といわねばならない。

しかしここで、立場に拘束された物語行為のパースペクティヴ性が、制度化された科学の客観性すなわち原則的には誰にでも承認されるような客観性によって克服されてしまうのかどうかという問いが生ずる。言いかえると歴史科学の客観性とは、伝統的に普遍妥当性といわれた意味での客観性といえるのかどうかという問いが生ずる。歴史《ゲシヒテン》はいつも特定の時代や特定の人間のもとで現われる特定の時間的な方向付けの問題を顧慮してのみ物語られるのであって、決して誰にでも、あらゆる時代に同じものとして物語られるものではないとするなら、この主観性の契機、これまでしばしば Parteilichkeit の名でよばれていた立場拘束性の契機は、主観的性質に依存しないでむしろそれを克服する形で成り立つ客観性の契機とどのように関わりあうのだろうか。

従来、歴史科学の分野では徹底的に主観性を排除する方向をとるか、逆に立場の多元論をとるかのいずれかであったが、このような相互排除は例の極化現象に陥っていることを表わす以外の何物でもない。というのは、すでに物語行為そのもの(主観性の契機)に「真理を保証する論証」や「歴史学的な物語行為を客観化してゆく諸想定」が含まれており、科学的客観性とはこの客観化のプロセスの成果にすぎないからである。テクスト理論的にいえば、「歴史学的客観性は、収斂するテクスト的な共通化のプロセスとして規定される客観化のプロセスの成果である」(56)。したがって、歴史学的認識がどのような意図、必要性、関心によって刻印されているかによって、客観性の度合も変ってくる。

モムゼンの言うように「歴史学的認識のパースペクティヴ性格は、価値視点のもとでの歴史学的素材の選択と評価にまでも、歴史家の認知的概念装置にまでも拡大される[57]」のである。それゆえに複数的なパースペクティヴが科学内部で容認されたうえで、歴史学的客観性ということが語られるのである。このように「完璧性という意味での客観性は一つの虚構である[58]」とすると、歴史学的客観性はあくまでも暫定《プロビゾーリッシュ》的な性格を脱し切ることはできない。しかしここでいわれる暫定性とは決して任意性によって左右されるような意味での暫定性ではない。

「歴史はつねに新しく書き改められる」ということには、歴史がそのつど別様に(anders)書き改められるということだけでなく、同時に、よりよく(besser)書き改められるということも含まれている。リューゼンはこの「よりよく」ということについて次のように語っている。

「歴史学的思惟がその妥当の保証の方法論化によって科学と化してからというものは、――少くとも長期間にわたる歴史学の見方にとっては――一層よりよく書かれることということもまたよく知られていることである。〈よりよく〉というのは、科学としての歴史の展開の途上にあって、われわれが過去についてますます多く、ますます詳しく消息を知るという意味である。[59]」

物語られた歴史の構築体としての客観性がつねに「歴史家のコミュニケーション共同体の合理的な討議《ディスクルス》[60]」によって承認されたり、また批判的に問い直されたりするという意味で、物語行為のパースペクティヴ性は決して合理性と背馳したり排除しあったりするものではない。さらに物語行為理論を貫くパースペクティヴ主義は、任意に物語ることだけしか承認しないで真理への問いを断念する「怠惰な(faul)パースペクティヴ主義[61]」ではなく、時代の生活世界需要に深く根を下ろしつつ、今日における行為の方向づけに最も適切な仕方で過去を物語ろうとする「節度ある(gemäßigt)パースペクティヴ主義[62]」でなければならない。その意味で客観性への問いは、決してそれ自身歴史を超えた無時間的な意味での普遍妥当性への問いではなく、複数のパースペクティヴのなかで何が最も適正(Gerechtigkeit)であるかを問う審廷《インスタンツ》の理論の実践でなければならないのである。[63]

（1） I. Kant, Idee zu einer allgemeinen Geschichte in weltbürgerlicher Absicht, 1784; Vgl. H. Schnädelbach, Geschichtsphilosophie nach Hegel, Freiburg/München, 1974, S. 9 ff.

（2） Vgl. Schnädelbach, a. a. O., S. 7/33.

（3） Vgl. E. Stöve, Zeitliche Differenzierung und Geschichtsbewußtsein, in der neuzeitlichen Historiographie, in: Geschichtsbewußtsein und Rationalität, hrsg. v. E. Rudolph und E. Stöve, Stuttgart, 1982, S. 34.

（4） Vgl. R. Koselleck, Wozu noch Historie? in: Seminar —— Geschichte und Theorie, hrsg. v. H. M. Baumgartner u. J. Rüsen, Suhrkamp, 1976.

（5） 歴史への問いが、一方では生成への関心であり、他方では現実についての普遍的な知の確立であるところから発生してくる固有のアポリアについては、本書11章参照。

（6） 「歴史性」の理論または解釈学的歴史論については、11章参照。

（7） ドロイゼンは予備学的見地に立つ歴史科学の理論についての講義を、一八五七年より八三年にかけておよそ一七回にわたって行なったといわれている。一八六八年に一度書物として刊行されたがあまり反響をよぶことなく、その後、一九三六年R・ヒュブナーによって編集されたものが版を重ねている。一九七七年になってはじめてP・ライによって批判的に編集された版が刊行された。

（8） Koselleck, Über die Theoriebedürftigkeit der Geschichtswissenschaft, in: Seminar —— Die Hermeneutik und die Wissenschaften, hrsg. v. H. -G. Gadamer u. G. Boehm, Suhrkamp, 1978, S. 363.

（9） 三宅剛一『人間存在論』勁草書房、一九六六年、一一五頁。

（10） Vgl. Schnädelbach, a. a. O., S. 92/100.

（11） J. Rüsen, Für eine erneuerte Historik, Stuttgart, 1976, S. 44.

(12) ebenda, S. 45 ff.
(13) ebenda, S. 48.
(14) Koselleck, a. a. O., S. 366/379.
(15) Vgl. Koselleck, Standortbindung und Zeitlichkeit, in: Vergangener Zukunft —— Zur Semantik geschichtlicher Zeiten, Suhrkamp, 1979.
(16) M. Baumgartner, Kontinuität und Geschichte —— Zur Kritik und Metakritik der historischen Vernunft, Suhrkamp, 1972.
(17) M. Riedel, Verstehen oder Erklären ? —— Zur Theorie und Geschichte der hermeneutischen Wissenschaften, Frankfurt, 1978, S. 38 f.
(18) 歴史学者としては、ほかにモムゼン、シュティーレ、シュテンペル、ファーバーなどの名が挙げられる。解釈学からはマルカード、ベーラー、政治哲学者としてのリュッベ、現象学的社会学からはルックマン、生活世界の現象学の新たな展開の線上からはレットガース、フェルマン、ルーチラなどに積極的な発言がみられる。さらに、物語理論一般に関しては、受容美学、テクスト理論の陣営からも多くのひとたちの名を挙げることができる。
(19) F. Fellmann, Das Ende des Laplaceschen Dämons, in: Geschichte—Ereignis und Erzählung. Poetik und Hermeneutik V, München, 1973, S. 137.
(20) もとよりこのことは物語行為における虚構性を否定するものではない。Vgl. Koselleck, Über die Theoriebedürftigkeit der Geschichtswissenschaft, S. 379.
(21) A. C. Danto,Analytical Philosophy of History, Cambridge University Press, 1965, p. 174.
(22) ebenda, p. 143.
(23) Baumgartner, a. a. O., S. 296.
(24) ebenda, S. 310.
(25) Vgl. W. J. Mommsen, Der perspektivische Charakter historischer Aussagen und das Problem von Parteilichkeit und Objektivität historischer Erkenntnis, in: Objektivität und Parteilichkeit, hrsg. von R. Koselleck, W.

J. Mommsen und J. Rüsen, Müchen, 1977, S. 449.

(26) レットガースもガダマーの対話の概念によってひき起こされる混乱について批判し、対話は、過去とのコミュニケーションではなく、過去について私と他者とのコミュニケーションであることに注意を促している。K. Röttgers, Der kommunikative Text und die Zeitstruktur von Geschichten, Freiburg/München, 1982, S. 242.

(27) Röttgers, a. a. O., S. 255 f. レットガースの時間論はフッサールの時間論とくに想起における内在的時間の構成の分析に依拠している。ちなみにフッサールによれば再想起は同じ対象を何度でも現前化する一つの能為性であり、再想起によって構成される秩序は「以前と以後の秩序」という系列化された秩序である。Hua. XV, S. 343 ff.

(28) Koselleck: Geschichte, Geschichten und formale Zeitstruktur, in: Poetik und Hermeneutik V, München, S. 213.

(29) Koselleck, Ereignis und Struktur, in: Poetik und Hermeneutik V, S. 563.

(30) Fellmann, a. a. O., S. 131.

(31) W. Schiffer, Theorien der Geschichtsschreibung und ihre erzähltheoretische Relevanz, Stuttgart, 1980, S. 38/86.

(32) Riedel, a. a. O., S. 15, S. 35 f.

(33) L. Routila, Teleologie und das Problem der historischen Erklärungen—ein Phänomenologischer Entwurf, in: Phänomenologie und Marxismus 4, Suhrkamp, 1979, S. 172, S. 193; 邦訳『現象学とマルクス主義』II、一九八二年、白水社、三二〇頁、三五〇頁。

(34) もし包摂理論(被覆法則理論)を実証的内容に限り、歴史学に一般法則による説明だけをもちこんでも歴史学的説明としては不十分である。たとえば「フランス軍は衣服が十分でなかったために活動の自由を奪われた」という仕方でナポレオンのロシア出兵の失敗を説明しようとしても、本来の歴史学的説明を明確化するための補助説明の域をでない。邦訳、前掲『現象学とマルクス主義』II、三二五／三二六頁。

(35) ルーチラのこの目的論の構想は、フッサールの『危機』の歴史の目的論を今日の研究実践的な目的論に生かそうとする一つの試みともいえる。邦訳、同、三三八／三五〇頁。

(36) ダントー自身も「方法論的個人主義」に反対して「社会的個人」の存在について語っているが、どういう規準でそれを規定するかをはっきりさせていない。Vgl. Danto, a. a. O., S. 257/283.
この点についてのダントー批判については以下の研究を参照されたい。W. M. Jocks, Analytische Geschichtsphilosophie, Köln, 1980, S. 295 ff.

(37) Mommsen, a.a. O., S. 450.

(38) Röttgers: Geschichtserzählung als kommunikativer Text, in: Historisches Erzählen, hrsg. von S. Quant u. H. Süssmuth, Göttingen, 1982, S. 30. ここでいわれる真の(wahr)歴史とは、レットガース自身断っているように、あくまでも真理要求をもつ歴史のことである(本章第四節参照)。

(39) Röttgers,a. a. O., S. 31.

(40) Vgl. Rüsen, Politische Denken und Geschichtswissenschaft bei J. G. Droysen, in: Für eine erneuerte Historik.

(41) この意味での連続性は、バウムガルトナーのいう「歴史の物語の枠」としての連続性とは区別されねばならない。

(42) Vgl. Rüsen, Historische Vernunft, Göttingen, 1983, 2. Kapitel, 1. Zeiterfahrung und Selbstidentität—Der Ursprung des Geschichtsbewußtseins, S. 48/S. 58.

(43) Rüsen, a. a. O., S. 57.

(44) Röttgers, Der kommunikative Text und die Zeitstruktur von Geschichten, S. 270.

(45) H. Lübbe, Zur Identitätspräsentationsfunktion der Historie, in: Identität, Poetik und Hermeneutik VIII, hrsg. v. O. Marquardt u. K. Stiele, München, 1979.

(46) Lübbe, Identität und Kontingenz, in: Identität, S. 656.

(47) ebenda, S. 657.

(48) 人格の同一性概念が記述概念であるという点で、ブークはリュッベの見解を支持するだけでなく、一般的なものの事例(Falle)とは区別される状況例(Beispiele)の論理へと展開させ人格の解釈学を構想している。G. Buck, Hermeneutik und Bildung, 1981.

リュッベの主張に対して、真っ向から異議を唱えているのはヘンリヒである。リュッベがあまりにも短縮された個人史をモデルとしていることに問題があるからである。D. Henrich, Identität und Geschichte, in: Identität, S. 659-664.

(49)　W.-D. Stempel, Historisch und pragmatisch konstituierte Identität, in: Identität, S. 670, S. 672.

(50)　Rüsen, Geschichtsdidaktische Konsequenzen aus einer erzähltheoretische Historik, in: Historisches Erzählen, S. 140/S. 145.

(51)　Baumgartner, a. a. O., S. 325.

(52)　Ders., Kontinuität als Paradigma historischer Konstruktion, in: Philosophisches Jahrbuch 79, Freiburg/München, 1972, S. 267.

(53)　Vgl. Rüsen, Historische Vernunft, S. 128 ff.

(54)　ebenda, S. 138.

(55)　Röttgers, Der kommunikative Text, S. 151.

(56)　ebenda, S. 256.

(57)　Mommsen, a. a. O., S. 446.

(58)　K.-G. Faber, Objektivität in der Geschichtswissenschaft ? in: Historische Objektivität, hrsg. v. J. Rüsen, Göttingen, 1975, S. 17.

(59)　Rüsen, a. a. O., S. 119.

(60)　Baumgartner, Narrative Struktur und Objektivität, in: Historische Objektivität, S. 60.

(61)　Rüsen, a. a. O., S. 123.

(62)　Stöve, a. a. O., S. 41; Mommsen, a. a. O., S. 448.

(63)　たとえばニーチェのパースペクティヴ主義の場合にみられるように、複数的な世界のパースペクティヴの思想は、決して歯止めのないパースペクティヴの無限の交替を説いたものではなく、つねに適正性の批判と結びついている。Vgl. F. Kaulbach, Nietzsches Idee einer Experimentalphilosophie, Köln/Wien, 1980; S. Müller, Perspektivität der Erkenntnis und Perspektivität des Willens, in: Friedrich Nietzsche—Perspektivität und Tiefe, hrsg. v. W. Gebhard, Frankfurt a. M., 1982.

13　解釈の根源的生起——ニーチェのパースペクティヴ主義

ニーチェの思想の表現の仕方が概念的な体系の構築を嫌い、アフォリズムに彩られた断章の形をとっていることは、よく識られているところである。だがニーチェに見られるこのような「体系への拒否」は、ニーチェの詩人的資質にのみ由来するのではなく、彼自身の思想の基本的な事象そのものにも由来している。

一八八〇年代の遺稿に登場するパースペクティヴ主義（Perspektivismus）の思想は、まさにこの基本的な事象を表現している。それは、すべての出来事が「解釈すること（Interpretieren）」として生起するという思想である。まずニーチェの言葉を引用することから始めよう。

「あらゆる生起の解釈的性格。出来事それ自体というものはない。生起する事柄は、解釈する存在によって解釈され集約された一群の現象である。」（KGA. VIII. I. 53）(1)

それでは解釈する存在とは何か。いったい「誰（wer）」が「何（was）」を「何のために（wozu）」解釈するのか。ニーチェによれば「力への意志（Wille zur Macht）」が解釈する。ニーチェはそもそも「誰が解釈するのか」と問われてはならないと言っている。というのは、力への意志が解釈の主体なのではなく、解釈とは力への意志の形態すなわち生成としての現存だからである。ニーチェの言う「意志」は力を目標とし内容とする意志であって決してショーペンハウアの言うような盲目的な意志ではない。力への意志は、すでに到達された状態《シュタント》をたえず克服しつつ高まりゆく出来事であり、自らを形態化し組織化してゆく仕方で存在しようとする働きである。ニーチェはこの働きを「有機体」の自己形成力に見ている。集中化と拡散化という相反する二つの極の緊張関係のなかで、複雑なものは単純化＝図式化(Schematisieren)され、もろもろの器官はたがいに区分されあいつつ、有機化(組織化)が行われる。力への意志は有機体のこのような自己形成化の働きであり、このような図式化し組織化する働きが「解釈すること」とよばれるのである。有機体はおのれ自身を内部より外部へとくり拡げ、自らの生存条件に適切な世界を投企し創造することによって「意味 - 需要性(Sinn-Bedürfnis)」を充たそうとする。この限りで解釈は生の需要であり必要事であるとされる。つまり生とは、われわれが需要、活動、衝動とよんでいる解釈のことであり、情動の世界がパースペクティヴ的世界の根底にあるとみられている。(2)

しかし不断に高まりゆく運動は、決して単一の「力への意志」によるものではなく、複数の「力への意志」によるものである。(3)それをニーチェは力の諸中心、力の量子とよんでいる。力の量子であるさまざまの衝動や情動の秩序づけられた統一体が身体(Leib)であり、身体は力への意志の複合体なのである。それぞれの器官はそれぞれの仕方で世界を解釈する。たとえば眼は世界を視覚的に解釈し、耳は聴覚的に解釈するようにである。しかし複数の意志の量子のあいだに、たがいのパースペクティヴをめぐって必然的に葛藤や抗争が生じてくる。それぞれの量子がおのれの優位性を確保しようとするために支配をめぐる交替現象が発生してくる。ニーチェは次のように語っている。

「世界を解釈することはわれわれの需要である。われわれの衝動とその肯定と否定。どのような衝動(Trieb)も一種の支配であり、残りのあらゆる衝動の規範として強要しようとするおのれのパースペクティヴをもっている。」(KGA. III. 903)

または次のように語っている。

「本当のところ解釈とは、或るものについて支配しようとするための手段そのものである(有機的プロセスは間断なく解釈を前提する)。」(KGA. VIII/1. 137 f.)

ここで言われている手段とは自己実現を媒介する媒体性の意味での手段である。[4] このように解釈が力への意志の自己実現の現象様態であるとすると、いかなる解釈も究極的な絶対的なものではなく、生起するのは不断に交替する暫定的な解釈だけだということになる。解釈の交替とは、すでに支配的であった解釈を凌駕し解体し、新しい解釈を創造することにほかならない。

このように有機体をモデルとした、複数的な「力への意志」の解釈‐生起についてのニーチェの洞察は、記号や文字による「思想(Gedanke)」の次元にも移されている。記号は、ニーチェによると、根底にある身体システムに基づいており、身体的な解釈‐生起の症候《ジュンプトーム》であり、その点で解釈を必要とする。そのつどの衝動の支配意志が直接に人間の世界解釈になるのではなく、隠れた仕方で、すなわち症候として昇華(sublimieren)されてくるのである。すでに先意識的な段階で世界の構造化(単純化、選択、同化)が行われて世界解釈の図式が形成されていたわけであるが、それを基盤として意識の記号言語による世界の記号化が行われるのである。思想は、単純化された記号による数多性の統一であり、カオスの図式化であり、その限りで一義化された世界解釈である。有機体にとって「先意識的」であった選択は、思想にとって「意識的な」選択となる。意志と不可分離に「思慮としての理性」が働くのである。[5] ところがニーチェによると、このように世界が、つねに、単純化してゆく図式化の多面にわたる生産の結果として現われる限り、この記号の世界はもっぱら仮象(Schein)であり、虚偽であるとされるのである。すなわち世界は虚構(Fiktion)である。人間の精神は記号を用いて世界を支配し、世界は必然的に虚構の構造をもつのである。

ところが思想はそのつどの現在に適切な世界の投企である限り、思想もまた複数的な世界パースペクティヴである。しかしニーチェによると、哲学つまり批判的な哲学認識は、特定の思想に捕われることなく、それから身を引き離してゆく「自由なる精神」として生きることを必要とする。さまざまの複数的な世界解釈を批判し乗り越えてゆく哲学的認識は、「自由なる精神」として、「力への意志」のたえず高まりゆく運動を身に体した思惟として、一度創造された意味付与を間断なく乗り越え、克服し、そのつどの現在に適切な世界パースペクティヴを創造してゆく思惟にほかならない。この解釈と克服の方法をニーチェは「実験的方法」とよび、この方法を世界認識の方法とする哲学を「実験哲学」(Experimentalphilosophie)とよんだのである。(6)

こうしたニーチェのパースペクティヴ主義にみられる「解釈」の思想、とりわけ「あらゆる生起は解釈である」とか「与えられているものは解釈から引き離しえない」という、解釈の根源的生起の思想は、今日の解釈学やテクスト理論に、いろいろな意味で決定的な示唆を与えている。世界解釈と自己解釈とが一体となって、先理論的に、身体的に、内発的《インドーゲン》に生起してくるという思想は、今日の、科学と生活世界をめぐる知の発生的な構図をいわば先取りしたものといえるであろう。さらにまた、唯一の、決定的な絶対的な解釈というものはなく、無限に可能な解釈しかないとする思想もまた、解釈の変化が世界の変化であり、解釈の限界が世界の限界であるという今日の解釈学のテーゼに相(7)通ずるであろうし、解釈が「本質的に開放的で未完結のプロセス」として生起するという思想も、(8)今日の「地平」の思想に深くつながってくるものといわねばならない。

しかし、あらゆる世界解釈が「仮象」であり「虚構」であるというニーチェの思想は、世界が根源的には像(Bild)であるという、否定神学系統の思想にもつながる面をもっている。もとよりニーチェでは「隠れたる神」の思想は厳しく拒けられている。それゆえ、むしろニーチェの立場は、根源的生命活動の自己投影を説く、自然哲学の系統に属している。それでは、像の像性、または仮象形成の尺度はいったいどこにおかれているのであろうか。そのことと関連してくるのが、永遠回帰の思想である。ニーチェによると、永遠回帰思想もまた一つの世界パースペクティヴである。そもそも複数の世界解釈、複数の世界パースペクティヴを承認するとなると、この承認の視方そのものが一つのパースペクティヴとして、他の多くのパースペクティヴのなかの一つでなければならないことになる。そうでないとパースペクティヴ主義そのものの自己否定に陥ってしまうからである。ところが、そのような承認のパースペクティヴは、選択の原理に従って選び取られて相対化し葛藤のなかにおかれるパースペクティヴであってはならない。そうでないと、そのパースペクティヴは尺度としての性格を失うからである。ニーチェは、彼の思惟の最終的な境位において、このような「解釈の解釈」としてのパースペクティヴを「永遠回帰(ewige Wiederkunft)のパースペクティヴ」として語っている。

　永遠回帰のパースペクティヴは、選択の立場ではなく肯定の立場に立っている。ここにもはや「いかなる意志もない」のであり、一切はあったがままにすべて肯定される。さきに述べた「自由なる精神」もそうだが、ニーチェは芸術の立場、芸術家形而上学《アルチステンメタフィジーク》にこの「肯定」の境位を見出している。この肯定の立場ではもはや「思想」のもつ教説《レーレ》性格は脱却されている。ニーチェは、「芸術は世界肯定以外の何ものでもない」(KGA. II. 661)とか「芸術は、本質的に肯定であり、祝福であり、現存の神化である」(a. a. O., S. 821)とか語っている。ニーチェによれば、解釈は芸術において「審美的現象」として世界の聖化(Verklärung)の審廷とされるのである。ここでは身体は「おのずと振舞う挙措」として、演技者《シャウシュピーラー》として語られ、世界は遊動《シュピール》の相において語られる。「過ぎ去ったものの救済」もまた身体の記憶のなかに見出される。身体はその意味で「芸術家なき」芸術作品なのである。だがニーチェの最終的に到達し、一切をあるがままに肯定するこの回帰思想の成立してくる次元は、解釈学の論理、「地平」の論理の支配する場ではむしろ隠されているのであり、そこに至るには思惟の転換が必要とされるのである。

(1) ニーチェの批判的全集 Nietzsche, Werke. Kritische Gesamtausgabe, hrsg. v. G. Colli u. M. Montinari, Berlin/New York, 1967 ff. については、以下 KGA の略号を用いる。

(2) H. Schmid, Nietzsches Gedanke der tragischen Erkenntnis, Würzburg, 1984, S. 21.

(3) ハイデガーのニーチェ解釈が力への意志を単一的なものと解釈したことに反対して、力への意志を複数とみなす解釈は、ミュラー・ラウターによるハイデガー批判以後、定着している。そうでないと、複数的世界解釈に対するニーチェの洞察を見逃すことになるからである。

(4) J. Figl, Interpretation als philosophisches Prinzip, Berlin/New York, 1982, S. 103.

(5) 記号言語による世界解釈に関しては、vgl. ebenda.

(6) Vgl. F. Kaulbach, Nietzsches Idee einer Experimentalphilosophie, Köln/Wien, 1980. とくに Vorwort を参照。

(7) G. Abel, Interpretationsgedanke und Wiederkunftslehre, in: Zur Aktualität Nietzsches, Bd. II, Köln/Wien, 1984, S. 94.

(8) M. Djuric, Nietzsche und die Metaphysik, Berlin/New York, 1985, S. 304.

あとがき

本書は、これまでおよそ二〇年ほどのあいだ取り組んできた現代の現象学の諸問題を、とくに「近代哲学の現象学的な思惟様式」との関わりを念頭において、論文集のかたちで整えてみたものである。論文の配置を、以下のように大きく三つに区分したうえで、それぞれ年代順に配列した。

まず第一部に関してであるが、現象学は「現われ」の学、または「パースペクティヴ」の理論として、最初さまざまのものごとの現われの仕方を問う問い方から出発したが、問いが深まるにつれて、この問いを問う現象学の思惟こそまさしく「世界」の現出を問う思惟にほかならないことをみずから明らかにしてきた。それとともに、その「現われ」につきまとう「隠れ」の出来事への問いへと、「顕現せざるもの」の生起への問いへと、問いそのものに重大な変遷が起きてくる。これまで私なりに追ってきた、こうした問いの運動をふりかえりつつ、現出論を主題とする、いくつかの論稿をここに収めた。

つぎに第二部に関してであるが、現われの場であると同時に、現われそのものの仕方とその制約を問う場所ともなる、人間の思惟の自己関係構造についての問題系は、現象学において、近代の反省的思惟の根底に起きてくる「反省の挫折と思惟の変容」の問題の次元にまで深められる。それはすでに近代の哲学の思惟の底に揺動していた、「自己意識の隠された由来」を問いなおす運動の顕在化であるともいえるであろう。第二部ではそれに関する諸論文を選んだ。この二〇年の最初の時期に書かれたものと最近のものが、こうした「理性の他者」という問題としてつながっていることは、筆者としても興味深いことである。現代の現象学の思惟が、世界の出現と隠れとの裂目を生きる人間の思惟の仕方を問うかぎりにおいて、思惟の根をどこに求めるかという、避けられない問いの難所がここにあり、したがってまた極度の緊張を誘う問いの領分であることが改めて痛感される。

最後に第三部に関してであるが、今日、学問論としての諸問題がたがいに連関しあって、問いの密度を高めている領域のひとつに、歴史理論の領域があるが、そこでは「生きられた知」の時間的な疎隔化の運動や他者との共同的な記憶の言語的構成などに、これらの問いがいかに現象学の問題に関わりがあるかが如実に読み取られる。現今、歴史理論をめぐる議論がますます活発化してきているが、この機会に、第三部に、かつて取り組んだ歴史の問いに関する論稿を集めてみた。解釈の原初の生起を扱ったニーチェ・メモを、物語理論の系譜学的考察として、ここに収めた。

収録しなかった諸論稿には、とくに他者問題、ハイデガー解釈に関するもの、目的論に関するもの、間文化性に関するものなど、いくつかの関心方向に属する論文があるが、今回はすでに述べたように、世界論と反省論を中心にして、近代思想の根底に起きている問題と現象学の直面する問いとが重なる点に、所収論文の選択の基準をおいた。

哲学としての現象学は、近代の思惟の問いを徹底して問いぬくことによって、近代の思惟の限界をみずから顕にしていくという出来事の渦中に身をおいてきた。まさに事象そのもののなかから、この限界をどのように踏破し、新たな道を見出すかは、これからの現象学の課題である。そのための踏み石ともなれば幸いである。

初出一覧

第一部　パースペクティヴの理論としての現象学

1　パースペクティヴの理論としての現象学（『哲学』30　一九八〇年）

2　地平の現象学（『思想』六八八号　一九八一年十月）

3　地平の形成とその制約となるもの（『現象学年報』5　一九九〇年）
4　世界のパースペクティヴと知の最終審（『岩波講座・現代思想』第一巻、一九九三年）
5　現象学の方法的展開（『岩波講座・現代思想』第六巻、一九九三年）

第二部　現象学と近代哲学

6　主観性とその根拠について——クザーヌスと現代（『東洋大学大学院紀要』11、一九七四年）
7　自己意識と反省理論——フィヒテと現代（『東洋大学大学院紀要』12、一九七五年）
8　フィヒテとハイデガー（『実存主義』77、特集ハイデガー追悼号、一九七六年）
9　深さの現象学——フィヒテ後期知識学と否定性の現象学（『思想』七四九号、一九八六年一月）
10　意識と自然——シェリングの自然哲学と身体性の現象学（『シェリング年報』創刊号、一九九三年）

第三部　歴史と文化の現象学

11　人間存在の歴史性（『講座・現象学』2、弘文堂、一九八〇年）
12　歴史科学における物語行為について（『思想』七一二号、一九八三年十月）
13　解釈の根源性——ニーチェ（現象学・解釈学研究会編『現象学と解釈学』上巻、拙稿・「総論・解釈学の論理とその展開」第二節、一九八八年）

（各論文の原題は初出当時のままとし、当時の副題は削除した。ただし、論文集の全体の構成からとくに副題を必要とするものには、ここに記したような副題を新たに付した。執筆時期の相違から用語の表現に若干の相違が生じている場合もあったが、重要なものについては改めて統一をはかった。）

本書の上梓にあたり、岩波書店の編集のお仕事にながく携わってこられた合庭惇氏に、ひとかたならぬお世話をいただいたことを心から感謝し、お礼を申しあげたい。日本の現象学の研究に寄せられた氏の並々ならぬご理解が、多くの研究者に大きな力を与えたことをここに記して、その一人として、改めて感謝の意を表したい。最後に、引き続いてお世話いただいた高村幸治氏にお礼を申し上げたい。

一九九五年八月三十日

新田義弘

マ 行

ヤ 行

ラ 行

ワ 行

タ 行

ナ 行

ハ 行

人名索引

＊本文関連のみ．注については省いた．
＊フッサールはほとんど全頁にわたるので，省いた．

ア 行

カ 行

サ 行

が下された．だがこれはことがらの一面にすぎない．今日の現象学的思惟の歩みは，超越論性を，絶対的主観としてでなく，非・存在性としてとらえなおし，主観性の他者への通路とみなす解釈に傾きつつあるが，現象学の思惟の事象からすれば，いわば当然のことといえる．

超越論の語の説明——**14** 頁．非・現象性の現象学への道——**122-132** 頁．

【媒体(Medium)】

超越論性の新たな解釈とも重なる問題であり，本書の核心となる主題的事項である．とくに以下の箇所を参照されたい．——**56-60** 頁，**95-99** 頁．

【理念(Idee)と理念化(Idealisierung)】

「カント的意味における理念」 対象を規定する経験の進行の過程を導く働きをするのは，対象を全面的に規定し尽くす究極的な知の実現であり，これがカント的意味での理念とされ，目的理念，統制的理念とよばれる．この理念は，認識の究極的目的であるが，けっして実現できない理念である．経験は，一方の極では，このように実現できない知の理念をテロスとして，他方の極として，対象化できない受動的な世界信念を知の形成の出発点とし，その間に生起する地平的過程的な運動の連関であるということができる．そのかぎりでは，アリストテレス以来の西洋の知の論理としての目的論が，カントの場合と同様に，フッサールでも経験全体の論理的枠組みとして継承されている．だが，それは質料と形相の合成の仕方のヒエラルヒー的な秩序を形成する目的論でもなく，また認識と推論的思惟とを分かつカント的世界概念とも異なり，経験の現実の進行のなかで世界が現出するさまざまの位相として記述されている．とくに理念と過程との関係を形成するパースペクテイヴ化と脱パースペクテイヴ化との緊張関係．——**19** 頁．

「幾何学的形象としての理念」 経験の段階における測定技術は，測定基準として，次第に極限化された形態である，たとえば線とか，点といったさまざまの幾何学的形態を用いるようになる．近代科学の成立は，こうした理念化によって成立したと，フッサールは『危機』やその付論のなかで論じている．

科学的世界の構成——**19-20** 頁，**79-80** 頁．

相互主観性的世界構成——**21-23** 頁，**45** 頁．他者構成の難点——**88-94** 頁．

【地平(Horizont)】

個々の特定の対象を主題的に規定する作用志向性に伴って，意味の枠組みを随伴的に投企するもう一つの志向性が働く．この「意味の枠組み」が，個々の主題を規定することを可能にする「規定可能的未規定性」という性格をもった「意味の場所」であり，これをフッサールは地平とよんでいる．地平を構成する志向性(地平志向性)は，作用志向性の活動を可能にする非主題的な遊動空間を受動的に構成する．もともと解釈学においてテクスト理解に生じる「全体の理解と部分の理解との循環の現象」として語られていた現象を，フッサールは「対象の主題的規定」と「非主題的な随伴的な意味投企」との相互制約的な出来事として，広く経験全般において起こる現象としてとりだしていった．地平の現象の分析は，現象学において，世界のパースペクティヴ的な現出の分析の核心におかれる重要なものであるが，同時に，地平的思惟を越える思惟次元への問いとも関わってくる．

地平としての「意味の枠組み」——**17** 頁．地平の「間」性格——**31-33** 頁，**37-40** 頁．地平における知の自己形成——**94-95** 頁．地平形成の受動的性格——**51-52** 頁．地平形成の制約となるもの——**54-55** 頁．現代の人間科学における地平概念の展開——**42-49** 頁．

【超越論的(transzendental)】

フッサールではカントの場合のように超越論的という用語を，経験的(empirisch)という語の対立概念としてでなく，対象への没入の方法的態度を意味する世界埋没的(世間的 mundan)という語の対立語として使用している．対象を意味として構成する理性作用は，それが働くときには自己にとっていわば気づかれず，隠れたままである．世界を意味として構成する作用もまた，この非主題的に機能する理性作用であり，超越論的理性または超越論的主観性(transzendentale Subjektivität)とよばれる．この世界構成的な機能をその純粋に機能する相において取り出し，主題化し，分析し，記述する哲学の反省的方法が，超越論的還元(transzendentale Reduktion)とよばれる方法である．フッサールは，この自然的意識の主題となる対象を現出者(Erscheinendes)とし，その与えられ方，現われ方を現出(Erscheinung)とよんでいるが，自然的，世間的な意識態度では両者が一体となっているのに対して，現象学的還元によって両者が現出関係として構造化される．今日この「現出者とその現出」の同一性と差異性が，意味的差異性の問題として注目されている．還元の方法によって主題的に取り出される世界構成的意識の働きが超越論的意識として構成の根源とみなされるところから，現象学における超越論性の思想は，これまでしばしば近代の意識主観性の絶対化にほかならないという解釈

【思惟の転回】

地平的(水平的)思惟の運動面より，垂直的次元的思惟への思惟の方向の転回，本書の重要なテーマの一つである．とくに以下の頁を参照．——**60-64** 頁，**96-97** 頁，**126-132** 頁．

【志向性(Intentionalität)】

現象学に関するもっとも基本的用語であるが，本書では数箇所にわたって主題として論じられている．——**13** 頁，**30-36** 頁．

【世界(Welt)】

フッサールの現象学において，「意識」の語とともに，志向性の本質契機を表すもっとも重要な概念であり，たとえば世界構成的生，受動的世界信念，世界地平，地盤としての世界，理念としての世界，特殊世界，生活世界，世界拘束性，世界化など，随所に世界概念が登場する．したがって解説の各項を参照されたい．第一部・パースペクテイヴの理論としての現象学は，まさに世界の現象学，または現象学的世界論のことにほかならない．とくに主題的かつ総括的に世界の問題を論じているのは第四章「世界のパースペクテイヴと知の最終審」(**67-102** 頁)である．

【生活世界(Lebenswelt)】

フッサールはこの概念をかなり早くから使用していたが，とくに後期において重要な意義を帯びてくる．『危機』の生活世界論は，生活世界を科学的世界規定の意味基底として位置づけるとともに，科学的認識をも含む実践的な生活を表わす概念としたため，この両義性をめぐってさまざまの解釈がなされた．またこの概念は，現象学を離れて，ひろく科学論(構成主義，解釈学などの科学論)や社会理論のなかに定着していった．本書では第一部よりも，むしろ第三部の歴史の現象学において，生活世界の科学論的位置とその役割が論究されている．——**259-260** 頁，**287-292** 頁．

【相互(間)主観性(Intersubjektivität)】

後期フッサールの重要主題の一つである．世界を構成する機能である超越論的主観性が，本質的に複数的であることによって，世界の客観性が構成されるが，すでに個々の主観性はこの間主観的本質を有している．個別的にして他者関係を有するこの間主観性は，モナド(Monade)概念によっても語られる．だが，超越論的主観性が間主観的であるには，私ではない超越論的他者(die transzendentale Anderen)が，私によっていかにして構成されうるかという，他者の超越論的構成の方法論的難点が発生する．

現象学の重要用語の解説と索引

本書に使用した現象学の重要用語(とくに第一部，部分的には第三部を含む)から，若干の解説を必要とするものを選んで解説し，該当頁を示す．重要であるが本書で主題的に論じたものは，該当箇所の頁だけを示す．

【生き生きした現在(lebendige Gegenwart)】

フッサールの時間論は，1905年の時間講義「内的時間意識の現象学」から，1917年頃の「ベルナウアー草稿」の個体構成論を経て，20年代後半からはじまり，とくに30年代に入って主題的に取り組まれた「生き生きした現在」の分析にいたるまで，大体三つの研究群に区別することができる．最初は間断なき時間の流れの意識が志向性の最下の機能であるとされて，意識の時間性の根源性が説かれていたが，個体構成論では世界現出のさいの時間形式による原秩序形成の機能が探られ，後期時間論では，時間の流れそのものに先立つ，先時間的な「生き生きした現在」の自己分裂的な生起構造が問われた．

【運動感覚(キネステーゼ Kinästhese)】

運動の感覚でなく，身体の運動と一体となって起こる感覚機能を表す用語であり，キネーシスとアイステーシスとの合成語．物体としての身体に対して，生きられる身体の固有性を語る場合にも用いられる．

【現象学的還元(phänomenologische Reduktion)】

自然的な状態にある意識(自然意識，または自然的態度にある生)は，対象の方向に直接に向かい，対象の存在をそれ自体的に存在するものとして確信している．この素朴な対象帰依の態度から脱却して，意識の働きそのものを取り出す方法が現象学的還元とよばれるが，伝統的意識哲学の反省的方法と違う点は，意識の自己還帰関係に絡んでくる「世界への拘束と世界からの離脱」の問題を顧慮して方法論的に鋭く考察した点にある．

■岩波オンデマンドブックス■

現象学と近代哲学

1995年11月10日　第1刷発行
2013年12月10日　オンデマンド版発行

著　者　新田義弘《にったよしひろ》

発行者　岡 本　厚

発行所　株式会社 岩波書店
〒101-8002 東京都千代田区一ツ橋2-5-5
電話案内 03-5210-4000
http://www.iwanami.co.jp/

印刷／製本・法令印刷

ISBN978-4-00-730083-7　　Printed in Japan